权威·前沿·原创

皮书系列为

“十二五”“十三五”国家重点图书出版规划项目

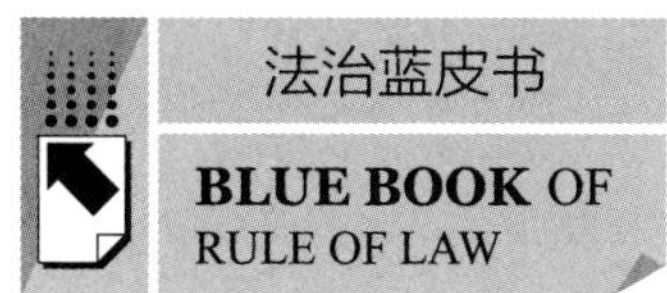

四川依法治省年度报告 No.5 (2019)

ANNUAL REPORT ON RULE OF LAW IN SICHUAN
No.5 (2019)

主　　编／李　林　杨天宗　刘志诚　田　禾
执行主编／吕艳滨
副 主 编／刘雁鹏

社会科学文献出版社
SOCIAL SCIENCES ACADEMIC PRESS (CHINA)

图书在版编目(CIP)数据

四川依法治省年度报告. No.5，2019 / 李林等主编
. --北京：社会科学文献出版社，2019.3
（法治蓝皮书）
ISBN 978-7-5201-4372-1

Ⅰ.①四… Ⅱ.①李… Ⅲ.①社会主义法治-研究报
告-四川-2019 Ⅳ.①D927.71

中国版本图书馆 CIP 数据核字（2019）第 032578 号

法治蓝皮书
四川依法治省年度报告 No.5（2019）

主　　编 / 李　林　杨天宗　刘志诚　田　禾
执行主编 / 吕艳滨
副 主 编 / 刘雁鹏

出 版 人 / 谢寿光
责任编辑 / 曹长香
文稿编辑 / 周永霞

出　　版 / 社会科学文献出版社 · 社会政法分社（010）59367156
地址：北京市北三环中路甲 29 号院华龙大厦　邮编：100029
网址：www.ssap.com.cn
发　　行 / 市场营销中心（010）59367081　59367083
印　　装 / 天津千鹤文化传播有限公司

规　　格 / 开　本：787mm × 1092mm　1/16
印　张：23.5　字　数：353 千字
版　　次 / 2019 年 3 月第 1 版　2019 年 3 月第 1 次印刷
书　　号 / ISBN 978-7-5201-4372-1
定　　价 / 118.00 元

本书如有印装质量问题，请与读者服务中心（010-59367028）联系

《四川依法治省年度报告》
编　委　会

工作室成员　（按照姓氏汉字笔画排列）

王小梅　王祎茗　王　衍　刘雁鹏　李大芳

胡昌明　唐清利　栗燕杰　裘有度

学 术 助 理　（按照姓氏汉字笔画排列）

田纯才　冯迎迎　米晓敏　洪　梅

官 方 微 博　@法治蓝皮书（新浪）

官 方 微 信　法治蓝皮书　　法治指数

官方小程序　法治指数

主要编撰者简介

主　编　李　林

中国社会科学院学部委员，法学研究所研究员。

主要研究领域：法理学、宪法学、立法学、法治与人权理论。

主　编　杨天宗

中共四川省委副秘书长。

主　编　刘志诚

中共四川省委全面依法治省办主任、四川省司法厅厅长。

主　编　田　禾

中国社会科学院国家法治指数研究中心主任，法学研究所研究员。

主要研究领域：刑法学、司法制度、实证法学。

执行主编　吕艳滨

中国社会科学院法学研究所研究员、法治国情调研室主任。

主要研究领域：行政法、信息法、实证法学。

副主编　刘雁鹏

中国社会科学院法学研究所助理研究员。

主要研究领域：法理学、立法学、司法制度。

摘　要

《四川依法治省年度报告 No. 5（2019）》全面梳理了四川省 2018 年贯彻中央依法治国重大决策部署、深入推进依法治省的工作经验与成效，并分析了其中存在的问题与改进的建议。

总报告梳理了四川省 2018 年贯彻落实中央依法治国的各项部署，全面深入推进依法治省、加快四川法治建设的总体情况，详尽分析了四川省在依法执政、科学立法、依法行政、司法建设、法治社会等方面的进展与不足，并对未来法治建设工作进行了展望。

本卷蓝皮书推出了系列专题调研报告，涉及依法执政、法治政府、司法建设、基层治理、法治社会等多个专题。四川省紧抓关键少数，加强纪检监察平台建设，为各项改革措施顺利落地奠定基础。依法执政专题选择了治理扶贫腐败、抓实关键少数以及建立惠民大数据监察平台的探索与实践三篇调研报告。法治政府专题主要介绍四川省各个部门及各市州在推动依法行政、严格执法等方面的经验、成效，如四川扫黑除恶、规范校外培训、政务公开标准化、法治委员会建设等情况。司法建设板块介绍了法院破解执行难、检察机关提起公益诉讼、检察机关未成年人保护、司法保障地方经济发展等内容。基层治理板块介绍了村官代办、村民“积分制”管理、基层综合治理等，全方位展示了四川乡村推动自治、德治、法治方面的经验和成效。法治社会板块主要介绍四川各市州在社会治理方面富有创新的各类实践，如泸州市破解信用体系建设难题、巴中市“众口调”的探索与实践、凉山精准普法套餐等。

目　录

Ⅰ　总报告

Ⅱ　依法执政

Ⅲ 法治政府

Ⅳ 司法建设

Ⅴ 基层治理

Ⅵ 法治社会

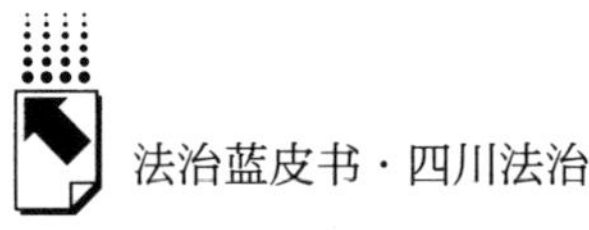

皮书数据库阅读**使用指南**

总 报 告

General Report

B.1
四川省2018年法治发展现状与前瞻

四川省依法治省领导小组办公室课题组*

摘　要： 党的十八届四中全会作出《中共中央关于全面推进依法治国若干重大问题的决定》，党的十九大从政治和全局高度对深化全面依法治国实践作出重大决策部署。四川省委始终坚定用习近平新时代中国特色社会主义思想统揽依法治省各项工作，高举法治旗帜，将依法执政、科学立法、依法行政、公正司法、社会治理及法治保障等诸多方面纳入法治轨道，扎实推动了依法治国基本方略在四川落地生根、开花结果。

关键词： 依法治国　依法治省　新时代　依法执政

---

* 课题组负责人：杨天宗，中共四川省委副秘书长。课题组成员：杨天宗、帅理、王衍等。执笔人：帅理，中共四川省委办公厅法治综合处副处长。

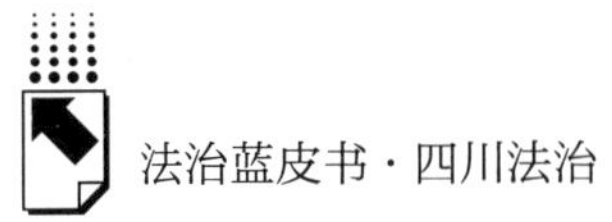

一　四川省法治发展概况

习近平总书记强调，全面依法治国是中国特色社会主义的本质要求和重要保障，必须把党的领导贯彻落实到依法治国全过程和各方面。这既是建设法治中国的基本要求，也是实现法治中国的基本标准，更是推进法治四川建设的根本遵循。

四川省委全面贯彻习近平总书记重要指示，深刻认识四川“人口多、底子薄、不平衡、欠发达”的省情实际，把依法治省作为关键工程来抓，加快构建办事依法、遇事找法、解决问题用法、化解矛盾靠法的法治良序，着力把治蜀兴川各项事业纳入法治化轨道。

省领导带头推动。四川省委主要领导带头示范表率，身体力行推进，既挂帅领导顶层设计，又出征推动具体工作落地落实；牵头构建法治体系，建立推进格局，对组织保障作出硬性规定；每年进行分析评估、作出安排部署、提出目标要求，强调法治职责必须履行、法治任务必须完成、法治考核必须碰硬；深入政法系统、内地市县和民族自治地区督导推进。四川由于省领导牢固树立一盘棋思想，把中心工作、法治工作和本职工作有机统一，依法治省工作在结合中推进、在创新中发展。

构建“四梁八柱”。落实中央发挥“四梁八柱”支撑作用的重点要求，把规划引领作为头等大事。2013 年 5 月，四川省委全面贯彻党的十八大精神，作出依法治省决定，成立 8 个课题组，历经 8 个多月深入调查研究，10 多次专题论证，“四下四上”征求意见，三次常委会集中讨论，形成《四川省依法治省纲要》，从依法执政、地方立法、依法行政、公正司法、社会法治等七个方面对法治四川建设进行总体规划。2014 年，四川省委贯彻党的十八届四中全会精神，召开全会作出依法治省决定，坚持共同推进、一体建设，从科学立法、严格执法、公正司法、全民守法等 8 个方面对法治建设作出全面部署。2015 年，四川省委贯彻习近平总书记抓紧设计法治建设实绩考核制度指示精神，组织起草依法治省指标体系、评价标准、评估办法，经由依法治省领导小组会审议通过后，成为检验依法治省落地落实情况的度量衡。2016 年，四川深入贯彻中央全面深化改革决策部署，出台司法和社会体制改革、社会信用体系建设、矛盾多元纠纷化解等系列改革方案，探索用法治引领保障推进“五位一体”总体布局的方法路径，推动依法治省提档升级。2017 年，贯彻党的十九大精神特别是深化依法治国实践重要部署，在前几年探索实践的基础上，对“关键少数”履行“三个推动”“四个亲自”“五个同”法治建设第一责任人职责作出制度规定，坚定不移把全面依法治省引向深入。

完善依法治省推进格局。中央全面依法治国委员会第一次会议强调，加强党对全面依法治国的集中统一领导。省委认真落实中央要求，每次重大会议重要部署必强调依法治省，重点调研、重要安排必包含依法治省，党政年度目标考核必突出依法治省。四川成立了省委书记任组长、专职副书记任常务副组长的依法治省领导小组，并在省委办公厅设立省委副秘书长任专职主任的领导小组办公室。省“四套班子”办公厅和纪委、组织部、宣传部、统战部、政法委五部门建立“4 +5”推进机制，统筹抓好本序列省直部门、指导市（州）对口部门法治建设。21 个市（州）党委书记切实履行法治建设第一责任人职责，把法治摆上重要日程来安排、作为重要工作来推动、列入重要目标来考核。

强力推进落地落实。四川省委认真贯彻落实习近平总书记“关键在于落实”指示精神，把依法治省作为动态过程、系统工程来谋划和掌握，每年对依法治省推进落实情况作出评估，对法治四川建设面临的新情况新问题进行深入分析、提出明确要求、推动落地落实。2014 年，四川省深入分析开局之年面临的现实难题，明确提出坚持问题导向、树立法治权威、打开工作局面，强力推进落地见效，先后召开川东北、“三州”、川南和环成都四大片区推进会，统筹推进县乡村、机关、学校等九大示范创建，组织开展市（州）循环检查、省级部门专项检查、6 次全域全覆盖督促检查，强力推动依法治省各项工作落地见效。2015 年，四川省委认真思考在全国各地都在推进依法治理的背景下，四川如何在已有工作基础上确定新的目标、达到更高要求，鲜明提出“开展新的探索、努力走在前列”，统筹各地各部门实施95个法治创新项目，召开四大片区现场推进会和全省统筹示范创建推进会，探索法治档案、年度述法制度，通过法治清单反馈、全省通报排序、末位约谈问责等开展年度考核。2016年，四川省委全面把握法治四川建设阶段性特征，强调“集中精力抓落实，抓巩固，抓深化提升”，将单靠一个职能部门难以解决的法院生效判决执行、行政应诉、两法衔接、刑事庭审实质化、社会诚信体系建设五大难题提到省委层面统筹破解；突出执法、司法、社会法治等五个重点推动深入落实；通过示范创建、特色创新、法治暗访、年度考核、第三方评估五个抓手推进提档升级；彰显法治权威、维护社会稳定等五个“实效”推动依法治省实现新的突破。2017年，四川省委贯彻党的十九大精神，开展用习近平新时代中国特色社会主义思想统揽四川依法治省新征程暨“12·4”国家宪法日活动，召开加强依法治省维护社会和谐稳定推进会、全省依法治省电视电话会，制订贯彻落实省第十一次党代会依法治省实施方案，提出“坚定不移把全面依法治省引向深入”，统筹六大板块，坚持“五个结合”，着力“四个聚焦”，坚持用依法治省统领社会和谐稳定各项工作，强力推动法治四川建设“七个巩固提升”。2018年召开四川基层治理体系和治理能力现代化建设媒体及理论界座谈暨2017年四川依法治省情况通报会，组织全省基层治理体系和治理能力现代化建设培训会，推动建立简约高效的基层治理体系，提升基层治理能力。

攀枝花建立健全“4+5+6”法治建设推进机制。泸州市构建基层依法治理“1+6”标准化体系。乐山市制定法治建设责任制“十四项制度”，探索市县两级“4+5”部门定期向同级依法治理领导小组汇报工作情况机制。广安市落实组织体系全覆盖、专职副主任配备全覆盖、督查考核全覆盖、责任落实全覆盖，构建依法治市新常态。资阳市深化“1+6+N”推进机制，全面实行任务清单制管理，推动法治建设落地生根、开花结果。巴中市紧密结合地方发展情况，大力实施依法治市“八大提升行动”，进一步深化法治实践。

二　大力推进依法执政

依法执政是党领导人民长期探索治国之道的历史经验，是党对执政规律认识的科学总结，是加强和改进党对政权机关领导的有效途径。四川省委贯彻习近平总书记全面依法治国必须抓住领导干部这个“关键少数”的重要指示，着眼“长期执政、长治久安”两个历史性课题，推动依法治省与制度治党、依规治党统筹推进、一体建设。

坚持依宪执政依法执政。四川省按照中央“三统一、四善于”系统部署，对党委领导和支持人大、政府、政协和法院、检察院依法依章程履职尽责作出规范。出台《关于加强党领导立法工作的实施意见》《四川省法治政府建设实施方案（2016～2020年）》《四川省领导干部干预司法活动、插手具体案件处理的记录、通报和责任追究实施办法》，对党领导立法、保证执法、支持司法、带头守法作出制度安排。四川省委办公厅围绕加强对依法治省工作的统一领导、统一部署、统筹协调，深化领导体系和推进机制建设，组建四川省法律顾问团，构建与经济社会发展和法律服务需求相适应的法律顾问制度体系；完善省委科学民主依法决策机制，健全省委内部重大决策合法性审查制度，建立完善党委牵头揽总、部门各司其职、条块紧密结合、纵横联动推进的工作格局。四川省人大常委会办公厅进一步完善党委领导、人大主导、政府依托、各方参与的立法工作格局，建立完善立法起草、论证、审议、协调机制，建立健全项目征集、评估听证、表决审议、群众参与制度，切实以良法促进发展、保障善治。四川省政府办公厅紧紧围绕法治政府建设，集中精力抓好政府立法、科学民主依法决策、执法体制改革、行政权力制约监督等工作，推动依法行政工作不断深入。四川省政协办公厅着力通过立法协商、界别协商、对口协商等方式，创建推动政协委员按章依法履职尽责法治平台，依法依章程开展政治协商、民主监督、参政议政。四川省纪委机关坚持将依法治国、依规治党精神贯彻落实到实际工作中，加强协作配合，形成工作合力，切实用法治思维和法治方式反腐败，把党风廉政建设全面纳入法治化轨道。四川省委组织部坚持突出法治导向抓干部管理，切实增强各级领导干部和广大党员的法治思维、规则意识，提升领导干部法治素养，推动广大党员尊法、学法、守法、用法。

抓好领导干部“关键少数”。四川省委贯彻党的十九大“各级党组织和全体党员要带头尊法、学法、守法、用法”重要部署，紧紧抓住领导干部“关键少数”，着眼“长期执政、长治久安”两个历史性课题，着力增强领导干部依法执政本领。贯彻习近平总书记“各级领导干部要身体力行、以上率下”重要指示，省委常委班子发挥好“头雁作用”，着力在坚持法治、反对人治上树标杆作表率，出台省委常委会带头进一步增强法治观念、深化依法治省实践意见，从带头宣传实施宪法、增强法治观念、严格遵守法治工作制度、提升法治能力、当好法治标杆五个方面，推动法治在基层落地生根、开花结果。出台党政主要负责人履行推进法治建设第一责任人职责规定实施办法，对党政主要负责人履行“四个亲自”（对法治建设重要工作亲自部署、重大问题亲自过问、重点环节亲自协调、重要任务亲自督办）、“五个同”（将法治建设与经济社会发展同部署、同推进、同督促、同考核、同奖惩）、“三个推动”（围绕中心大局推动法治创新创造、对接上级要求联系实际推动落地落实、突出为民取向推动增强群众法治获得感）法治职责作出明确规定，纳入干部考核，列入年度述职，对履职不到位的严格追责问责。制定抓住“关键少数”推进依法治省落实文件，围绕领导干部履职尽责这个关键，突出带头示范和带领推进两个着力点，着眼法治思维和法治方式、治理体系和治理能力、法治观念和法治习惯三条主线，用规范的制度和严格的考核推动法治工作落地见效。落实中央“三统一、四善于”系统部署，对党委领导和支持人大、政府、政协、法院、检察院依法依章程履职尽责作出工作规范，对党领导立法、保证执法、支持司法、带头守法作出制度安排。注重在领导班子中配备具有法学专业背景或法治工作经历的成员，把遵纪守法定力、依法办事能力作为考察使用干部的重要依据，把法治建设成效作为领导班子、领导干部政绩考核的重要指标，把履行法定职责情况作为年终述职的重要内容。注重依法治省和制度治党、依规治党有机结合，以全面从严治党决定强化“八个务必从严”，出台《加强领导班子思想政治建设的十项规定》，坚持领导干部“六个重视选用”“六个坚决不能用”“六个坚决调整”，用制度不断巩固发展风清气正、崇廉尚实、干事创业、遵纪守法的良好政治生态。

四川省委组织部出台《关于加强党政领导班子和干部队伍专业化建设的意见》，将法律法规和党内法规纳入干部人才递进培养计划，纳入各级党委（党组）中心组和领导干部会前学法内容，纳入各级党校、行政学院、干部学院主体班次的重点内容，纳入全省县处级党政领导职务政治理论水平任职资格考试的重要内容。泸州市制定《将依法治理纳入干部管理任用工作的八项制度》及其实施意见。遂宁市制发《遂宁市党政主要负责人履行推进法治建设第一责任人职责八项措施》，实施领导干部法治责任清单和权力清单制度。宜宾市深入实施《党政“一把手”依法行权绩效评估办法》《县（区）党政领导班子和领导干部绩效考核评价实施办法（试行）》等制度。乐山市建立将依法治理贯穿干部选任全过程的制度和依法治理行为负面清单制度，在选人用人上加重法治砝码。

加强党内法规建设。四川省委办公厅坚决贯彻习近平总书记制度治党、依规治党重要指示，认真落实中央和省委党内法规制度建设部署要求，通过创新理念思路、方式方法、体制机制推动党内法规建设。出台《省委党内法规实施评估办法（试行）》，建立健全长效机制。强化党内法规制度建设统筹协同，建立省委党内法规工作联席会议制度，协同开展党内法规实践和理论问题研究。

净化政治生态。四川落实习近平总书记“全面净化党内政治生态”重要指示，修订完善《中共四川省委巡视工作办法》，出台《中共四川省委 四川省人民政府关于推进2018年全面从严治党、党风廉政建设和反腐败工作的意见》，细化正风肃纪落实措施。起草《四川省纪检监察机关监督执纪监察工作办法（试行）》《中共四川省纪委四川省监委机关申诉案件办理办法（试行）》《关于促进派驻（出）机构履职尽责的若干措施（试行）》等27项制度文件，紧紧扭住脱贫攻坚、生态文明建设、全面从严治党等重大决策部署，实施精准监督检查，通报曝光典型案件数量较少的市（州）3个、县（市、区）10个，立案审查调查厅局级干部、县处级干部多人，开展惠民惠农财政补贴资金“一卡通”管理问题专项治理，通报曝光典型案例49件。推进反腐败向基层延伸，2018年1~6月，全省基层立案同比增长11%，占立案总数的92.7%。深化“阳光问廉”工作，解决群众反映强烈的问题。启动十一届省委第二轮对36个县（市、区）的常规巡视，督促首轮被巡视单位及时整改问题，并问责相关人员。建立扫黑除恶问题线索双向移送制度及查办结果反馈机制，指导全省查处涉黑涉恶腐败和“保护伞”问题，移送司法机关16人。2018年对3个市（州）纪委监委、2个派驻纪检组、1家省管国企纪委和4所省属高校纪委等10个单位启动了第一轮内部巡察。坚持实事求是、宽严相济，积极运用“四种形态”处理问题，各形态占比分别为59.7%、31.7%、4.2%、4.4%。

泸州市出台《泸州市整治群众身边“微腐败”十六条措施》，集中整治群众身边的不正之风和腐败问题。德阳市试点建设大数据监督平台，创新执纪监督方式，做实平台监督和群众监督。德阳市罗江区创新厘清权力界限，确保干部用权明晰；厘清用权流程，确保群众办事明白；厘清责任归属，确保追究责任明确；厘清公开账单，确保办事结果明了“四清四明”工作法，规范微权力。乐山市深化“护根”行动，出台《党风廉洁风险迹象精细化记分管理办法》《深化落实两个责任“七步工作法”》等制度，强化法纪监督。

三　切实加强科学立法

习近平总书记强调，人民群众对立法的期盼，已经不是有没有，而是好不好、管不管用、能不能解决实际问题。四川贯彻习近平总书记“以良法促进发展、保障善治”指示精神，紧扣党的十九大作出的重大战略部署及深化党和国家机构改革涉及的立法问题加强地方立法，紧扣省委省政府重大发展战略加强重点领域地方立法，紧扣经济社会发展需要加强地方性法规规章立、改、废、释，构建党委领导、人大主导、政府依托、各方参与的科学立法格局，健全立法起草、立法论证、立法协调、立法审议“四位一体”立法机制，开展与国家法律法规相配套的实施性立法，推进体现地方特色的创制性立法，增强法规规章的及时性、系统性、针对性和有效性，推进地方立法从侧重经济立法向经济和社会立法并重转变，从管理型立法向服务型立法转变，从侧重实体立法向实体、程序立法并重转变，努力使每一项立法都符合宪法精神、反映人民意志、得到人民拥护。

构建地方立法体制机制。四川省人大常委会全面贯彻落实《立法法》精神，扎实做好赋予设区的市地方立法权的行使工作。督促市（州）建立健全立法专门机构、充实立法队伍，指导市（州）梳理立法需求，科学编制立法规划计划，打牢市（州）立法功底。加强立法业务培训，参加全国人大组织的地方立法工作座谈会，组织市（州）人大立法干部 100 余人参加全国人大常委会举办的立法工作培训班，组织市（州）立法骨干 150 余人开展专题培训。严格依法审查，规范市（州）人大常委会报请批准地方性法规的工作流程，加强法规起草过程中的沟通协调，严格审查批准程序，坚决维护法制统一。2018 年 1 ~8 月，各市（州）围绕城乡建设与管理、环境保护、历史文化保护等方面的事项制定实体性法规 42 件。四川省政府牵头省政府法制办公室严格落实《四川省人民政府拟定地方性法规草案和制定规章程序规定》，建立完善政府法制机构主导、相关部门负责、社会公众参与的政府立法工作机制，健全政府规章制定程序，建立政府立法征求意见机制和咨询论证机制。

加强重点领域立法。四川紧扣中央和省委重大决策部署，突出抓好脱贫攻坚、乡村振兴、绿色发展、社会治理等重点领域立法，加强农业农村、国资国企、投融资体制等全面深化改革重点领域法规规章立、改、废、释工作，围绕“一干多支”、“五区协同”、创新驱动发展、科教兴国、人才强国等重大战略，加强实施性、创制性立法。2018 年 1 ~7 月四川省人大常委会共审议通过地方性法规 14 件，其中新制定 3 件、修改 10 件、废止 1 件（见图 1）。四川省人大常委会科学编制 2018 年立法计划，大力学习、宣传、贯彻、实施《宪法》，修改《四川省宪法宣誓制度实施办法》，指导市（州）

抓好贯彻落实。践行社会主义核心价值观，修改《四川省老年人权益保障条例》《四川省教育督导条例》《四川省〈中华人民共和国文物保护法〉实施办法》，研究制定或修改《四川省矛盾纠纷多元化解条例》《四川省中医药条例》《四川省阆中古城保护条例》等。突出抓好脱贫攻坚领域立法。修改《四川省农作物种子条例》，研究制定《四川省乡村振兴条例》，深化人大代表联系贫困户制度。突出绿色发展和环保领域立法。研究制定《四川省沱江流域水环境保护条例》，修改《四川省固体废物污染环境防治》《四川省自然保护区管理条例》《四川省城市园林绿化条例》等。加强农业农村、投融资体制、国资国企等全面深化改革重点领域法规立、改、废、释工作。围绕创新驱动发展、科教兴国、人才强国、区域协同发展等重大战略，加强实施性、创制性立法。修改促进科技成果转化条例，研究制定修改《成都国家自主创新示范区条例》《四川省地方金融条例》《四川省自由贸易试验区条例》等，促进高质量发展。厘清公权力边界，研究修改《四川省预算审查监督条例》《四川省统计管理条例》，促进政府依法行政。

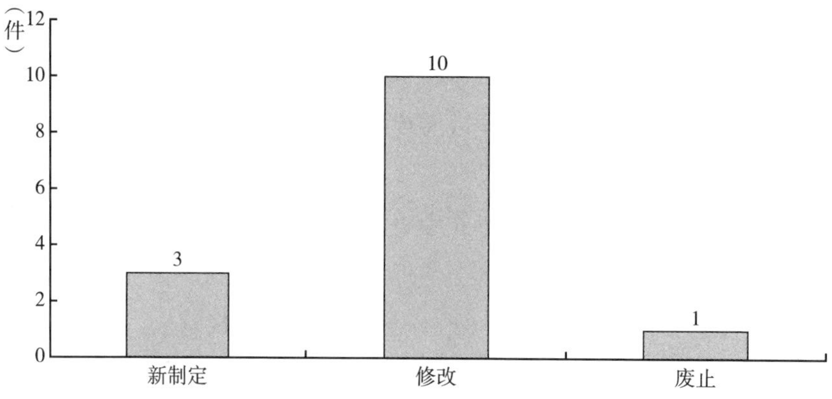

图1　2018年1~7月四川省人大常委会立法情况

四川省政府公开征集立法建议、开展公众投票、召开立法项目论证会，编制《四川省人民政府2018年立法计划》，其中制定类项目33件，调研论证类项目50件，涉及全面深化改革、创新驱动发展、生态环境保护、优化营商环境等方面；按照深入调研、专家论证、公众听证、风险评估、省政府常务会集体审议等程序深入推进政府立法。2018年1~8月，完成26件地方性法规和政府规章立法工作，完成率78%。

推进科学民主立法。四川省人大常委会充分发挥“一点一库一基地”立法平台作用，修改立法咨询专家库管理办法，充实更新专家库；调整法制工作联系点，新纳入县级人大、乡镇、基层法院等17个联系点，把立法活动延伸到基层；把立法评估协作基地拓展至7家川内知名高校和律师事务所，切实提高运行质效；探索多元化法规草案起草机制，邀请立法咨询专家、评估协作基地成员单位、法学专家参与法规起草、论证工作。充分发挥人大代表在立法中的重要作用，邀请各级人大代表近200人次，参与立法调研、立法座谈，列席人大常委会会议，就法规草案提出意见建议。充分发挥公众意见表达、归集机制作用，拓展公众参与立法渠道，坚持面向社会公开征集立法选题，法规草案一律向社会公开。召开90余场座谈会、论证会、征求意见会，听取社会各界特别是利益相关方的意见建议。研究制定《关于争议较大的重要立法事项引入第三方评估的工作规范》《关于立法中涉及的重大利益调整论证咨询的工作规范》。充分发挥备案审查的法律监督作用，对涉及生态文明建设和环境保护的地方性法规、单行条例开展专项自查和清理，组织涉及军民融合地方性法规开展专项清理。省政府法制办坚持开门立法，广泛征求社会公众意见，确保立法质量。2018年1~8月组织立法调研24次，召开立法座谈会28次，研讨会4次，进一步提高政府立法公众参与度，保证群众意见得到表达、权益得到体现。充分发挥政协委员、民主党派、工商联、无党派人士、人民团体、社会组织在立法协商中的作用，组织对《四川省〈中华人民共和国大气污染防治法〉实施办法》《中国（四川）自由贸易试验区条例》等法规规章开展立法协商；积极参与地方性法规和政府规章制定，截至9月初，共针对4件地方性法规（草案）和政府规章（草案）提出意见建议96条。

四　全面推进依法行政

党的十九大强调，“建设法治政府，推进依法行政，严格规范公正文明执法”。四川紧扣法治政府、创新政府、廉洁政府、服务型政府建设目标，将依法行政作为政府行政权运行的基本原则，将行政机关作为实施法律法规的重要主体，将执法作为履行政府职能、管理经济社会事务的主要方式，坚持法定职责必须为、法无授权不可为，突出“简政放权、放管结合、优化服务”主线，推进政企分开、政资分开、政事分开、政社分开，综合运用“权力清单、责任清单、负面清单”划定政府与市场、企业、社会的权责边界，统筹抓好履职尽责、依法决策、严格执法、政务公开、行政监督五件大事，构建系统完备、科学规范、运行有效的依法行政制度体系，加快建设职能科学、权责法定、执法严明、公开公正、廉洁高效、守法诚信的法治政府。

依法全面履行政府职能。四川省政府认真贯彻中央和省委法治建设决策部署，制定《四川省人民政府2018年度法治政府建设重点工作安排》，分解明确各级各部门职责任务，召开省法治政府建设领导小组会议。建立健全法治政府建设年度考核通报等工作机制，修订完善法治政府建设考核办法和考核指标，增强考核结果的科学性、引导性和有效性，充分发挥考核促落实作用。严格落实国务院要求，梳理“最多跑一次”“全程网办”事项，省本级梳理实施的行政许可、行政确认、依申请的其他行政权力事项以及公共服务事项901项，其中，837项达到“最多跑一次”要求，占92.9%；302项达到“全程网办”要求，占33.5%（见图2）；推进政务服务标准化试点，完成省、市、县三级政务服务事项标准化梳理，编制办事指南标准化示例，确定“事项类型、事项名称、适用范围”等34项标准化要素；推进政务服务事项上网，组织在省一体化政务服务平台上填报目录清单、实施清单，完成省、市、县三级4780项目录清单和省级3719项实施清单填报工作；印发《四川省行政许可事项清单（2018年版）》，全省684项行政许可事项实现省、市、县许可事项的归类、名称、编码、法定依据“三级四同”和行使层级、实施主体、审批对象“三明确”；印发《四川省公共服务事项目录（2018 年版）》，公布全省公共服务事项 551 项，重点推动提升不动产登记、户籍办理和住房公积金提取等事项便利程度。加快推进“互联网 + 政务服务”，按照“一网通办”要求加快平台功能升级改造，向下延伸至乡（镇）、村（社区），实现网上办事服务五级全覆盖，1 ~ 8 月平台受理 10566.7 万件，办结 10394.5 万件；推进群众办事“只进一扇门”，深化“两集中两到位”，逐步推动面向群众和企业办理的政务服务事项均在政务大厅办理；开展群众办事百项堵点疏解行动，推动部门抓紧解决四批堵点问题；深入推进中国（四川）自贸试验区“证照分离”改革试点，98 项改革事项已制定完善事中事后监管方案和具体办法。

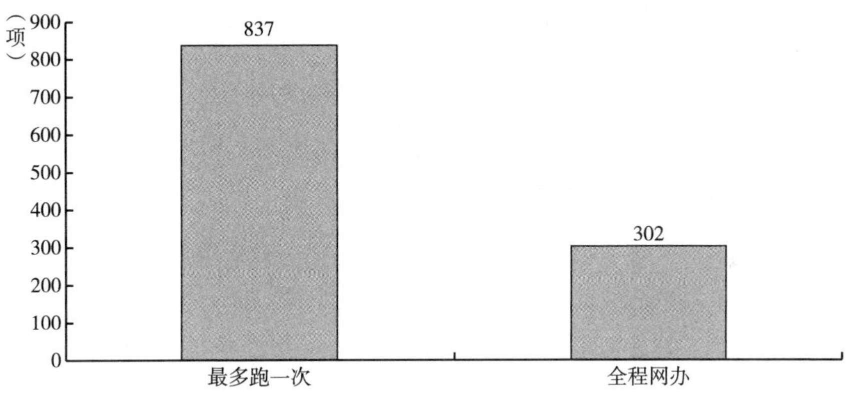

图 2　四川省推行“最多跑一次”“全程网办”情况

严格落实法治政府建设第一责任人职责，省政府主要负责人率先垂范，身体力行部署法治建设重要工作、解决重大问题、协调重点环节、督办重要任务，推动法治政府建设各项制度措施落地落实。严格落实法治政府建设报告制度，四川省政府于 3 月向国务院和四川省委书面报告上年度法治政府建设情况，并在省政府网站向社会公开，报请省十三届人大常委会第二次会议审议 2017 年度法治政府建设工作情况，对照审议反馈的 5 个方面的意见，分别提出改进措施，推动法治政府建设提速增效。严格落实宪法宣誓制度，积极推动落地实施，激励和教育政府工作人员忠于宪法、遵守宪法、维护宪法，依法履职尽责。严格落实“关键少数”学法制度，深入开展政府常务会学法，把加强法律知识的学习作为培养法治思维、提高行政能力的基础。2018 年 1 ~8 月，四川省政府开展常务会议学法活动 3 次、学政策 2 次、学知识 3 次，全省各级政府和部门开展学法活动已蔚然成风。

坚持依法科学民主决策。四川省政府严格落实《四川省重大行政决策程序规定》《四川省行政决策合法性审查规定》，推动重大行政决策公众参与、专家论证、风险评估、合法性审查、集体讨论决定等程序性规定落地落实，组织开展政府法律顾问法律咨询服务，着力把行政决策权力关进制度笼子，确保政府决策依法科学民主。2018 年 1 ~8 月，四川省政府共对 134 件省政府规范性文件、重大行政决策、对外战略合作框架协议、合作备忘录进行了合法性审查。

成都市高新区国家自主创新示范区通过承诺转即办、优化流程、容缺受理、内部联办、现勘现结、网上受理、上门（代办）服务、快递服务等方式，推进“仅跑一次”专项改革，优化营商环境。眉山市完善项目工作机制，依法保护企业家合法权益，打造“亲”“清”新型政商关系示范区。

坚持严格规范公正文明执法。四川立足转变职能、理顺关系、优化结构、提高效能，着力构建权责一致、执行顺畅、监督有力的行政执法管理体制。持续推进成都市、攀枝花市、泸州市、德阳市、绵阳市、乐山市、宜宾市和凉山彝族自治州开展综合行政执法改革试点，批复崇州市综合执法体制改革试点方案，按照整合队伍、调高效率，统筹使用执法力量；明确执法责任，整合执法机构，厘清职责关系，创新执法方式和监督管理机制，试点工作初显成效。深入推进行政执法“三项制度”改革试点，按照国务院和四川省政府安排部署，泸州市、成都市金牛区稳步推进各项试点工作，取得了阶段性成果。推动《四川省行政执法公示规定》《四川省行政执法全过程记录规定》《四川省重大行政执法决定法制审核办法》在一线落实，进一步规范执法监督方式、执法过程，确定成都市、德阳市、广元市、眉山市、财政厅、省地方税务局、省工商行政管理局、省安全生产监督管理局等 21 个市、省直部门开展省级试点，推动行政执法工作提档升级。全面推行“双随机、一公开”，建立“一单两库一细则”，将市场主体纳入随机检查企业库、执法人员纳入随机检查人员库，基本实现全域全覆盖。

四川省工商行政管理局开展“红盾春雷行动 2018”，强力整治市场秩序，严厉打击违法行为，维护消费者合法权益，维护公平竞争的市场秩序。四川省食品药品监督管理局在全省系统开展政风行风建设能力素质提升、政务服务优化、民生实事增效、社会共识凝聚、纪律作风整顿“五大行动”，提升食品药品质量安全风险发现、分析、监管、处置水平。崇州市通过搭建综合执法智慧服务平台，构建执法权、管理权、监督权分置的权责架构，着力打造“一支队伍管执法”，推进综合行政执法提质增效。

深化政务公开。四川省政府坚持公开为常态、不公开为例外，以群众需求为导向、以创新改革为动力、以规范监管为保障，认真贯彻落实国务院办公厅《2018 年政务公开工作要点》，制定《四川省 2018 年政务公开工作要点》，提出更细更高工作要求，全面推进决策、执行、管理、服务、结果“五公开”，确保各项任务落地见效。四川坚持将群众关注的重大建设项目批准实施、公共资源配置、社会公益事业建设、财政预决算等作为加大信息公开力度的重点领域，进一步强化信息发布和政策解读回应，研究拟制了四川重大建设项目批准和实施领域信息公开具体实施意见，制定了四川省公共资源交易领域政府信息主动公开办法和目录，发布四川省招标投标信息公开办法。坚持在重要文件出台、重大活动开展时积极做好政策解读，主动回应社会公众关切，重点加大对省政府常务会议政策文件解读力度，推行政策解读关口前移。按照“谁起草、谁解读、谁负责”的原则，凡提交省政府常务会议审议的重要政策文件，承办部门必须将解读方案和解读材料同步报审。做好全国基层政务公开标准化规范化试点工作，组织 8 个试点县（市、区）全面梳理政务公开事项、编制政务公开事项标准、规范政务公开工作流程、完善政务公开工作方式，并在省直部门推行政务公开清单管理，达到以点带面整体提升的辐射效应。大力推进省市两级政府网站集约化平台建设，狠抓省政府网上办公系统建设，加快一体化政务服务平台的改造升级；

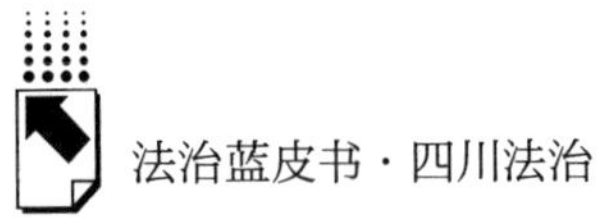

加速推进社会信用体系建设，制定实施《四川省财政性资金管理使用领域失信“黑名单”联合惩戒实施办法（试行）》。积极主动接受人大及其常委会依法监督和政协民主监督，不断推进建议、提案办理结果公开。在省政府网站建设《人大代表建议》栏目，凡是涉及公共利益以及社会需要广泛知晓的建议和提案，将按照规定及时予以公开。

强化行政权力监督。四川以贯彻实施新《行政诉讼法》为契机，加强行政应诉能力建设，注重与人民法院的衔接沟通，提高行政诉讼案件办理水平。突出抓好《最高人民法院关于行政诉讼应诉若干问题的通知》执行，规范三大类八种案件行政机关负责人应当出庭的情形。建立行政机关负责人出庭情况定期通报制定，全省各级法院定期向本级依法治理办、省政府法制办推送相关情况，有效促进制度落地落实。全省行政机关负责人出庭应诉比例从新《行政诉讼法》实施前不足5%上升到2018年上半年的68.06%，行政诉讼“告官应见官”逐渐成为常态。

四川省严格按照《四川省法治政府建设实施方案》，认真落实行政复议委员会制度和重大复杂案件交由行政复议委员会审议制度，增强了行政复议的权威性和公信力，提升了化解行政争议的能力。2017年1～8月，四川省政府办理各类行政复议案件469件，国务院裁决案件22件，涉及土地征收批复、政府信息公开等方面。

五　着力保证公正司法

司法公正对社会公正具有重要引领作用，司法不公对社会公正具有致命破坏作用。四川把改革作为破解司法深层次问题的根本动力，以建设忠诚可靠、执法为民、务实进取、公正廉洁的政法队伍为基本前提，以破解生效判决执行难、行政执法与刑事司法衔接难、庭审实质化改革难等实际难题为重要抓手，以提升执法司法公信力为最终目标，坚持惩治犯罪与保障人权、司法文明进步与维护社会大局稳定并重，从公正、权威、高效上完善司法制度，从实体、程序、质效上保证公正司法，全面推进严格执法、规范司法、阳光司法和廉洁司法，用信息化促进执法规范化、引领司法现代化，推动实现政治效果、社会效果、法律效果有机统一，努力让经济确有困难的群众打得起官司，让有理有据的当事人赢得了官司，让打赢官司且具备条件执行的当事人及时实现胜诉权益，让当事人感受到法律的尊严和公正，让人民群众在每一个司法案件中感受到公平正义。

深化司法责任制改革。四川紧紧抓住具有牵引性和标志性的改革项目精准破题、强力攻坚，多项改革举措后发先至，走到全国前列。坚持牢牢牵住司法责任制的“牛鼻子”，挖掘法院、检察院内生潜力，切实提高办案质效。推进员额管理和遴选工作常态化，完善员额分配、遴选、员额退出制度，确定每年 4 月最后一个周末为遴选考试日，定期举行，实现遴选常态化。2018 年度遴选法官 447 名、检察官 249 名；建立健全严格规范的员额退出制度，明确了法官检察官 13 种退出员额的情形，分类规定了退出程序、救济程序和退出安置程序。截至 4 月下旬，全省法院、检察院共退出员额法官检察官 545 名，其中因辞职、调离、退休、岗位调整等原因退出员额法官检察官 541 名，因违纪退出员额 4 人。建立健全法官检察官惩戒制度，4 月成立省法官检察官惩戒委员会，制定《四川省法官检察官惩戒委员会章程（试行）》《四川省法官检察官惩戒委员会会议规则》，规定了惩戒委员会组织形式、工作职责和工作纪律等。创新确立“对于事实不清的，经出席惩戒工作会议委员二分之一以上表决通过，可中止审议，由惩戒工作办公室组织重新调查”等规则，构建具有四川特色的惩戒议事规则。全面加强改革配套保障，印发《关于进一步做好法院检察院绩效考核奖金核定工作的通知》，确定每年 2 月底前报备当年绩效考核奖金核定情况，建立绩效考核奖金常态化发放制度；完善法官检察官单独职务序列改革机制，省委政法委、省委组织部、省法院、省检察院共同制定《四川省法官、检察官单独职务序列择优选升工作方案（试行）》，对等级设置、选升区间及等级比例等进行了详细规定。

攀枝花市法院突出难题破解、司法监督、刑事打击、执行攻坚、宣传力度，着力解决知识产权保护难题。宜宾市中级人民法院《构建全院全员全程审判监督管理体系》、筠连县人民法院《完善“四类案件”监管制度做到“放权不放任”》入选《人民法院司法改革案例选编》。内江市法院探索做好建议培训、完善制度机制、落实考核问责“三步走”方式，推动行政应诉有序高效。广元市朝天区人民法院成立“家事法庭”全过程温情审判，全力破除家事案件调解难、取证难、审判难，被最高人民法院推荐。

建设公正权威高效司法。四川省委政法委牵头省法院、省检察院、公安厅、司法厅等保证司法公正，构建权责统一、权责明晰、权力制约的司法权运行机制；推动司法高效，推行繁简分流、轻刑快处、认罪认罚从宽制度，依法惩治滥用诉权行为，努力实现有诉必理、有诉快理；维护司法权威，落实通报和责任追究制度、健全行政机关负责人依法出庭应诉、支持法院受理行政案件、领导干部干预司法案件记录、尊重并执行法院生效裁判等制度，完善司法人员履行法定职责保护机制，确保司法机关依法独立公正行使审判权、检察权。通过立案登记、网上诉讼、失信惩戒、投诉监督、办案质量终身负责等解决“六难三案”问题。通过司法人员分类管理、职业保障等解决“正规化、职业化、专业化”问题。通过解决社会高度关注的突出问题让群众直接感受司法的公平正义。运用巡回审判、司法救助等强化司法为民。坚持罪刑法定、疑罪从无、非法证据排除等加强人权司法保障。

四川省委政法委加快推进大数据智能辅助办案系统建设应用，着力打通政法各部门原有办案平台，以实现政法各部门数据交换、共享，完成业务联动协作，实现刑事办案全程网上流转。省法院充分运用“互联网+”技术，建立全省统一的电子送达（提交）平台，有效降低了当事人诉讼成本，与司法厅建立电话录音公证送达合作机制，与公证机构建立委托公证机构直接送达机制，有效推动精准送达，研发类案检索比对系统，为法官智能推送相关案例，促进法律统一适用，有力提升法官办案效率。2018年1~6月，全省法院共受理各类案件69.85万件，审执结46.73万件，同比分别上升13.36%、13.08%。省检察院完善对侦查取证的引导，与公安厅共同制定《关于刑事案件退回补充侦查和完善证据的工作指引》，与省法院、公安厅共同印发《关于办理合同诈骗案件若干问题的会议纪要》，统一执法尺度，转变证据审查方式，推行重大案件书面审查和亲历性审查相结合的方式。公安厅着眼更高水平平安建设，深入开展“春雷”“夏安”“秋风”等专项行动，严厉打击各类突出违法犯罪活动，全省刑事案件发案率同比下降，破案率同比上升，人民群众安全感满意度持续保持在90%以上。司法厅大力开展社区矫正工作，围绕“五化”目标，全面推进社区矫正深入发展。

破解执法司法实际难题。四川贯彻习近平总书记“努力让人民群众在每一个司法案件中感受到公平正义”的要求，落实中央全面依法治国委员会第一次会议“加快构建权责一致的司法权运行新机制”安排部署，将单靠一个职能部门难以解决的生效判决执行、行政负责人出庭应诉、行政执法和刑事司法“两法衔接”难题提到省委层面统筹破解，组织开展集中破解上述难题的三项督查，以破解难题、切实增强群众的法治获得感。

四川注重发挥执行工作大格局作用，省依法治省领导小组在全国率先发文构建“党委领导、政府支持、政法协调、法院主办、部门配合、社会参与”的综合治理执行难工作大格局，省委办公厅、省政府办公厅发文深入推进失信被执行人联合惩戒、网络执行查控系统建设工作，省人大常委会4次组织人大代表专题视察，省依法治省领导小组办公室2次组织专项督查，省委宣传部建立免费宣传制度，有效形成了决胜执行难的外部合力。截至2018年7月底，全省法院共受理执行案件26.63万件，同比增长19.18%，执行到位金额278.35亿元。全面应用网络执行查控系统，逐步实现被执行人财产“一网打尽”。将29.58万失信被执行人纳入惩戒名单，正式启用省级失信被执行人联合惩戒曝光平台，倒逼相关部门全面落实中央和省委规定的42项失信联合惩戒措施。注重压实各级法院院长第一责任，自下而上开展“院长大比武”攻坚竞赛，检验“一把手”对执行工作的重视程度、熟悉程度、保障力度、联动协调力度。各市（州）法院院长向省法院签订“决战决胜基本解决执行难军令状”，承诺不能如期完成任务主动引咎辞职。深入开展“司法大拜年”“失信大曝光”“执行大会战”“拒执大打击”等专项行动，促进有财产案件及时执行到位。稳妥推进执行工作创新，全部落实指挥中心实体化运行要求，强力推进网络拍卖、数据可视化等新手段的全面应用，创新推广绵阳、眉山等地“智慧执行 App + 综治网格员”协助执行经验做法，实现网上和线下无缝对接，进一步解决查人找物、矛盾调处及文书送达等难题，得到最高人民法院院长批示肯定。

大力推进“两法衔接”工作地方立法，省人大常委会将出台“两法衔接”工作决定纳入 2018 年监督工作计划，省检察院起草了《关于加强行政执法与刑事司法衔接工作的决定》，先后征求了相关省级“两法衔接”联席会议成员单位的意见，正组织修改完善。积极开展专项行动，省检察院、省政府法制办、省法院等 12 家单位继续联合开展“打击危害食品药品安全违法犯罪专项活动”和“打击破坏环境资源违法犯罪专项活动”，严厉打击食品药品违法犯罪活动、破坏环境资源违法犯罪。省检察院、省食品药品监督管理局、公安厅等 6 家单位联合开展“净网 2018”专项活动，严厉打击利用互联网制售假药犯罪与违法售药行为，整顿和规范网上售药秩序。

四川省人大常委会举行座谈会，推进《关于加强行政执法与刑事司法衔接工作的决定》立法工作。自贡市、眉山市人大常委会出台《关于加强行政执法与刑事司法衔接工作的决定》，全面加强行政执法与刑事司法的衔接，从机制上解决有案不移、有案难移、以罚代刑等问题。眉山市人大常委会开展“两法衔接”专题督导，推动“两法衔接”制度机制和工作部署落地落实。

四川省人民检察院联合省高级人民法院、公安厅、省食药监局等部门印发食品药品安全领域“两法衔接”工作制度，解决案件移送、检验鉴定、涉案物品无害处理（保存）等问题。持续推进“两法衔接”信息共享平台应用管理工作，实现线上、线下执法司法衔接同步开展。2018 年 1 ~ 7 月，通过“两法衔接”平台共享信息，全省检察机关建议行政执法机关移送涉嫌犯罪案件 591 件，行政执法机关已移送 551 件。全面展开“两法衔接”信息共享平台系统升级建设试点工作，成立了省检察院牵头，试点地区检察院参与的试点工作领导小组，确定眉山市县两级检察院为试点单位，4 次召开“两法衔接”平台系统升级建设协调会，全力推进平台升级改造。

加强司法活动监督。四川省委政法委将司法监督、社会监督、舆论监督有机结合，建立完善公安机关、检察机关、审判机关、司法行政机关各司其职、相互配合、相互制约的体制机制，完善内部监督制约和过问案件记录追责制度，从程序上、制度上堵塞漏洞，让审判权、检察权在阳光之下、法治之上运行，着力实现干警清正、队伍清廉、司法清明。四川省人民检察院坚持不枉不纵、不错不漏，加强刑事诉讼监督、刑事执行监督和民事行政诉讼监督。2018 年 1～7 月，监督公安机关立案 484 件，监督撤案 304 件，书面提出纠正侦查活动违法 1396 件；对刑事判决提出抗诉 273 件；对刑事审判活动违法情况书面提出纠正 379 件；审查减刑、假释、暂予监外执行提请、决定、裁定中发现不当 1217 人，发现监外执行（社区矫正）中违法 1588 人。办理民事行政诉讼裁判结果监督案件 1533 件，办理民事行政审判程序监督案件 193 件，办理民事行政执行监督案件 315 件，监督交通事故损害、保险理赔、民间借贷、房地产交易等领域虚假诉讼案件 13 件；对行政机关不当履行职责情况提出监督意见 332 件。全面推进公益诉讼工作，2018 年 1～7 月，围绕生态环境资源保护、食品药品安全、国有财产安全、国有土地使用权等领域，全省检察机关共收集公益诉讼案件线索 1760 件，立案 1413 件，发出诉前检察建议 1026 件，提起行政公益诉讼 1 件，刑事附带民事公益诉讼 16 件。狠抓民族地区公益诉讼工作，甘孜、阿坝、凉山检察机关已全面消灭立案和诉前程序空白，立案数达到 248 件，诉前检察建议数达到 189 件，提起刑事附带民事公益诉讼 1 件。

六　深入推进社会依法治理

法治是社会稳定的压舱石。省委贯彻习近平总书记推进依法治国的基础在基层、重点在基层重要指示精神，针对新形势下公民权利意识觉醒与维权理性不足、对国家权力机关诉求日益增多与配合支持不够、政府简政放权与社会组织发育不成熟、违法成本低与守法成本高四对矛盾，把夯实基层打牢基础作为依法治省重中之重，把依法化解矛盾纠纷、解决群众利益诉求作为引导全民守法最直接的抓手，坚持联动融合、开放共治，坚持民主法治、科技创新，统筹推进专项治理、源头治理、系统治理、综合治理、依法治理，着力破解“吊脚楼”“两张皮”“灯下黑”“大呼隆”四个制约法治在基层落地落实的实际问题，探索基层治理体系和治理能力现代化建设方法路径，加快形成共建共治共享的现代基层社会治理新格局。

用厉行法治树立法律权威。贯彻习近平总书记坚决维护宪法法律权威的指示精神，四川省委政法委牵头省公安厅等部门，坚持围绕中心、服务大局，党政主导、群众主体，打防结合、标本兼治，疏堵结合、宽严相济，统筹考虑活力与秩序、程序与实体、维稳与维权的关系，全面建设社会治安防控、矛盾纠纷多元化解、网格化服务管理体系。省综治中心建成运行，15个市（州）、136个县（市、区）、2199个乡镇（街道）、3803个社区和14024个村完成综治中心建设，初步实现五级综治中心互联互通。深入推进矛盾纠纷多元化解，组织绵阳、宜宾、眉山参与“新时代‘枫桥经验’研究和实践”项目；紧紧围绕征地拆迁、环境污染、移民安置等重点领域涉众型矛盾纠纷，强力开展排查化解工作，组织排查具有引发群体性事件、到省进京非访等隐患的重大矛盾纠纷700余件；制定《婚姻家庭纠纷预防化解工作实施意见》，推动了源头预防化解婚姻家庭纠纷；制定《驻公安派出所人民调解员管理办法（试行）》，召开全省推进“公调对接”机制建设暨矛盾纠纷多元化解工作培训会议，推动各地派出所与人民调解组织建立完善矛盾纠纷对接移送机制。截至2018年6月底，全省城区公安派出所基本实现“公调对接”全覆盖，820个公安派出所进驻人民调解员，驻所人民调解组织接受公安派出所移送或委托调解矛盾纠纷2.71万件，调解成功率达94.8%。全面推进“雪亮工程”建设联网应用，将全省农村“雪亮工程”建设与幸福美丽新村建设同步规划、同步推进。截至2018年6月底，全省累计投入资金17.9亿元，建设完成18531个村（社区）建设并投入使用，新安装监控探头11.9万余个，实现视频监控入户近38万户，手机App安装使用超过18万部。做实做细网格化精准服务管理，全省共划分网格11万余个，配备23.1万名专兼职网格员和50余万名网格协管员，基本构建县

（市）、乡镇（街道）、村（社区）、网格四级联动体系，对网格内的人、地、物、事、组织等基本要素实行动态化、精确化、高效化服务管理。上半年，全省累计办理各类事件544万余件，网格管理员推送流动人口服务管理信息690万余条、特殊人群服务管理信息663万余条、治安隐患信息16.5万余条，基本实现了“小问题不出网格、一般问题不出社区、突出问题不出街道”。

以法治创新推动法治提升。四川省统筹推进县（市、区）、乡镇（街道）、村（社区）以及机关、企事业单位、寺庙、学校等九大板块法治建设示范创建。以制定实施村（居）规民约为重点建立法治德治自治相结合治理体制，以基层党组织为核心构建“一核多元、合作共治”共建共享治理体系，通过加快天府新区、中国（绵阳）科技城、国家自主创新示范区等五大法治示范区建设，使法治成为培育四川新兴增长极的软实力。

四川省依法治省领导小组办公室精选95个特色创新项目，构建了自主申报、上下联动、集中推广、考核认定、延续升华法治创新链条。四川省委组织部持续在农村、社区开展“三分类三升级”活动，在藏区彝区开展软乡弱村整顿，在非公企业和社会组织开展“两个覆盖”攻坚行动，持续推动软弱涣散基层党组织转化。四川省教育厅开设中小学法治教育课，推动“教材、课程、师资、经费、考试”五落实。成都市在临空经济示范区街道试点建立法治建设委员会，推动街道依法治理专业化、制度化。绵阳市实施法治氛围营造提升、创新创造提质、攻坚破难提效、基层基础提档四大行动，加快推进治理体系和治理能力现代化建设。内江市开展党建引领下的基层治理体系和治理能力提升行动，探索打造一个特色法治宣传阵地、一支法治服务队伍、一批特色经验的“1+1+1”基层治理模式。小金县着力构建党政善治、厉行法治、良俗德治、村民自治的基层“四治”工作格局，努力提升基层现代化治理能力和水平。

以务实举措破解落实难题。四川省每年召开法治专题培训会，重点讲清年度基层法治抓什么、谁来抓、怎么抓、如何评价、结果怎么运用等基本问题，破解法治方法难题。2014年，四川省着力推进基层党建、社区治理、法治宣传、村（社区）公共服务等工作，着力打牢基层治理思想、组织、社会基础，破解基层基础难题，全省城市社区服务设施覆盖率达到90%以上，7998个村实现“1+6”公共服务设施全配套。2015年，四川省建立“四议两公开”、社区听证、民情恳谈、民主评议、民主监督等制度，抓好群众自治、社区协商、“三社联动”、村务公开等工作，破解基层民主法治难题。2016年，四川省统筹开展换届选举、社区减负、农村社区改革、社区标准化建设等重点工作，通过“五不两直”法治暗访、年度法治考核和县（市、区）委书记履行法治职责督导汇报会，破解法治工作落地难题。2017年，四川省建立以群众为主体、以民主法治为支撑的治理机制，完善与现行政权结构、社会结构、经济结构和组织体系相适应的治理结构，推动基层治理体系治理能力现代化。

自贡市制定出台《自贡市关于推行“三事分流、三社联动、三治并举”社区治理模式的实施意见》，厘清政府、社区、居民（社会）的职责，解决基层治理方式机制等问题，发挥法治的保障核心作用，提升社区管理服务的法治化、专业化、社会化水平。广元市出台《关于开展乡村治理改革试点的指导意见》，启动以促进乡村有效治理为目标的乡村治理改革试点，推动“三治”“三共”相容互动。攀枝花市东区打造“四位一体”、创新“四会”模式、建设“五型”小区，切实以党建引领推动社区居民共建共治共享。乐山市把法治思维和法治方式融入“生态修复、城市修补”，调整完善城乡、交通、水利、国土利用等各类规划，治理城市顽疾、补齐功能短板、推进生态建设。

用法治手段保障服务脱贫攻坚。四川省贯彻中央脱贫攻坚重大决策部署，落实《四川省农村扶贫开发条例》《关于进一步加强法治保障服务脱贫攻坚工作的意见》《贯彻〈关于创新机制扎实推进农村扶贫开发工作的意见〉实施方案》精神，开展法治扶贫“五个一”工程，为每个贫困村聘请一位法律顾问、培养一批法律明白人、完善一个村规民约、掌握一套维权方法、化解一批矛盾纠纷。遂宁市推广“六手印记”“法治村官”等新型村务管理模式，探索“法治门诊”“警长+司法所长+村长”治理模式。凉山州开展打造“法治堡垒”推进脱贫攻坚项目，充分发挥基层党支部“法治头雁”作用，大力推进依法执政，将法治宣传、法律服务、法治监督融入脱贫攻坚全过程。米易县西番村把推进基层依法治理与脱贫攻坚深度融合，构建以党建为核心、自治为基础、法治为保障、德治为引领的基层治理机制，有效助推脱贫攻坚。

以群众法治信仰铸牢法治根基。四川省建立完善党政统筹领导、部门履职尽责、媒体公益普法、群众共同参与的法治宣传教育机制，强化党委、政府对法治宣传教育工作的领导，出台四川省《关于实行国家机关“谁执法谁普法”普法责任制的实施意见》，明确 47 个省级部门的普法责任清单，推进各执法机关和各地普法工作；建立法官、检察官、行政执法人员、律师等以案说法制度，加强普法讲师团、普法志愿者队伍、法律人才库建设；加快推进法治文化阵地建设，持续开展法治文化作品推广和法治文化传播，全省设立法治宣传栏 27719 个、法律图书室（角）32668 个，建设法治文化公园、广场、长廊等 1466 个，法治教育基地 731 个，组建普法讲师团、法律人才库 1692 个、法律服务小分队 4373 支（见图 3）。

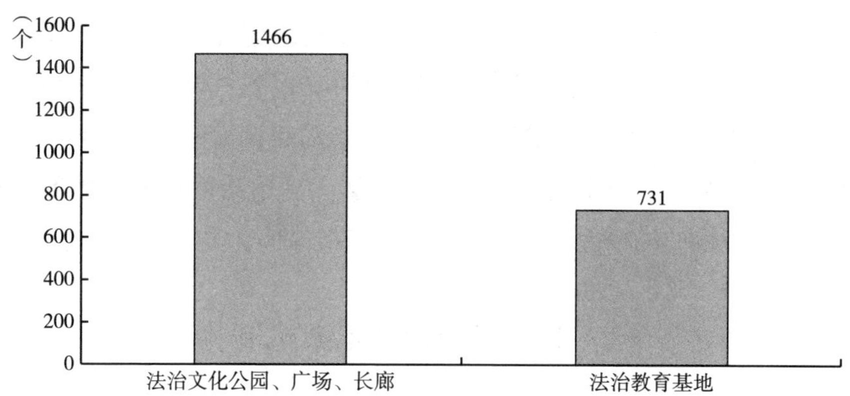

图 3　四川省法治文化阵地建设情况

四川省完善领导干部尊法、学法、守法、用法制度，出台《四川省完善国家工作人员学法用法制度的实施意见》《省直机关国家工作人员学法用法实施意见》，健全党委（党组）中心组学法、政府常务会学法、人大常委会审议前学法、政协专委会学法和人民团体定期学法机制，持续推进宪法学习宣传教育活动，省委宣传部、司法厅等6部门联合印发《关于开展宪法学习宣传教育活动的通知》，广泛组织开展宪法学习宣传教育活动。2018年以来，全省各级单位（党组）理论中心组开展宪法专题学习活动5200余场次，组织国家工作人员宪法知识考试8000余场次，组织各类学校开展“晨读宪法”“学宪法讲宪法”等活动9.3万余场次。四川省推进法治教育师资、教材、课时、经费、考试五落实，制定《四川省贯彻〈青少年法治教育大纲〉实施意见》，把法治宣传教育纳入国民教育体系和精神文明创建内容，开展“小手拉大手”、法律进家庭等活动，加强家校合作，构建家庭、学校、社会三位一体的普法网络，组织开展“法治教育第一课”、“税法进校园”、防治校园欺凌和校园暴力宣传教育，举办第三届全省学生“学宪法讲宪法”系列活动。

四川省依法治省领导小组办公室与中国社会科学院法学研究所联合发布法治蓝皮书《四川依法治省年度报告No.4（2018）》，打造依法治国四川品牌。四川省司法厅持续深入开展“法律七进”，2018年以来全省共组织法治专题培训1.3万余场次，17.7万余人次参与，组织法治宣传实践活动1100余场次，270万余人次参与。成都市实施“谁执法谁普法”责任制工程、普法基地建设工程、普法平台建设工程、普法产品建设工程“四大工程”助推普法方式转变。绵阳市获评“六五”普法“全国法治宣传教育先进城市”，被司法部确定为全国“七五”普法依法治理联系点。

七　建立完善保障落实机制

四川重点解决法治意识和法治行为、法治思维和法治方式、治理体系和治理能力三个制约法治四川建设工作质效的根本性问题，建立督查为重点、考评为载体、问责为抓手的工作实施保障制度，构建有权必有责、用权受监督、失职要问责、违法要追究的长效机制。

落实法治责任。制定《四川省党政主要负责人履行推进法治建设第一责任人职责规定实施办法》，党委主要负责人落实依法治理领导责任，将法治建设作为事关全局的重大工作，与经济社会发展同部署、同推进、同督促、同考核、同奖惩；着力优化机构设置、选强领导干部、配强工作力量。政府主要负责人落实依法行政主体责任，及时研究解决法治政府建设重大问题，为推进法治建设提供保障、创造条件。人大主要负责人落实科学立法主体责任，与时俱进地推进立、改、废、释工作。政协主要负责人落实民主协商主体责任，依法开展政治协商、民主监督和参政议政。部门主要负责人切实履行部门法治主体责任，推动部门法治工作和业务工作在相融互动中深化提升。

构建监督体系。四川省统筹构建党内监督、人大监督、民主监督、行政监督、司法监督、审计监督、社会监督、舆论监督“八位一体”权力制约和监督体系。加强党内监督，作出《关于加强和规范党内政治生活、严格党内监督、巩固发展良好政治生态的决定》，从牢固“四个意识”、遵守宪法法律、坚持民主集中、落实治党责任等7个方面严格实施党内监督，巩固发展风清气正、崇廉尚实、干事创业、遵纪守法的政治生态。

加强人大监督，构建以及时听取审议专项工作报告为抓手，以人大讨论、决定重大事项和询问、质询、罢免制度为载体，以“一府两院”监督、预算执行监督、国有资产监督、法律法规实施和依法治理监督为主要内容的监督体系。2018年以来，四川省人大常委会先后听取和审议四川省人民政府《关于2017年法治政府建设推进情况的工作报告》《关于全省2017年节能减排工作情况的报告》《关于全省脱贫攻坚工作情况的报告》等工作报告，组织对四川省人民政府《关于全省人口与计划生育工作情况的报告》进行专题问询，专题听取省高级人民法院、省人民检察院重点工作情况报告。组织对《大气污染防治法》开展执法检查，切实压实了各级各部门环境保护责任；开展2次《四川省农村扶贫开发条例》执行情况大规模执法检查。坚持有件必备、有备必审、有错必纠，在增强纠错刚性、加大备案力度、提高审查实效上用劲着力。

加强政协民主监督，完善民主监督机制，构建内容广泛、程序规范的行政协商、民主协商、参政协商、社会协商监督体系。加强行政监督，构建政府内部层级监督和专门监督、行政监察、审计监督、纠错问责相结合的监督体系。强化司法系统监督，构建检察监督、群众监督、舆论监督体系，依法开展影响司法公正突出问题的专项整治。加强社会监督，推行举报投诉、批评建议受理处理和结果反馈制度，构建人民群众长效监督、人民团体民主监督、新闻媒体舆论监督三位一体的社会监督体系。

强化法治考评。制定加强领导班子建设十项规定，实行领导班子功能结构模型管理等，坚持领导干部“六个重视选用”“六个坚决不能用”“六个坚决调整”，把遵纪守法定力、依法办事能力作为考察使用干部的重要依据，将法治建设纳入年度考核、目标责任考核、绩效考核、任职考察、换届考察以及各类考核考察重要内容，在领导班子中配备具有法律专业背景或法治工作经历的成员，将法治素养好、依法办事能力强的领导干部选出来、用起来，带动全社会形成法律至上、依法办事的善治良序。按照四川省依法治省领导小组的安排部署，省依法治省领导小组办公室开展涵盖全省21个市（州）和省级牵头责任部门的督促检查，出台暗访“1+2”工作方案，采用“五不两直”（不发通知、不打招呼、不定时间、不听汇报、不用陪同和直接到基层、直接到现场）工作法，组织10个暗访组到84个县（市、区）106个乡镇（街道）212个村（社区）420个点位开展11批次法治暗访。各市（州）听取暗访情况反馈后，第一时间召开会议研究问题整改，通过制定落实整改清单、责令会上检讨、约谈问责等推动法治工作落地生根。制定实施依法治省年度考核方案，坚持重战略、重目标、重主体、重过程、重效果，把依法治省指标体系、评价标准和年度目标任务、阶段性重点工作结合起来，每年组织厅领导带队的7个组，开展定量加定性、必查加抽查、自查加核查、查阅台账加实地走访的全覆盖年度考核，严格法治清单反馈、年度考核排序、考核结果通报和约谈整改问责。制定第三方评估指标体系，委托中国社会科学院开展法治四川建设第三方评估，做到评估标准系统科学、评估方案务实严谨、数据采集全面细致，分析论证严密透彻、评估结果真实可靠，认真对待评估中发现的突出问题，以实际行动推进整改落实，真正实现以评促改。

八　四川依法治省存在的问题及展望

四川省坚定不移地贯彻中央依法治国重大决策部署，始终坚持党的领导，坚定不移地走中国特色社会主义法治道路，把全面依法治省作为推进“四个全面”战略布局的重要组成部分，把法治贯穿于改革、发展、稳定过程的各个方面。四川省在依法执政、法治政府建设、司法建设、社会治理等诸多方面夯实基础、稳步推进，依法治省工作取得了不俗的成绩。但也要看到，法治建设没有尽头，四川省在推动依法治省过程中还存在一些困难需要克服、一些瓶颈需要打破、一些藩篱需要跨越。

（一）依法执政

在推动依法执政过程中，有的领导干部对依法治省工作全局性、基础性的定位认识不足，还没有形成将各项工作纳入法治化轨道的自觉；有的地方和部门对依法治省的长期性、艰巨性、复杂性认识不到位，没有坚持不懈抓法治的定力和坚韧不拔抓法治的毅力；少数领导干部法治思维和法治方式还需要进一步强化。对此，四川将在以下几个方面着手：一是坚持用法治眼光审视改革发展问题、以法治思维谋划改革发展思路、以法治手段破解改革发展难题；二是完善党领导立法、保证执法、支持司法、带头守法工作制度，完善依法治省工作的统筹协调；三是加强和改善党委对政权机关的领导，支持人大、政府、政协和法院、检察院依法依章程履行职能、开展工作、发挥作用；四是深入开展党内法规实施评估工作，建立完善依法决策机制，构建决策科学、执行坚决、监督有力的权力运行机制；五是建立把党的政治建设摆在首位，确保政治立场、政治方向、政治原则、政治道路同党中央保持高度一致的长效制度，建立思想建党、制度治党同向发力，依法治省、依规治党有机统一的工作机制。

（二）科学立法

科学立法是法治建设的前提，四川省在科学立法方面还存在以下问题。首先，一些法规规章紧扣中心大局还不够，还需要进一步跟进工作需要和形势发展。其次，有的法规规章针对性、实用性、时效性、可操作性还有待进一步提高。再次，个别地方性法规及时性还不够，少数地方性立法的地方特色还不够鲜明。最后，个别地方行使地方立法权还有待进一步加强。对此，四川将在以下几个方面着手。一是以学习宣传和贯彻落实宪法为契机，大力弘扬宪法精神，完善宪法宣誓制度，推动各级领导干部带头尊崇宪法、学习宪法、遵守宪法、维护宪法、运用宪法，示范带动全省广大干部群众成为宪法法律的忠实崇尚者、自觉遵守者、坚定捍卫者。二是紧扣重大改革开放举措加强地方立法，构建党委领导、人大主导、政府依托、各方参与的地方立法工作格局。三是围绕科教兴国、人才强国、创新驱动发展、乡村振兴、区域协调发展、可持续发展、军民融合发展、健康中国八个战略加强实施性立法。四是健全人大组织制度和工作制度，支持和保证人大依法行使立法权、监督权、决定权、任免权。建立健全政府立法前评估、执行后评估和立法争议第三方评估制度。建立健全项目征集、评估听证、表决审议、群众参与制度。五是深化对市（州）立法工作的指导，探索地方立法与基层创新实践跟进对接衔接机制。

（三）依法行政

依法行政是依法治国基本方略的重要内容，四川省在推动依法行政方面存在以下问题：有的地方和部门法治建设系统性不够，上下工作对接精准度、法治和业务工作融合度有待提高；一些地方简政放权还需要进一步深化，“放管结合”还需要进一步加强，公共服务能力还需要进一步提升，政府职能还需要进一步转变并履行到位；个别部门依法决策机制还需要进一步落实，合法性审查和风险评估还需要进一步强化，法律顾问还需要进一步发挥作用；有的地方行政执法程序还需要进一步完善，执法监督还需要进一步增强，执法责任还需要进一步落实，需要进一步健全落实执法全过程记录制度和执法公示制度；少数地方对行政权力的制约和监督还需要进一步严格，政务公开的实效性、针对性还需要进一步提高；一些地方需要进一步破解行政机关负责人出庭应诉难题；个别部门法治工作和业务工作相融互动还不够，服务管理标准化建设还需要进一步加强。今后，四川将在以下几个方面着手。一是把“执法如山”和“执法如水”结合起来，深化执法流程严密、执法程序规范、执法裁决公正、执法行为文明的制度设计和政策安排。二是建立完善行政执法调查取证、告知、罚没收入管理等制度及行政执法权限协调机制，进一步规范行政许可、行政处罚、行政强制、行政征收、行政收费、行政检查等执法行为。三是建立健全省、市、县三级权责清单，建立完善工作考核、社会评议、责任追究等配套机制。四是继续推进财政预算、公共资源配置、重大建设项目批准和实施、社会公益事业建设等领域的政府信息公开。五是继续推广运用说服教育、劝导示范、行政指导、行政合同、行政奖励等非强制性执法手段。

（四）司法建设

司法是维护社会公平正义的最后一道防线，司法建设水平是衡量一个国家、一个地区法治水平的重要标准，同时也是检验是否实现依法治理的重要内容。当前，四川在司法建设方面存在以下问题。一是个别地方司法责任制改革需要进一步深化，常态化遴选和员额退出等机制需要进一步完善，地方法院、检察院人财物省级统一管理制度需要进一步健全。二是“两法衔接”信息平台还不够完善，移送标准还不够健全。三是还需要进一步破解生效判决执行难题。四是以审判为中心的诉讼制度改革还需要进一步推进，刑事庭审实质化改革还需要进一步加强。五是个别部门的工作流程、工作标准还需要进一步明确，司法的规范性还需要进一步强化。六是有的司法公开还需要进一步深入，对司法活动的监督还需要进一步加强。今后四川司法建设将从以下几个方面努力。一是深化司法体制综合配套改革，全面落实司法责任制，建立健全司法人员分类管理、常态化遴选、员额动态调整机制，建立完善法官检察官惩戒制度，建立健全符合司法职业特点的司法绩效考评机制。二是深化以审判为中心的刑事诉讼制度改革，坚决守住防范冤假错案的底线。三是统筹推进公安、国家安全和司法行政改革。四是建立完善党委领导、联席会议统筹协调、法院主体推进、有关部门各司其职合力破解执行难工作格局。五是建立自动生成、实时监控、全程留痕的信息平台，深入破解“两法衔接”难题。六是探索破解行政机关负责人出庭应诉难题。

（五）社会法治

在推进社会法治建设过程中，有的地方基层法治工作不牢固，存在上热下冷“吊脚楼”现象，特别是乡镇（街道）依法治理职能有待强化；一些地方法治氛围还不够浓厚，群众的法治意识、法治观念还需要进一步强化；一些基层领导干部履职尽责推进法治工作还需要进一步加强；个别地方法治权威还不够，社会依法治理工作还需要进一步深入推进；有的地方对群众法治需求把握不准，措施抓手缺乏针对性和可操作性。对此，今后四川省将在以下几个方面着手。一是建立完善与现行政权结构、社会结构、经济结构和组织体系相适应的治理结构。二是健全落实村党组织领导下村民委员会、村务监督委员会、群团组织、农民合作组织、社会组织广泛参与的村级治理格局。三是建立健全基层示范创建全域覆盖、动态管理、检查评估长效机制，继续推进法治示范区建设。四是推动法治宣传教育抓常抓长、入脑入心、见言见行，建立完善责任制＋清单制“法律七进”工作制度。五是在全省范围内广泛开展“守法、诚信”公民教育，继续推进“以案说法”，建立完善“谁执法谁普法”工作制度。六是继续推进法治文化阵地建设、法治文化作品推广和法治文化传播。七是建立完善法治灌输、法治浸润、法治实践一体推进，法治意识、法治习惯、法治信仰共同养成的全民守法工作格局。

（六）强力推动工作落实

依法治省能否发挥实效，关键在于工作是否能够落地。今后四川省将从以下几个方面发力，强力推动工作落实。一是抓好“法治头雁”工作，推进“关键少数”履行“四个亲自”“五个同”“三个推动”法治建设第一责任人职责，推动班子成员落实法治建设“一岗双责”。二是抓好“法治破难”工作，继续把生效判决执行、“两法衔接”、行政机关负责人出庭应诉等单靠一个部门无法解决的法治实际难题提升到省委层面统筹破解，深入破解“灯下黑”“吊脚楼”“两张皮”“大呼隆”四个实际难题。三是抓好“法治浸润”工作，着力强化广大人民群众法治意识、培养法治习惯，分门别类推进“法律七进”，扎实开展“以案说法”“谁执法谁普法”“谁主管谁普法”“守法、诚信、感恩”法治宣传教育和法律进藏传佛教寺庙“四进七有”活动，全面营造浓厚的法治氛围。四是抓好“法治护航”工作，完善落实法治保障“三大攻坚战”工作清单，构建藏区依法治理、彝区禁毒防艾、特大城市和区域性中心城市社会治理的长效机制，推动形成国际化、法治化、便利化营商环境。五是抓好“法治创新”工作，推动法治创新项目统一布局、统筹实施、集中验收、成果综合运用，探索建立基层示范创建全域覆盖、动态管理、考核评估长效机制。六是抓好“法治堡垒”工作，建立健全基层党组织权责清单、工作清单和履职尽责机制，构建基层党组织引领群众参与基层治理制度。七是抓好“法治共融”工作，建立完善党委领导、政府主导、社会协同、公众参与、法治保障的基层治理体制，着力构建自治、法治、德治相结合的乡村治理体系和共建、共治、共享的社会治理格局，深入推动“三治”“三共”相融互动。八是抓好“法治保障”工作，着力开展县（市、区）委书记和部门党组（党委）书记履行法治职责专项督导，深入开展调研督查、法治暗访、年度考核、约谈问责。

依法执政

Administration by Law

B.2 四川省治理扶贫领域腐败和作风问题调查报告

四川省纪委监委课题组*

摘　要： 开展扶贫领域腐败和作风问题专项治理是党中央交给纪检监察机关的重大政治任务，本文深入分析四川省整治扶贫领域存在的主要问题，总结提高政治站位、强化精准督查、贯通多维监督、加强重点督办、全面清理排查、高悬惩治利剑、拓展宣传渠道、坚持通报曝光、推进纠建并举等九个方面的具体做法和成效，并对下一步工作进行展望。

* 课题组负责人：张冬云，中共四川省纪委副书记；肖克强，四川省监察委员会委员。课题组成员：张毅、刘海洲、邓全富、罗小峰、余冠中、冉强、傅鑫晶、李品。执笔人：刘海洲，中共四川省纪委法规室副主任；冉强，中共四川省纪委法规室干部；傅鑫晶，中共四川省纪委党风政风监督室干部。

关键词： 扶贫　腐败　作风

打赢脱贫攻坚战，是实现第一个百年奋斗目标的底线任务和标志性指标，是我们党向全国人民作出的庄严承诺。党中央将2018年确定为脱贫攻坚作风建设年，将扶贫领域腐败和作风问题专项治理纳入《中共中央国务院关于打赢脱贫攻坚战三年行动的指导意见》，对做好新形势下扶贫领域腐败和作风问题专项治理工作发出动员令。开展扶贫领域腐败和作风问题专项治理是党中央交给纪检监察机关的重大政治任务。四川省各级纪检监察机关牢固树立“四个意识”，自觉提高政治站位，从脱贫攻坚战打响开始就全程深度介入，以钉钉子精神强化监督、铁面执纪、严肃问责，坚决整治扶贫领域腐败和作风问题，使脱贫成效让群众认可，经得住历史和人民检验。2017年以来，四川省纪检监察机关查处扶贫领域腐败和作风问题4535件，党纪政务处分4839人，清理“一卡通”4481万余张，涉及金额822亿余元，排查问题线索26166件，通报曝光典型案件2134起。

2018年春节前夕，习近平总书记来川调研考察，对四川省脱贫攻坚工作取得的成绩给予充分肯定，强调全面建成小康社会最艰巨最繁重的任务在贫困地区，特别是深度贫困地区，无论这块“硬骨头”有多硬都必须啃下，无论这场攻坚战有多难都必须打赢。四川省严格按照习近平总书记重要指示精神，坚持无禁区、全覆盖、零容忍，坚持重遏制、强高压、长震慑，注重综合施策，建立长效机制，确保整治扶贫领域存在的腐败和作风问题。

一　主要问题及原因分析

为整治扶贫领域腐败和作风问题，四川省纪委监委组成专题调研组，开展专项评估和蹲点调研，采取走村入户、实地走访等方式，访贫问苦察民意、沉入基层摸实情。通过对信访反映、巡视巡察、案件查处等情况进行深入分析，发现扶贫领域存在的腐败和作风问题。

（一）扶贫领域腐败问题

一是刁难群众、吃拿卡要。有的开口谈好处，闭口要回报，利用职务之便以各种借口向群众索要财物，甚至明目张胆不给好处不办事。例如，隆昌县某村党支部书记和村主任在发放危旧房改造补助款过程中，向10户危旧房改造补助对象索取现金3万元，两人各分得1.5万元。

二是弄虚作假、虚报冒领。有的采取虚增数量、虚报人数、冒充当事人签字等手段，或伪造合同、编造到户补贴发放表、重复申报“子虚乌有”的扶贫项目，或与申请人、不法商人相互勾结，骗取套取国家资金。例如，高县某副镇长安排村干部伪造会议记录等资料，虚增某村产业路工程量，违规套取扶贫易地搬迁专项资金10.5万元。

三是欺上瞒下、截留挪用。有的以缴税、罚款等名义，通过直接领取、扣除等方式，甚至以“帮忙代办”名义长期无故扣押群众“一卡通”，截留扶贫专项资金。例如，阆中市某村通过多种方式擅自收回精准扶贫到户资金38万余元，其中部分在所有村民中平分，部分存于村民代表或组长处，拟抵扣社区街道建设集资款。

四是徇私舞弊、优亲厚友。有的在低保户评定、贫困户精准识别等工作中，利用职务便利把不合条件的亲友违规纳入其中。例如，南部县某村主任在未经群众评议的情况下，违规将其侄子上报确定为农村低保对象。苍溪县某组长未按规定程序组织召开群众评议会，擅自将包括本人及其胞弟在内的共计6户21人上报确定为贫困户，违规将其妻子上报确定为农村低保对象。

五是巧立名目、乱收乱摊。有的以资料费、赞助费、补办费、“跑路费”等各种名义违规向贫困户、低保户、五保户等管理服务对象收取费用。例如，昭觉县某村党支部书记和村文书以争取彝家新寨建设项目的名义，违规收取农户资金10万元。富顺县某村党支部书记和村主任以收取资料费名义向危房改造补助对象收取费用0.75万元，用于危房改造验收时的生活接待、资料复印和照相等开支。

（二）扶贫领域作风问题

一是个别地方精准识别工作不深入。有的不到群众家中调查，仅凭群众申报就评定贫困户，或将不符合精准识别条件的群众纳入精准识别对象。例如，广安市广安区某村在开展精准识别、建档立卡工作中，未按规定进村入户逐一排查，将不符合贫困户标准的1户群众识别为贫困户，且在精准识别“回头看”中未将该户予以清退。

二是个别基层干部为群众办事态度生硬，门难进、脸难看、事难办。例如，通江县某村村民持其胞弟户口簿到便民服务中心为其父亲办理医疗费用报销手续时，综合窗口工作人员向其解释须户主自己办理后，随手将户口簿扔到地上，在群众中造成不良影响。

三是个别基层干部不敢担当、回避矛盾，执行政策瞻前顾后、畏首畏尾，甚至搞平均主义。例如，叙永县某村党支部书记将村二组6户贫困户到户项目资金1.8万元私分给24户群众。邻水县某村党支部书记将县财政局下拨的18.231万元扶贫到户项目资金平均分给139户贫困户。

四是“表多、会多、检查多”等形式主义、官僚主义问题较为突出。个别基层干部热衷搞形式做表面工作，浪费财物用于填表格、置展板、拉横幅。例如，平武县某村第一书记工作经费5万元，其中2.2万元用于制作各种展板、标语和迎检资料。

五是个别领导干部、基层党组织存在乱作为、不作为问题。例如，雅安市1名省管干部在本人联系的贫困村脱贫攻坚工作中，违规决策，监管不力被立案审查。南充市嘉陵区某镇党委政府未在规定时间内，组织完成贫困户建档立卡信息系统更新工作，造成建档立卡系统数量与实际审定上报数量有较大差异。

六是个别职能部门履职尽责不力，“只管本级不管下级、只管拨款不管监管、只管行业不管行风”，一些项目资金缺乏监督管理。有的对申报资料审核不严，导致不应该享受政策的人员纳入政策享受范围。有的检查验收隔着车窗看、绕开矛盾转，一个检查台账成堆，一项验收清单大摞，该发现的问题还是没发现。例如，阿坝州某县农牧水局畜牧站在该县某村淡水鱼养殖项目验收过程中，工作安排不当、审核不严，致使该项目在未达到验收标准的情况下通过验收并拨付资金。

分析存在的这些问题，主要有以下几方面原因。责任压实不够，少数领导干部带头履行主体责任不到位，越往基层，履行主体责任“宽、松、软”问题越突出。宗旨意识淡漠，一些党员干部群众观念淡薄，缺乏全心全意为人民服务宗旨意识。法纪意识较弱，部分村“两委”干部素质不高，搞权力寻租，捞取好处。监督检查不力，对扶贫领域财政投入力度不断加大，但重下拨、轻监管问题时有发生。制度建设滞后，有些规定属于应急应景式立规，号召多追究少，布置多检查少。舆论引导不足，群众监督、媒体监督等作用未充分发挥，多维监督没有有效贯通并发挥实效。

二　主要做法和成效

为搞好扶贫领域腐败和作风问题整治工作，四川省在摸清家底的基础上，注重提高政治站位，全面落实主体责任，拓展丰富治理措施，通过以上率下、统筹联动，整体推进、形成合力，以实实在在的整改成效，回应中央要求、群众期盼。

（一）提高政治站位，层层压责履责

四川省委切实履行脱贫攻坚主体责任，省委十一届三次全会对扶贫领域腐败和作风问题专项治理作出安排部署。省委主要领导强调要进一步加大对扶贫领域违纪违法行为查处力度，进一步加强各级干部队伍作风建设，坚决防止和纠正作风不实、敷衍塞责、失职渎职、弄虚作假、形式主义等问题，牢固树立全心全意为人民服务宗旨意识。坚持脱贫攻坚任务推进到哪里，监督执纪就跟进到哪里，四川省纪委强化制度建设，先后制发 7 个文件通知，不断强化实时监督和过程监督，确保令出纪随。坚持和完善省级部门联席会议制度、直查直办、贫困县纪委书记“一年两例会”、贫困县重点联系等

"五项机制"，推动脱贫攻坚政治责任延伸落实到基层。坚持"每年一约谈提醒"，先后约谈未完成年度减贫计划任务的 11 个县党政正职，以及扶贫领域腐败和作风问题查处工作明显存在短板的 24 个县纪委书记。省、市、县三级纪委监委组建专项治理工作专班，21 个市（州）成立专项治理工作领导小组，68 个贫困县建立纪委监委领导班子成员包村联系督导制度，形成"横向到边、纵向到底、全省一盘棋"的责任落实体系。

（二）下足绣花功夫，强化精准督查

紧盯问题突出、任务繁重的地区，不打招呼、不定路线、直奔基层、直插末端，带着具体问题到田间地头、农户家中、项目现场，访民情、听民意、察民困，根据群众反馈情况倒查乡、县、市三级责任落实情况。对发现的问题，专项登记、优先办理，限期整改、跟踪问效。2017 年以来，四川省纪委组成 21 个督查组，对 43 个贫困县、93 个乡镇、118 个村开展专项督查，个别访谈 678 人，走访贫困户 340 户，发现问题 312 个，处理 12 人。市（州）坚持每季度至少开展一次督查，贫困县坚持每两个月至少开展一次督查，每年实现对贫困村全覆盖。甘孜州开展"马背执纪到牧场、院坝执纪入农家"活动，州、县两级组织督查组 112 个，入户问廉贫困户 11 万余户。大竹县组建县、乡、村三级"网格化"精准监督小组 563 个，对扶贫领域实施多方位、全过程精准监督。

（三）创新监督方式，形成监督合力

探索运用"纪检监督 + 群众监督 + 舆论监督"模式，全面开播"阳光问廉"节目，采取群众反映线索、媒体直播曝光、纪委调查问责的方式，解决群众反映强烈的问题 4914 个、问责 2218 人。坚持以公开促监督，把信息化融入监管，总结推广"互联网 + 脱贫监督"模式，试点打造大数据监督平台，切实提高监督执纪问责的信息化水平。在"廉洁四川"微信推出专栏，刊发《被截留了 7 年多的近 20 万血汗钱，终于被纪委追回!》《"小分队"脱贫攻坚精准监督中的"大作用"》等适合微信传播的稿件 24 篇，

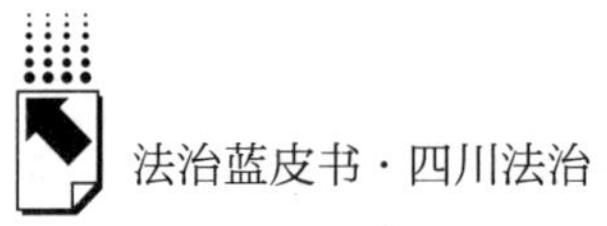

粉丝近40万人。泸州市组建大数据工作组，通过大数据比对分析，发现问题线索。富顺县、马边县建立惠民资金智慧监督平台，群众足不出户就能查询扶贫领域政策、资金、项目等情况。

（四）紧盯典型问题，加强重点督办

坚持每月定期梳理涉及扶贫领域腐败和作风问题线索，有针对性选取重点问题线索，采取发函督办、当面交办、现场督办等方式，开展滚动式、多轮次重点督办，严查贪污挪用、截留私分、雁过拔毛、形式主义等问题，对胆敢向扶贫资金“动奶酪”的严惩不贷，推动全面从严治党向基层延伸。对每件督办件办理情况严格审核、逐个过堂，问题不查清不放过、责任不查明不放过、追责不到位不放过。坚持解剖“麻雀”、以点带面，在重点督办成果运用上下足功夫，督促基层举一反三，全面排查问题线索，有针对性开展系统治理，坚决把问题治彻底治断根。2017年以来，省纪委直接督查督办19个市（州）363件问题线索。

（五）全面清理排查，起底问题线索

集中利用2个月时间，对2016年以来已受理的扶贫领域腐败和作风问题线索进行“大起底”和“回头看”，对未办结或办理不到位的重新登记处置。建立健全涉及扶贫领域腐败和作风问题线索移送机制，对职能部门移送的扶贫领域腐败和作风问题线索优先处置。坚持以政治巡视助推脱贫攻坚，对40个贫困县、12个省直部门开展扶贫领域专项巡视。坚持巡视带巡察，上下联动、成果共享，市、县两级对2018年脱贫摘帽的贫困村开展全覆盖专项巡察。2018年1~8月，四川省纪委监委接收涉及检举控告类扶贫问题信访举报980件，同比增加12%。其中，反映乡科级以下干部767件，占比78.3%。宜宾市委巡察组联动5个县级党委巡察组，走访群众1145人次，开展个别谈话375人次，受理群众来信来访108人次，发现问题线索15件。古蔺县搭建扶贫领域问题线索处置“绿色通道”，每周专题排查、集中处置、统一报批，缩短问题线索处置周期。

（六）高悬惩治利剑，保持高压态势

以“零容忍”态度，对“雁过拔毛”、截留挪用、贪污侵占、虚报冒领、吃拿卡要、优亲厚友，以及“表多、会议多、检查多”、弄虚作假等搞形式主义、官僚主义的，有一件查一件，有多少查多少，上不封顶、绝不姑息。建立与脱贫攻坚责任、权力、资金、任务“四到县”相适应的审查调查机制，探索实行县级纪委监委领导班子成员包片指导办案机制和乡镇分片协作办案机制，通过协作办案、交叉办案、提级办理等方式，把乡镇纪检监察干部统筹起来使用，切实解决基层纪委不愿查、不敢查、不会查的问题。2018 年以来，66 个国家级贫困县立案审查调查扶贫领域案件 895 件，党纪政务处分 880 人。广元市对重点问题线索，由市纪委提级直办；对问题复杂、久办不结案件，实行县区交叉互办；对疑难案件，实行乡镇协作联办，2018 年以来，全市查处问题 303 件，党纪政务处分 200 人。

（七）拓展宣传渠道，营造良好氛围

紧扣中央脱贫攻坚重大决策部署，按照中央纪委和四川省委工作要求，加大扶贫领域监督执纪问责工作宣传力度，组织中央和省级媒体报道各级纪检监察机关持续开展专项整治行动。动态报道中央、中央纪委、省委和省纪委关于开展扶贫领域腐败和作风问题专项治理的最新精神和部署。2018 年以来，刊发转载中国纪检监察报、中央纪委国家监委网站、中国纪检监察杂志关于治理扶贫领域腐败和作风问题方面稿件 89 篇，刊发省委、省纪委关于扶贫领域腐败和作风问题专项治理的安排部署 100 篇。同时，在《人民日报》刊载 3000 字的版面头条报道《四川各级纪检监察机关持续开展专项整治——敢动扶贫奶酪，严惩不贷!》，在《中国纪检监察》杂志推出专题报道《四川：坚决打掉扶贫领域“拦路虎”》，《中国纪检监察报》头版头条推出《让“一卡通”真正成为百姓“幸福卡”》等。

（八）坚持通报曝光，发挥震慑作用

坚持以公开曝光为主，对2018年查处的违纪行为发生在2016年1月1日后并受到党纪政务处分的一律公开曝光，既通报到违纪人员所在单位或村组，又开展现场警示教育，充分发挥身边事教育身边人的震慑作用。2018年以来，在省级媒体刊发扶贫领域监督执纪问责宣传稿件120余篇次，其中，中央级媒体13篇；在“廉洁四川”网站登载相关报道347篇，公开通报曝光典型案例70起115人，其中，37起案例被中央纪委国家监委网站选为典型案例向全国集中通报，释放越往后执纪越严的信号。达州市通过党组织民主生活会、群众院坝会、现场清退会等，公开曝光典型案例86起133人。

（九）深化专项治理，推进纠建并举

开展扶贫领域突出问题专项评估，把专项治理作为解决突出问题的制度性安排，坚持每年一选题、每年一重点，有针对性开展3轮专项治理，推动专项治理见实效、有长效。2016年，利用3个月时间开展“三集中”专项查处行动，集中处置一批线索、集中查处一批问题、集中曝光一批典型。2017年，分层分级开展扶贫领域“3+X”专项整治，全省重点整治贪污侵占、截留挪用、骗取套取，以权谋私、徇私舞弊、优亲厚友，不作为、慢作为、乱作为等3方面问题，21个市（州）和83个未脱贫的贫困县结合本地实际，着力解决数字脱贫、纸上脱贫等个性问题236个。2018年，开展惠民惠农财政补贴资金“一卡通”管理问题专项治理，全面清理群众“一卡通”办理、管理、使用情况，专项审计强农惠农财政补贴资金使用“一卡通”情况；同时，向全社会公开发布《关于限期主动说清问题的通告》，敦促存在违纪违法行为的党员干部限期主动说清问题，截至目前，全省24972人主动说清问题，主动上交违纪违规资金8044万余元。

三 未来展望

按照中央和四川省委指示精神，省纪委监委将进一步加强分析研判，针对突出问题，对症下药施策，全面部署推动扶贫领域腐败和作风问题专项治理重大政治任务落地落实，厚植党的执政根基，不负群众信任和中央、省委重托。

（一）坚持学思践悟，持续用力、久久为功

打赢脱贫攻坚战是习近平总书记情之所系、心之所念。对照习近平总书记的为民情怀，深入学习贯彻习近平新时代中国特色社会主义思想和党的十九大精神，切实把思想和行动统一到党中央决策部署上来，持续深化扶贫领域腐败和作风问题专项治理，把提高政治站位落实到实际工作中、体现到具体行动中，以实际行动坚决维护习近平总书记核心地位、维护党中央权威和集中统一领导。保持“一抓三年”的政治定力，发扬钉钉子精神，紧盯扶贫项目、资金、基础设施等重点领域，紧盯项目审批、工程招投标和建设、资金流转等腐败和作风问题易发多发环节，“一个山头一个山头地攻，一个难关一个难关地破”。坚持稳中求进总基调，在巩固拓展已有工作成果基础上，针对扶贫领域腐败和作风问题新情况新问题，及时分析研判，跟进具体措施，稳扎稳打、步步为营。

（二）层层压实责任，传导压力、协调联动

抓牢主体责任这个“牛鼻子”，通过实地调研了解、约谈党委（党组）书记等方式，推动省、市、县、乡、村五级党组织和书记自觉履行脱贫攻坚政治责任，克服压力传导层层递减问题，形成一级抓一级、层层抓落实良好局面。加强与有关主责部门的沟通协调，建立健全不同形式的情况互通机制，督促有关职能部门发挥专业优势、履行监管责任，推动形成党委和政府统一领导、纪委监委牵头统筹、部门各负其责的工

作格局。坚持和完善省级部门联席会议、贫困县纪委书记“一年两例会”、贫困县重点联系等制度，对工作成效不明显的及时督促提醒，对工作存在较严重问题的及时督查督导、约谈告诫，着力打通脱贫攻坚“最后一公里”。

（三）突出工作重点，强化督查、增强实效

督查是推动工作落实的利器。紧盯各级党委、政府、有关职能部门和领导干部，强化监督检查，坚决查处和纠正把党中央大政方针只当口号不抓落实、贯彻党中央精神只表态不见行动，“以会议落实会议、以文件贯彻文件”，弄虚作假、急躁蛮干、消极拖延等形式主义、官僚主义问题。准确把握脱贫攻坚主要矛盾和矛盾的主要方面，聚焦深度贫困地区和每年拟实现脱贫摘帽的县，坚持“一竿子插到底”，走村入户、访贫问苦，加大监督检查力度，确保脱贫攻坚经得起历史和实践的检验。把握精准要义，用好调查研究这个精准做好工作的“桥和船”，掌握真实情况、把握群众需求，精准发现问题、精准把握政策、精准作出处置。

（四）准确把握政策，实事求是、不偏不倚

纪检监察工作是政治工作，准确把握政策是纪检监察工作的生命线。坚持严管与厚爱结合、激励与约束并重，对受到诬告陷害的扶贫干部及时为其澄清正名、消除包袱，并严肃查处诬告陷害行为，保护扶贫干部干事创业的积极性。认真落实“三个区分开来”要求，坚持和完善容错纠错机制，准确把握失误错误和违纪违法的政策界限，将以权谋私等腐败问题与工作失误造成后果区分开来，将弄虚作假、不严不实等作风问题造成的后果同真抓实干但方法不当的过失区分开来。对一般性失误和轻微违规违纪且未造成实际损失或恶劣影响的，鼓励引导其总结经验教训，对发生较大失误但本人主动承认错误、态度较好、有积极改错纠错实际行动的，给政策、给机会、给出路，帮助其将功补过、重整行装再出发。

（五）坚决从严查处，高悬利剑、形成震慑

坚持无禁区、全覆盖、零容忍，坚持重遏制、强高压、长震慑，坚决查处扶贫领域贪污挪用、截留私分、虚报冒领、强化掠夺等行为，坚决查处发生在民生资金、“三资”管理、征地拆迁、教育医疗、生态环保等领域的严重违纪违法行为，坚决查处基层干部吃拿卡要、盘剥克扣、优亲厚友等问题，坚决查处涉黑涉恶腐败问题，确保纪律“带电”、“后墙”不松。深化运用监督执纪“四种形态”，特别是第一种形态，发现苗头性倾向性问题及时“红脸出汗”，让法纪的刚性与“四种形态”的柔性有机结合，刚柔并济、宽严相济，惩前毖后、治病救人。坚持和完善上级纪检监察机关重点督办、直查直办等机制，实行乡镇分片协作办案制度，统筹使用乡镇纪委监督资源，切实解决基层纪委不愿查、不敢查、不会查的问题。

（六）注重综合施策，查纠并举、标本兼治

积极研究探索加强扶贫领域所有行使公权力的公职人员监督的有效途径和措施办法，实现纪委监委两项职能相互贯通、一体贯彻，真正把制度优势转化为治理效能。深化“纪检监督＋群众监督＋舆论监督”做法，全面开播“阳光问廉”，将监督贯通起来，形成监督效果最大化。用好用活通报曝光手段，查处了乡、镇、村干部的违纪问题，要通报给所在乡、镇、村以及县里的其他乡、镇、村，并开展现场警示教育，更好发挥震慑作用。把查处问题与督促整改结合起来，注重发现普遍性问题，查找制度漏洞，推动形成靠制度管权、管事、管人的长效机制，实现强化不敢腐的震慑、扎牢不能腐的笼子、增强不想腐的自觉同向发力。

B.3
宜宾市高县抓实“关键少数”的思考与探索

宜宾市依法治市领导小组办公室课题组*

摘 要： 为政之要，莫先乎人；成事之要，关键在人。“关键少数”是各个地方、各个领域、各个单位、各级组织的“头雁”。在全面深入推进依法治县进程中，高县立足实际，坚持“领导抓、抓领导”，从落实法治“头雁头责”着手，强化领导干部法治管理，强化追责倒逼法治责任落地落实，在不断深化依法治县实践中，推动形成“群雁高飞头雁领”的法治工作格局。在具体工作实践中，高县积累了一定的工作方法，是法治高县建设道路上新的生动实践。

关键词： 关键少数　“法治头雁”　领导干部

习近平总书记指出：各级领导干部在推进依法治国中肩负着重要责任，全面依法治国必须抓住领导干部这个“关键少数”。2018 年 8 月 24 日，习近平总书记主持召开中央全面依法治国委员会第一次会议，在讲话中阐明了依法治国“十个坚持”，坚持抓住领导干部这个“关键少数”就是其中之

---

* 课题组负责人：何利明，市委副秘书长、依法治市办主任。课题组成员：姜波，高县县委副书记；郭真明，高县县委常委、政法委书记；肖文星，市委办法治综合科科长；王顺才，高县县委办副主任、保密办主任（保密局局长）、依法治县办主任；胡勇，市委办法治综合科副科长。执笔人：陈勇，高县保密局副局长；吕光耀，高县依法治县办法治综合股股长；罗鹏程，高县依法治县办法治指导股副股长。

一。近年来，高县按照习近平总书记的指示要求积极实践，充分发挥领导干部“关键少数”的法治示范作用，实施“法治头雁”工程，压实“主责”唱“主角”，推动依法治国基本方略在高县落地落实见成效。

一　实施动因

（一）实施“法治头雁”工程是破解法治难题的需要

全面深入推进依法治县是夯实“四个全面”战略布局底部基础的关键保障，是加快推进“高兴之县”建设再上新台阶的基础性工程。但在实际工作中，“重经济轻法治、业务与法治两张皮”等问题依旧存在，缺乏相应的人力、物力、财力保障，“小马拉大车、临时抓壮丁”现象突出，“久久为功、持续发力”的定力不足，全县乡镇之间、部门之间、行业之间法治建设推进不平衡。“抓法治就是抓发展”的理念还不够牢固、法治宣传教育针对性还不够强。抓领导干部“关键少数”，有助于加强对法治工作的组织领导，督促领导干部对法治建设重要工作亲自部署、重大问题亲自过问、重点环节亲自协调、重要任务亲自督办，将法治建设与经济社会发展同部署、同推进、同督促、同考核、同奖惩，统筹破解基层法治资源整合、落地落实难题。

（二）实施“法治头雁”工程是选树法治标杆的需要

领导是队伍的“风向标”，干部是群众的“信号灯”。法治要在群众中生根发芽，就必须加强对群众的法治宣传教育。党的群众路线教育实践活动成功地证明了广大党员干部脱胎于群众、服务于群众，是联系群众最紧密的纽带。党员干部不仅是最直接的普法人，同时一言一行既受到群众的监督，又是群众学习效仿的对象。因此，推动群众尊法、学法、守法、用法，党员领导干部是关键，必须全力打造一支过硬的“法治化”干部队伍。“关键少数”是队伍的“头雁”，在党员干部中起着标杆和表率作用，直接影响着队伍的“法治化”水平。“打铁还需自身硬”，如果领导干部学法主动性不强，自身法律基础不过硬，党员干部“上行下效”，学法积极性不足，自身法律素养不够高，对群众的法治宣传教育也就无从谈起。抓实“关键少数”，有助于督促领导干部模范带头学法，贯彻国家机关公职人员学法用法制度，加强干部队伍法治建设，落实党员干部普法责任，在干部和群众中起到标杆、表率作用，带动群众知法、学法、懂法、奉法，构建社会法治良序。

（三）实施“法治头雁”是深化法治实践的需要

党的十八大报告要求“提高领导干部运用法治思维和法治方式深化改革、推动发展、化解矛盾、维护稳定的能力”。党的十九大报告指出，“增强政治领导本领，要坚持战略思维、创新思维、辩证思维、法治思维、底线思维”。领导干部不仅要学法，更要会用法。领导干部不善于运用法治思维和法治方式认识、分析、处理问题，凭经验办事，只注重工作问题的解决，不关注程序的正当性、合法性、正义性，最终造成的是群众对公平正义的渴望受挫，影响党和政府的公信力，甚至引起新的社会矛盾和问题。如果领导干部学法而不用法、知法而不守法，“人治”大于“法治”，甚至以言代法、以权压法、徇私枉法，造成的后果不言而喻。抓实“关键少数”，有助于强化领导干部法治思维，增强依法执政、依法行权、依法办事的意识和能力，推动领导干部用法治眼光审视问题、用法治思维谋划发展、用法治手段破解难题。

二　主要做法

高县突出党政主要负责人履行法治第一责任人职责的带头示范、带领推进作用，通过规范的制度、严格的考核推动法治建设工作在基层落地落实。

（一）压实干部法治责任

2017 年四川省、宜宾市分别出台了党政主要负责人履行推进法治建设第一责任人职责的实施意见和细则，高县贯彻出台了《高县党政主要负责人履行推进法治建设第一责任人职责实施细则》，制定配套制度。全县各乡镇、县级各部门参照将责任下沉至内设机构、下设单位，落实至每名班子成员和干部职工，形成了“群雁高飞头雁领”的法治工作责任体系。

1. 压实“一岗双责”

高县在出台了《高县领导干部推进依法治县“一岗双责”工作制度（试行）》的基础上，进一步细化责任，补充制定了《高县县级领导履行依法治县“一岗双责”工作责任制度》。明确县级领导共同责任六项，积极参加中心组学法、带头开展个人学法、抓好分管领域依法治县工作、督查指导对口联系单位依法治县工作、带头落实年终述职述法制度、带头完善法治档案。具体规定了县委、县人大、县政府、县政协、县人武部、县法院、县检察院每名县级领导的法治工作责任。

2. 压实主体责任

2017 年，高县成立了落实主体责任领导小组。2018 年，出台了《中共高县县委关于2018 年全面落实从严管党治党主体责任的实施意见》，建立主体责任清单，实行主体责任制度。其中，将法治教育、守纪守法、依法决策、依法行权、司法保障、责任追究等列入了县委及党员领导干部主体责任，全面明确了主体责任任务、时间节点要求、牵头县级领导。由县纪委、县委组织部、县委县政府督查目标办联合每月对主体责任落实情况开展核查，对当月主体责任履行不到位的党员干部和牵头县级领导要求限期整改、书面检查，连续两月主体责任履行不到位的启动纪委问责追责程序。

3. 压实目标责任

制订“深入推进依法治县建设法治高县目标责任书”，一年一签，每年签订三份。一份由依法治县领导小组与全县各乡镇、县级各部门签订；一份规范县委主要领导与县委班子成员，县委班子成员与分管联系乡镇、部门党委主要领导签订；一份规范县政府主要领导与县政府班子成员，县政府班子成员与分管联系乡镇、县级部门（单位）主要领导签订。分别对县级领导、乡镇和县级部门党政主要领导、乡镇和县级部门的年度依法治县目标任务、责任职责、机制落实、考核奖惩进行书面承诺签字。

（二）强化干部法治管理

习近平总书记强调，“从严治党，重在从严管理干部”。高县始终坚持发挥党对依法治县工作的核心领导作用，强化干部队伍法治化管理，将法治贯穿领导干部工作生活始终。

1. 坚持考法制度

坚持“先考试、后审议任命（决定任命）”原则，按照《高县人大常委会任命国家机关工作人员法律知识考试暂行办法》，成立高县人大常委会任命国家机关工作人员法律知识考试委员会，对新提请县人大常委会任命的国家机关工作人员必须通过法律法规知识闭卷测试。对已任命的领导干部，除在一届任期内至少参加一次县人大常委会组织的法律知识专业测试外，年度“三学考试”同时会对法律知识进行测试。考试不合格的，须在常委会规定的时限内进行法律知识补课，再次补考。补考仍不合格的，由县人大常委会予以通报批评，同时将情况向县委报告，提请调整岗位或撤销任命。

2. 建立法治台账

建立完善的全县各单位党政主要领导和县级领导干部法治工作台账，详细记录领导干部自学或组织干部职工学法用法、到基层调研法治建设课题、结合单位实际安排部署督促法治工作、协调研究解决法治难题等依法治县工作开展情况，定期报依法治县领导小组备案审查。督促领导干部树立法治意识、增强法治思维、深化法治实践，切实发挥“关键少数”作用，对法治建设重要工作亲自部署、重大问题亲自过问、重点环节亲自协调、重要任务亲自督办，为法治建设提供保障。

3. 开展年度述法

在县委县政府主要领导、县级领导、全县科级领导干部中开展年度述法报告。述法内容包括树立社会主义法治理念、依法开展工作意识到位情况，个人遵守法律法规、提高法律素质情况，重大事项决策过程依法进行情况，依法行政或公正司法情况，本单位是否存在渎职侵权导致重大群体性事件、公民死亡事件及危害公民健康、生命财产安全、公共财产安全的恶性案件，履行其他法治建设工作职责情况等。由县委组织部门分称职、基本称职、不称职三个等次评定，领导干部年度述法考评为“不称职”的，其公务员年度考核结果不得评为“称职”及以上等次。

4. 纳入档案管理

综合领导干部法治台账和年度法治主体责任落实、目标任务完成、法治工作考核、依法行权绩效评估、年度述法评价、“三学”法治考试成绩情况等形成法治档案，纳入县委组织部门干部人事档案规范管理。在干部选用上强化法治导向功能，把领导干部法治工作履责尽责、一岗双责情况作为评优评先、提拔任用的重要依据。倒逼领导干部牢牢地把法治工作放在心上、扛在肩上、抓在手上。

（三）加强法治责任追究

追责才能履责。高县完善法治责任追究体系，制定领导干部执政决策、行政行权、监督考核等责任追究倒查制度，推动“关键少数”“头雁头责”履职当责。

1. 行权追责

实行《高县党政“一把手”依法行权绩效评估办法（试行）》，即运用科学、合理的评估办法、指标体系和评估标准，对“一把手”按照法定原则、法定权限、法定程序行使权力的效果进行客观、公正、公开的评价。评估遵循实事求是、客观公正、公开透明的原则，内容包括正确行使选人用人权、规范行使重大事项决策决定权、依法行使执法执纪权、严格行使财经管理权、有效行使干部管理监督权、科学行使工作领导推动权。评估由单位自评、社会评价、组织考评组成，分为优秀、良好、一般、差四个等次。其中，社会评价要组织 100 人以上的“两代表一委员”对“一把手”依法行权进行社会民意评价。组织考评重点评价其是否在权力行使过程中出现违反相关规定的行为或发生重大失误等情况。结果作为于专项通报、提拔重用、

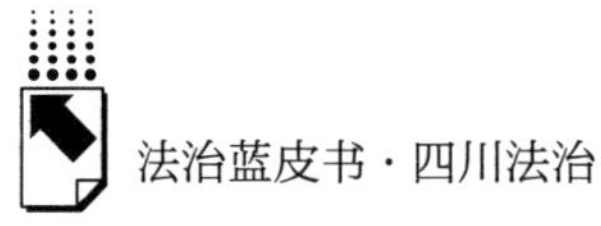

评优表彰的重要依据，限期整改、提醒或诫勉谈话等，对确实不胜任岗位工作的，坚决予以组织调整。

2. 决策追责

出台《高县重大决策终身责任追究暂行规定》，对领导干部重大决策部署、重大工程项目、大额资产管理、重大事件处置、重大人事任免和其他涉及政治建设、经济建设、文化建设、社会建设、生态文明建设和党的建设等方面的重大事项实行重大决策终身责任追究及责任倒查。对违反程序决策、违背科学决策、擅自更改决策、推迟拖延决策和其他违反规定作出决策而造成严重后果的，由党组织按照干部管理权限，安排纪检监察机关、组织人事部门进行调查核实，纪检监察机关和组织人事部门根据调查核实情况，对需要实行终身责任追究及责任倒查的，按照干部管理权限及问题实际情况提出终身责任追究及责任倒查建议问责建议，最终公布问责决定，若涉嫌犯罪的，移送司法机关依法处理。

3. 考核追责

按照分类定期考核评比的原则，制定《高县法治工作监督考核制度》。主要以法治县领导小组确定的工作任务为重点，对领导干部实行日常与年终、全面与重点、定性与定量、书面与实地的监督考核。考核结果作为依法治县专项目标，计入各乡镇、县级各部门、企事业单位年度依法治县目标绩效考核得分。除最终纳入县委县政府对各单位年度综合目标绩效考核外，县依法治县领导小组结合监督考核情况，对推进和创新依法治县工作做出突出贡献的个人，分类分等次予以专项表彰奖励。对监督考核存在问题较多、负面影响较大的个人，依照《高县依法治县工作责任追究办法》严肃追究责任。

4. 法治追责

本着责任追究坚持实事求是、权责一致、有错必究、惩教结合、重在教育的原则，制定《高县依法治县工作责任追究办法》，规定了领导干部大局意识不强重视程度不够，对上级下发的依法治县工作执行不力，牵头部门不认真履行牵头职责，对重要事项隐瞒、谎报、漏报等 13 种追责情形。根据认定的事实、性质、情节和后果，对领导干部采取责令限期整改、作出检查、通报批评、公开道歉、取消评先评优资格、停职检查、限期调离工作岗位等处罚。处罚的方式可以单独使用也可以合并使用，如领导干部未及时认真落实依法治县工作，则责令书面检查、限期整改，若多次整改不到位或对全县依法治县工作造成影响的，通报批评、诫勉谈话甚至取消领导干部年度评先评优资格。

三 主要成效

高县充分发挥领导干部在依法治县中作为“法治头雁”的重要作用，引领带动形成“群雁矩阵”效应，被四川省列为2018年度“法治头雁”作用发挥试点县。

（一）当好学法“先行者”，强化依法执政

“做人以立身为本，立身以立学为先”。坚持领导干部带头学法讲法、带头依法决策，用实际行动推动良法善治、良序善成。一是强化依法执政。出台了《高县依法执政实施方案》《中共高县县委关于县委常委会带头进一步增强法治观念 深化依法治县实践的实施方案》等系列文件，将法治建设纳入《高县国民经济和社会发展第十三个五年规划纲要（2016～2020年）》和年度县委工作报告、县政府工作报告，强化县委对依法治县工作总览全局、协调各方的领导核心作用。二是强化领导干部带头学法讲法。县委出台《关于进一步加强领导干部学法用法工作的意见》，2018年，县“四大家”主要领导带头上法纪教育课12场（次），组织科级领导“法治读书班”7场次，推动形成“逢会必学法、领导必讲法”学法用法长效机制，全县各级领导干部“主动学法、带头讲法”的意识不断增强。三是强化领导干部带头依法决策。严格执行《中共高县县委工作规则》《县委常委会议事决策规则》等制度，健全决策事项法律咨询、合法性审查、社会风险评估等机制，调整充实高县社会稳定风险评估专家34名，法律顾问团专家律师16

名，聘请县外新型智囊智库决策咨询专家16名，将依法科学和民主集中制贯穿到县委决策的每一个环节。为加快高县建设，县委向全社会公开征集“高兴之县”建设“金点子”1000余条，形成了规则约束、程序管控、集体议定、民主科学的依法决策长效机制，县委依法执政基础更加坚实有力。

（二）当好尊法“引领者”，强化依法行政

法律的生命力在于实施。充分发挥领导干部在依法行政中的引领作用，加快推进“法治政府”建设。一是坚持依法行权。严格落实《依法行政责任主体制度》，全面完成6191项行政权力清理并实行动态管理；制定《高县重大行政决策合法合纪合理性审查办法（试行）》《重大行政决策责任追究暂行办法》，推行风险评估、合法性审查等重大决策机制；全县行政复议案件及时办结率达100%，制定规范性文件的报备率、及时率、审查率、规范率均为100%。二是坚持公正行权。健全并落实执法裁量权基准和案例指导制度，强化31个县级主要行政执法部门执法责任和责任追究，开展763个行政执法证件年审和800余名行政执法人员法律培训专项活动。积极推进城市综合执法体制改革、林业执法体制改革、盐业监管体制改革等工作，有效化解城市供水等民生难题10余个。三是坚持阳光行权。深化“放管服”改革，整合76个窗口，高标准打造“县政务服务中心”，全面推行“全天候、零见面、最多跑一次”服务，群众满意率100%；加大政务公开力度，全县各级各部门主动公开政务信息，依法解读涉及民生的政策文件260余件，有效提高了政府工作透明度，促进政府职能转变。

（三）当好守法“捍卫者”，保证公正司法

领导干部法治信仰牢固不牢固，能不能坚持依法办事，对全社会具有重要的示范带动作用。充分发挥领导干部“捍卫者”作用，切实保证公正司法，营造公平正义法治环境。一是推进司法监督实效化。保障司法机关独立行使检察权和审判权，严格执行《四川省领导干部干预司法、插手具体案件处理记录、通报和责任追究制度》，健全过问案件全程留痕、遇到干预及

时报告制度，确保全县无领导干部插手（过问）干预司法案件的情况发生。二是推进司法行为规范化。制定《高县公平公正公开执法评估制度（试行)》，开展规范司法行为专项整治工作，强化“一站式”登记立案、执行规范化、巡回审判、检察官点名接访等工作，切实减轻基层群众诉讼负担。制定《关于“一年内基本解决高县执行难”工作实施意见》，深入破解“执行难”，群众法治建设“获得感”不断提升。三是推进司法公开常态化。强化裁判文书、执行信息、审判流程等公开平台建设，裁判文书上网率达100%，有效杜绝司法行动不公开、不透明、暗箱操作等现象。

（四）当好用法“推动者”，强化社会法治

充分发挥领导干部在社会法治建设中的“推动者”作用，着力夯实基层法治基础，有力构建和谐稳定发展的法治良序。一是自觉运用法治维护社会和谐。加快推进“雪亮”工程和综治中心建设，深入开展扫黑除恶专项斗争和禁毒人民战争；完善《社会稳定风险评估实施细则》，推行县级领导干部带头接访下访工作，矛盾纠纷得到有效化解；完善法治、德治、自治共治体系，实施法治文化植根、扎根、培根“三大工程”，营造浓厚的崇德尚法氛围，为推动超常规、高质量发展奠定坚实的法治基层。二是自觉运用法治方式增进民生福祉。深化法治扶贫，强化对扶贫专项资金、项目、贫困户精准识别等领域的法治监管，确保2018年高质量完成贫困县摘帽；依法推进城乡环境综合整治工作，扎实推进教育“新四大工程”和保障性安居工程，有针对性地解决群众住房、教育医疗等民生难题。三是自觉运用法治方式推动高质量发展。落实依法治县重点项目清单制度，对全县重点项目实行清单式管理，注重用法治方式规范、保障县域经济发展。依法推进宜庆路、二龙滩水库、全域旅游、乡村振兴等重大工程建设，推动县域经济发展壮大。

四　主要体会及前景展望

在深化“法治头雁”责任落实的实践中，我们有三个方面的感受和体会。

（一）推进依法治县，加强党的领导是根本

只有把加强党的领导贯彻到依法治县的全过程和各个方面，充分发挥党委总揽全局、协调各方的领导核心作用，才能确保依法治县沿着正确的方向推进，才能确保上级各项决策部署在高县落地落实，取得显著成效。

（二）推进依法治县，抓牢“一把手”是重中之重

领导干部是治国理政的骨干和核心，只要各级领导带头尊法、学法、守法、用法，当好法治标杆，特别是“一把手”高度重视，率先垂范，就能形成以上率下、以上带下、以上促下的齐抓共管工作格局，带动全社会形成崇法善治的浓厚氛围。

（三）推进依法治县，全民守法是关键

法律的权威源自人民的内心拥护和真诚信仰，只有通过领导干部带头，抓好法治宣传教育，大力弘扬法治精神，不断强化法治意识，逐步提高公民法律素养，才能够使守法、用法成为全社会的自觉行动。

“国无常强无常弱，奉法者强则国强，奉法者弱则国弱。”全面依法治县，任重道远，需要久久为功，进一步强化“法治头雁”责任，示范带动，统筹抓好依法执政、依法行政、公正司法、法治宣教、社会治理，切实把依法治理各项任务扎实推向前进，不断取得新的更大成效。

B.4
建立惠民大数据监察平台的探索与实践

眉山市纪委课题组*

摘　要： 针对各地普遍存在的惠民资金发放和领取过程监管难、数据审计难、身份甄别难及监管机制僵化、缺乏科技手段等问题，在实践中，眉山市纪委探索利用现代网络技术，建立快捷高效的惠民资金大数据监察平台，公开公示惠民资金、惠民项目、惠民政策、村级“三资”等内容，发动群众监督，实现各项惠民资金在阳光下运行。同时，在平台录入房产、车辆、工商注册等基础信息，通过建立互斥、重复等比对模型，实现精准发现、精准惩处、精准施治，有力提升了全市监督执纪效能。本文结合眉山市“清风扬眉”惠民大数据监察平台的建设运行实际，分析其在主动适应监察体制改革、精准监督等方面的作用和成效，旨在为创新监督手段提出建设性意见和建议。

关键词： 科技反腐　精准监督　大数据

近年来，随着精准扶贫工作的逐步深入开展，国家对涉农、惠民资金投入力度加强，在“大数据”时代，信息技术和大数据分析手段对确保涉农、惠民资金特别是扶贫资金合纪合规使用，发挥良好的社会效益，保障2020

---

* 课题组负责人：俞红梅，眉山市纪委副书记、监委副主任。课题组成员：俞红梅、邓世虎、王云华、帅剑。执笔人：王云华，眉山市纪委办公室主任；帅剑，眉山市纪委电教中心干部。

年前完成脱贫攻坚、经济社会和谐发展具有重要意义。眉山市纪委建设的“清风扬眉”惠民大数据监察平台，是在惩治基层“微腐败”、消除腐败存量、遏制腐败增量的实践中，不断探索新的监督方式，作为精准监督的重要手段，是推进纪检监察系统信息化建设的又一重大突破。

一 探索建设大数据平台的背景及意义

党的十九大报告指出，“善于运用互联网技术和信息化手段开展工作”，报告中有8次提到了互联网。2017年12月8日，习近平总书记在中央政治局关于实施国家大数据战略集体学习会上强调，加快完善数字基础设施，推进数据资源整合和开放共享，保障数据安全，加快建设数字中国。

2018年5月31日，中央纪委办公厅印发了《中央纪委国家监委信息化工作规划（2018～2022）》的通知，提出了今后五年要基本建立电子数据调查、大数据分析、人工智能等应用体系的目标。9月6日，省纪委办公厅印发了《四川省纪委监委信息化工作规划（2018～2022）》。

监督是纪委、监委的首要职责、基本职责。面对新形势新任务，深刻理解、准确把握监督的职责定位，把监督工作摆在第一位抓紧抓实，对于深化党和国家的自我监督，纵深推进全面从严治党十分重要。监督是纪委监委审查调查、问责处置的重要基础。无论是纪委的监督、执纪、问责，还是监委的监督、调查、处置，都相互联系、相互促进，统一于全面从严治党的实践。监督有力才能发现问题，为执纪审查和监察调查以及后续的问责处置提供“弹药”。

监督单靠传统的查阅账本、走田间地头、抽查检查，已经跟不上时代和发展的步伐。监察体制改革后，全市监察对象由过去的2.4万人增长到8.1万人，增加272%；专职纪检监察干部由804人增加到870人，只增加了8.2%。纪检监察机关既要执纪又要执法，责任更大、任务更重。要做到精准监督，就必须依托科技手段，依托惠民大数据监察平台，通过应用大数据技术比对分析，精准发现问题线索，精准监督执纪问责，实现重点监控、高效监控，提升治理效能，持续厚植党执政的基层基础。

二　惠民大数据监察平台建设运行情况

2018 年 1 月 5 日，中共眉山市委四届八次全会审议通过了《关于全面深入贯彻落实党的十九大精神　加快建设繁荣富裕美好眉山的决定》，将“清风扬眉”上升为市委实施全面从严治党“三大工程”之一，要求强化“科技 + 监督”，构建集中统一、权威高效的反腐败体系，建立全市统一的大数据监察平台，推动信息化与党风廉政建设工作深度融合。

（一）成立推进小组

2017 年 10 月 26 日，眉山市纪委成立眉山市“清风扬眉”惠民大数据监察平台推进小组，由市纪委分管副书记任组长，分管常委任副组长，法规研究室、电教中心等单位负责人为成员，负责平台建设的前期调研、方案拟制、建设督导等工作，正式启动大数据监察平台建设工作。

（二）深入学习调研

2017 年 10 月 26 日至 12 月 31 日，推进小组对有关市级部门、区县纪委、专业公司开展了集中调研。先后走访了市经信委、市大数据产业推进办、市信息化办、眉山移动公司等，了解掌握全市大数据平台建设情况。前往彭山区、仁寿县纪委，深入了解惠民资金大数据监察平台试点建设及运行情况。同时，与中国联通、中国通信服务、软通动力等 12 家专业公司召开专题座谈会，全面了解全国、全省纪检大数据建设应用情况。推进小组共组织召开专题研究会议 16 次，提出了建设建议。

（三）拟定建设方案

2018 年 1 月 5 日至 31 日，结合贯彻落实眉山市委《关于全面深入贯彻落实党的十九大精神　加快建设繁荣富裕美好眉山的决定》精神，推进小组召开市级部门相关负责人座谈会议6次，区县纪委大数据工作会议5次，征求市纪委监委班子成员、机关各单位负责人意见，拟制、讨论、修改眉山市“清风扬眉”惠民大数据监察平台建设方案，并通过市纪委常委会审议。

（四）明确总体构想

本项目采用“（全市）统一平台、（各部门）分权管理、（资金项目）数据共享、（群众、主体责任部门、纪委）联动监督”模式，以惠民资金、惠民项目为抓手，通过前台公示公开数据，后台分析预警数据的方式，构建以市级平台作为中心平台，以各区县平台作为子平台，覆盖各级各部门，以惠民信息公开、数据挖掘与分析应用、监督预警为一体的眉山市“清风扬眉”惠民大数据监察平台。

平台充分利用大数据的数据采集和数据分析技术，对全市十八大以来发放到群众手中的惠民资金数据和惠民项目信息，统一采集到眉山市“清风扬眉”惠民大数据监察平台数据中心，再利用数据抽取、数据挖掘、数据分析及问题预警等大数据技术，对海量惠民资金数据、惠民项目数据进行直观的数据分析。通过构建互斥、重复等20多个监督预警模型，从中发现隐藏其后的党员或国家公职人员违纪违规问题，并对这些问题进行识别和分类处置，进一步推进和强化惠民领域监督执纪问责的精准度和威慑力，推进全面从严治党向基层延伸，严肃查处发生在群众身边的腐败问题。

（五）明确建设内容

平台分为“前台”和“后台”两部分。

“前台”，即系统对外公示部分，包括惠民资金、惠民项目、惠民政策、村级三资、投诉举报等5个模块。功能是公开惠民资金、惠民项目、惠民政策、村级“三资”，方便群众通过触摸屏、网站、微信、电视进行查询、监督和举报。该部分突出公示公开，回应民声汇集民意。一是阳光下“晒”，保障群众知情权。围绕群众看得到、看得懂，按照惠民资金、项目、政策及村级“三资”四大板块，建立电子公示公开模板，实行清单式公开，让每一个项目、每一笔资金都晒在阳光下。二是多渠道“查”，保障群众监督权。提供网站、微信公众号、电视、触摸屏等多种查询手段，在监察平台网站或者手机“清风扬眉”微信公众号上输入户主姓名、身份证号码登录，即可直接查询本人及各村惠民政策落实情况，实现“手指点一点，信息全掌握”。针对农村群众以“386199部队”为主的现状，在乡镇、村（社区）安装终端触摸显示屏，群众通过扫描身份证，即可自动语音播报补贴领取情况。平台建成以来，群众查询量超过121万人次。三是便捷化“诉”，保障群众参与权。设置网上投诉举报功能，群众针对查询发现的问题，可以实行一键举报。开设回复专区，后台从受理到办结每一步均短信通知信访人，并由信访人进行满意度打分，有效防止信访人因不了解办理情况导致的重复访和越级访。

“后台”，即各部门的业务平台，包括资金公示、项目公示、政策公示、综合信息、举报监督、资格预审、日常监督、资金监管、查询终端、资金台账、统计分析等11个模块。功能是各单位更新数据、处理投诉举报、分析比对异常数据等，重在建立数据库，通过数据比对和碰撞发现问题线索。后台实行分权管理，各级纪检机构和部门都有各自账号，相应账号登录后只能看到对应的数据、运用相关功能。该部分强化比对分析，智能筛查精准处置。一是“大碰撞”筛线索。建立“财政供养人员、工商数据、死亡人口数据、房产信息、车辆信息、互斥资金”等20余个监督比对模型。监察平台通过对海量数据的自动统计、比对分析，对异常情况进行预警，智能筛查异常数据，锁定问题线索，从而发现隐藏其后的违规违纪问题。彭山区某街道办干部李某等6名财政供养人员，利用户籍尚未迁出农村的便利，违规申请住房拆迁货币安置款，与货币化安置政策冲突，其违规申请行为当即被“揪出”。二是“大扫除”纠问题。坚持“谁主管、谁负责，谁拨款、谁监管”，建立惠民资金发放预审机制，各主管部门通过监察平台对惠民资金受益群众资格进行预审，精准识别惠民资金受益对象，将不符合条件的人员挡在“门外”，防止惠民资金流失，实现了由被动接收举报向主动监督转变，有效遏制了腐败增量。2018年6月，仁寿县民政局通过低保发放资格预审，发现不符合条件对象200余人，并及时进行了取缔。三是“大起底”严惩治。纪检监察机关根据平台比对分析和监督执纪掌握的问题线索，精准确定专项治理领域，实行定点清除。2018年以来，全市聚焦国土、教育、卫计、民政四大系统，各区县自选1～2项作为补充，深入开展了执纪为民“4+X”系统治理，惩治了一批群众深恶痛绝的蝇贪蚁贪，持续厚植了党执政的基层基础。

（六）推进平台建设

2018年2月1日至4月1日，召开全市惠民大数据监察平台建设工作会议3次，制发《关于核实报送惠民政策等有关事项的通知》，安排部署、协调推进大数据平台建设工作。市、区（县）纪委按照相关规定，分别与建设公司签订协议。市纪委组织通过规定程序确定的公司技术人员，分别到各区县指导数据收集，开展操作人员培训18场（次）、1775人（次）。

全面录入基础数据和动态数据。海量数据是大数据的基础，制度机制是监察平台运行的保障。对此，眉山市坚持“大整合、高共享、深运用”，推进监察平台“建、管、用”协调发展。“一平台两库”打破“信息孤岛”。为破除惠民资金全过程监管难、数据审计难、监督量化难、受惠对象身份甄别难等问题，依托大数据监察平台，组织主管部门利用已有政务系统和数据，向各单位开放数据端口，导入惠民资金、项目数据，搭建“惠民信息库”，整合本地户籍、车辆、房产、社保、财政供养人员等13类信息，搭建“比对数据库”，让分散的信息联网，破除数据壁垒。目前，监察平台共公开2015年以来全市民政、人社、卫生、教育等21个部门的惠民政策及相关数据，共计录入惠民项目1100多项、惠民资金信息1800万条，涉及资金106亿元，村级“三资”等综合信息7000多条。

三　探索实践取得的成效和经验

惠民大数据监察平台建成以来，群众通过互联网、触摸屏、微信等查询手段，查询量达到168万人次；举报和留言691条次，其中核实问题线索438条次；排查异常数据13.7万条，核实、纠正违规问题1.6万个，通过约谈、批评、立案等方式问责520人，清退、追缴违规发放资金1000多万元。

（一）功能实用化

从“减少基层微腐败存量、遏制基层微腐败增量、促进民生（扶贫）资金发放公平公正”等三个维度，为惠民资金监督部门以及群众提供了数据采集、数据公开公示、数据查询、群众监督以及数据分析等方面的功能应用。

1. 减少基层微腐败存量

通过眉山市“清风扬眉”惠民大数据监察平台对十八大以来全市惠民资金的发放数据和惠民项目建设数据进行采集和集中统一存储，通过系统设置数据预警模型（高收入人群数据预警模型、死亡人口数据预警模型、工商注册法人及股东数据预警模型、公务员及其家属数据预警模型、村干部及其家属数据预警模型、教师以及医生预警模型、互斥资金数据预警模型等）对惠民资金数据、惠民项目数据进行比对分析，对不公平、不合理、存在问题的数据进行自动预警，查找十八大以来的基层微腐败问题线索，减少基层微腐败存量。

2. 遏制基层微腐败增量

对眉山市“清风扬眉”惠民大数据监察平台建立以后的惠民资金发放构建预审机制，惠民资金资格审批部门通过平台对惠民资金的受益群众资格进行预审（精准识别惠民资金受益对象），防止惠民资金流失。同时有力震慑各级干部，预防干部向惠民资金伸手，达到预防干部微腐败、遏制基层微腐败增量的目的。

3. 促进惠民资金发放公平公正

通过电脑、电视、查询终端机以及手机等设备终端公开公示惠民资金、惠民项目、惠民政策等信息，并接受群众的查询和投诉举报，有效保障了群众的知情权、参与权和监督权，使群众可以随时对党员干部以权谋私、贪污挪用、截留私分、优亲厚友、虚报冒领、“雁过拔毛”以及强占掠夺惠民资金等违纪违规行为进行投诉举报，实现惠民资金在阳光下发放，确保惠民资金发放过程中的公平公正。

4. 数据智能化应用

一是自动统计分析数据。通过建立统计分析模型，对已采集获取的惠民资金数据和惠民项目数据按照统计分析模型（如资金发放总量、资金类别总量、受益群众数量、家庭受益资金总量等）进行大数据可视化分析，以饼状图、柱状图、树状图、热力图等形式进行直观展示。二是自动对比发现问题。通过惠民资金数据与高收入人群数据（购房购车）、死亡人口数据、工商注册数据（法人数据、股东数据）、公务员及其家属数据、教师（医生）等事业单位人员数据等比对，发现惠民资金发放过程中的各种问题。三是自动识别问题干部。通过“惠民资金与党员干部、国家公职人员数据”监督模型，系统自动识别干部主体责任问题（上报或审批惠民资金受益人）和干部及其家属违规享受惠民资金问题等。四是预警信息分类处置。设置预警级别和类别（如数据逻辑错误、纪检问题线索、主管部门失责失职等），惠民资金数据进入系统触发相应的预警级别和类别后，自动进行分类。纪检监察部门根据实际情况进行分类处理，如转为案件线索、责令主管单位改正、忽略问题等。

（二）管理规范化

市纪委监委明确市级平台日常管理部门为市纪检监察电教中心，设立1名专职管理人员，负责市本级大数据平台的日常管理使用工作，负责全市大数据平台的系统维护、技术培训、数据安全、协助机关其他单位使用平台等。市纪委党风政风监督室、信访室、案件监督管理室、第一至第九纪检监察室为平台使用部门，第一至第五纪检监察室分别对联系区县后台数据更新、投诉举报处理、异常预警信息处置等进行监督。

区县纪委监委日常管理部门设立专职管理人员，负责本辖区大数据平台的数据安全、日常监管、投诉举报，进行数据比对、处置异常预警信息，监督乡镇和部门更新后台数据、核查异常数据、培训本地区管理员等。

2018 年 9 月眉山市纪委办公室印发《眉山市“清风扬眉”惠民大数据监察平台使用管理办法（试行）》和眉山市“清风扬眉”惠民大数据监察平台查询制度、异常数据交办及反映问题处置制度、数据更新制度和保密制度。从制度上规定了大数据平台的岗位职责、数据录入、投诉举报处理、数据比对、异常预警处置、信息安全等事项，保障了大数据平台的常态使用、规范管理和日常维护工作。各区县纪委参照市纪委做法，结合工作实际，纷纷出台了相应的管理办法和制度，保障了大数据平台的正常运行。

（三）平台影响

眉山市“清风扬眉”惠民大数据监察平台自2018 年4 月2 日试运行、6 月 26 日正式运行以来，群众对惠民大数据监察平台的关注度、认可度、参与度不断提高，截至目前，全市大数据平台的查询量已超过 168 万人次。许多地方的群众已习惯使用大数据平台查询了解自己享受的各项惠民资金情况，同时通过大数据平台把自己享受惠民资金情况与邻居进行对比，消除了许多误解和矛盾，直接促进了信访量的减少。2018 年上半年，仁寿县与上年同期相比，信访重复件下降 48%，越级访下降 83%，信访总量下降 14%。

四 深化探索实践的思考与展望

（一）平台建设体会

1. 领导重视是关键

平台建设由市委统一部署，市纪委主要领导亲自督导推进，召开市纪委常委会审定建设方案，有力保障了建设工作顺利推进。成立了专门推进小组，确保了专人专责推进。

2. 挂图作战是保障

推进小组成立后，立即制定了调研方案和建设时间表、路线图，细化了任务，落实了责任。特别是从2018年2月全面启动平台建设以来，制定了日督查汇报制度，通过建立市、区县大数据工作微信群、QQ群，每日督导区县工作进度，及时收集并研究解决问题，确保平台建设严格按照倒排工期表推进。

3. 现场协调是突破

在建设阶段，推进小组坚持以问题为导向，对通过电话、网络不能协调解决的问题，第一时间到现场协调解决。先后6次到区县纪委和市大数据产业推进办、眉山华为大数据中心协调解决数据收集、平台模块调整、存储资源提供、网络速度慢等问题。协调建设公司安排专门工作人员驻守眉山，及时现场解决建设过程中遇到的问题。

（二）平台应用展望

开展实时监控。监察平台通过24小时不间断监控，对地区部门的各类数据进行归类、汇总、比对，分析历史趋势、比对横向差异、发现潜在问题，通过“让数据说话”，将数据优势转化为治理效能。

开展综合分析。通过自定义数据分析模型，定期对平台数据进行可视化分析，通过饼状图、柱状图、树状图、热力图等形式进行直观展示，形成行业部门党风廉政建设和反腐败工作大数据量化结果，帮助各级党委（党组）准确把握“树木”与“森林”的关系。

开展预测分析。通过汇总异常数据、查处的典型案例、群众信访举报等情况，有效发现日常监管中的薄弱环节甚至漏洞，预测更加准确的廉政高危风险点、腐败滋生重点区域（部门）和高危漏洞盲区，推动相关部门有针对性地健全监管制度、完善监管手段、创新监管方法。针对扶贫领域存在的突出问题，推动建立了扶贫对象确定、扶贫资金管理、项目实施和验收、贫困户退出等制度，进一步扎紧了制度笼子。

（三）下一步探索方向

1. 拓展应用领域

目前眉山市“清风扬眉”惠民大数据监察平台录入内容主要是惠民资金和项目信息，覆盖范围不广，对财政资金预算、拨付、使用，对城市建设、交通建设、水利建设等重大项目的规划、立项、招投标、建设等信息，都还没有纳入大数据平台，而这些领域既影响重大，又极易滋生腐败，有必要一并纳入大数据平台进行精准监督。

2. 完善平台数据

主要是用于比对的基础数据，收集还不完善，目前是以区县为主体进行数据收集，在市级相关部门主管的住房、车辆等比对数据录入不全，一定程度上影响了系统比对预警功能的发挥。同时，对金融、车辆运行轨迹、住宿等敏感而重要的信息，有待进一步调研论证，适时纳入大数据平台统一管理，将推动平台发挥更强大的监督功能。

3. 二次开发应用

平台的初始设计有许多与实际结合不紧密的地方，有些模块或模型设置不够科学，各级大数据平台管理使用人员在使用平台过程中，应加强对平台功能的二次开发应用，结合工作实际，积极进行个性化的探索研究，实现平台本土化、高效化，提升平台发现问题线索的能力。

法治政府

Law -Based Government

B.5 扫黑除恶专项斗争的四川公安实践

四川省公安厅课题组*

摘　要： 四川公安机关认真贯彻落实习近平总书记系列重要指示和中央、公安部、省委决策部署，将扫黑除恶专项斗争置于战略全局高度，坚持政治站位高于一切、群众利益大于一切、依法严惩重于一切、长效防范胜于一切的原则，强力推进扫黑除恶专项斗争，初步探索出了具有四川特色的公安扫黑除恶实践做法。

关键词： 扫黑除恶　“四个一切”　公安实践

* 课题组负责人：王雄，四川省公安厅党委委员、副厅长。课题组成员：王宏伟、彭冲、祝涛、岳锦军。执笔人：彭冲，四川省公安厅刑侦局办公室副主任；祝涛，四川省公安厅刑侦局侦查一处科长。

2018 年 1 月中央部署开展扫黑除恶专项斗争以来，四川省公安机关坚持以习近平新时代中国特色社会主义思想为指导，全面贯彻落实习近平总书记重要指示精神和党中央、国务院及中政委、公安部、四川省委省政府部署要求，紧紧围绕强化组织领导、提升政治站位、坚持依法严惩、注重标本兼治、加强深挖彻查、着力组织建设六个方面工作重点，高位谋划、精心组织、勇于担当、积极作为，坚持“四个一切”原则强力推进，扫黑除恶专项斗争取得阶段性成效。截至 2018 年 9 月 20 日，四川省公安机关立案侦办黑社会性质组织案件 30 起，立案侦办恶势力犯罪集团案件 220 起，打掉恶势力犯罪团伙 244 个，立案九类涉恶犯罪案件 5009 起，刑事拘留犯罪嫌疑人 10904 名，破获各类刑事案件 5009 起，查处公职人员 139 名，缴获枪支 117 支，查封、冻结、扣押涉案资产 7.2 亿余元。

一　坚持政治站位高于一切，着眼“三大保证”强推动

四川公安机关把提升政治站位作为首要因素来抓，从思想、政治、组织上为专项斗争深入开展提供坚强保证。

（一）思想保证

四川省各级公安机关采取党委会、全局性会议、调研座谈会、领导专家授课、专题培训等多种形式，紧密结合省委“大学习、大讨论、大调研”活动，深入学习习近平总书记关于扫黑除恶系列重要指示、来川视察重要讲话精神和中央、中央政法委、公安部、四川省委系列文件精神，切实增强“四个意识”，坚决落实“两个维护”，以政治的高度、以人民的立场、以时代的眼光，充分认识开展扫黑除恶专项斗争的重大政治意义和深远历史意义，不断强化政治自觉、思想自觉、行动自觉，把思想和行动统一到习近平总书记重要指示精神和党中央重大决策部署上来，以更加坚决的态度、更加果断的举措抓好这项重大政治任务，确保习近平总书记重要指示和中央决策部署落地落实，不断增强人民群众的获得感、安全感、幸福感。

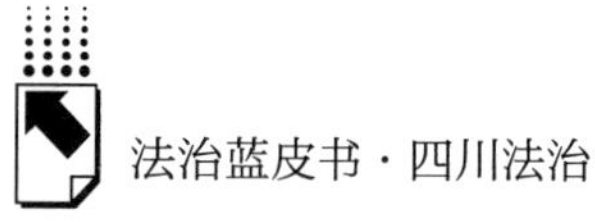

（二）政治保证

四川省委、省政府主要负责同志认真履行党政第一责任人职责，省委常委会、省政府常务会3次专题听取情况汇报、部署推动工作；省委主要领导作出指示批示，并召开会议研究解决专项斗争中的重大问题。四川省公安厅党委将专项斗争作为中心工作和“一把手”工程摆上重要日程，7次召开厅党委会专题研究部署；制定《四川省公安机关扫黑除恶专项斗争工作方案》，明确10类打击重点对象，提出23条具体工作措施，确保全省公安机关扫黑除恶专项斗争有力有序开展。四川省各级公安机关均成立以“一把手”为组长的扫黑除恶专项斗争领导小组，将扫黑除恶专项斗争作为中心工作来抓，各地主要领导亲自研究部署重点工作，亲自督办重点案件和乱象治理，亲自调研督导推动工作落实，确保各项部署落到实处。

（三）组织保证

四川省市县三级党委政府、主要成员单位、公安机关相继出台扫黑除恶专项斗争工作方案，成立工作领导小组及办公室，落实专编专人，明确职责任务，制定工作制度，健全与省级成员单位联席会商机制，形成了齐抓共管总体工作格局。四川省公安厅扫黑除恶专项斗争领导小组及办公室先后召开7次电视电话会议、10次省级部门协调会、12次厅属成员单位会议、20余次视频调度会，指出打击重点、目标任务，细化工作措施，强调工作要求，组织开展了全省性摸排梳理线索、集中收网抓捕、重点线索核查、重点案件督导、宣传发动群众等系列工作，迅速全面启动扫黑除恶专项斗争，并在法治轨道上有序推进。省公安厅主要领导率厅扫黑办和相关警种，按照党委分工、联系分片、捆绑包干，先后3个轮回到分管部门、联系市（州）进行专项督导，对工作较为滞后的8个地区和10名党政、公安主要负责人实行了指向性督办、个别化约谈，督促限期整改。各级公安机关、各部门立足本地本岗，紧扣中央、公安部、省委、省公安厅关于扫黑除恶的指导思想、总体目标、基本原则、重点任务、工作步骤、措施要求等，突出抓重点、攻坚克难点、着力强弱项，进一步完善工作方案、强化工作措施、压实工作责任，切实增强贯彻落实中央决策部署的思想自觉和行动自觉，全力推动专项斗争深入开展。

二　坚持群众利益大于一切，扭住“三个环节”强回应

群众利益无小事。四川省公安机关把以人民为中心的发展思想贯穿专项斗争全过程，对群众反映举报线索和切身利益问题认真开展核查，确保事事有回应、件件有回音。

（一）扭住摸排环节

一是健全线索举报机制。省公安厅出台《四川省公安机关有奖举报奖励办法》，各级公安机关层层畅通举报渠道，科学合理设置举报电话、信箱，滚动化、经常化宣传举报方式，安排专人 24 小时值守，广泛收集群众举报线索。各地建立派出所每季度滚动排查线索机制和部门警种线索摸排机制，强化督导，落实责任，充分发挥成员单位和基层所队职能作用，进一步拓展线索收集渠道。二是深化群众宣传发动。全省公安机关综合运用传统媒体和新媒体，采取群众喜闻乐见的方式宣传党中央的决策部署和公安机关扫黑除恶的工作举措，传播到各行各业，做到家喻户晓。通过实行有奖举报制度，公开悬赏追逃，及时兑现奖金，让群众看到斗争成效，鼓励群众同黑恶势力作斗争。在人流密集场所张贴最高人民法院、最高人民检察院、公安部、司法部联合发布的《关于敦促在逃境外经济犯罪人员投案自首的通告》30 余万张，发放宣传资料 5 万余份，在乡镇街道、交通要道等部位打出各种扫黑除恶标语横幅 2 万余幅，通过发放资料、现场讲解、誓师动员、流动播放等方式，营造了浓烈的专项斗争氛围。三是加大线索排查力度。加强对治安复杂的城乡接合部、矿区景点、娱乐场所、车站码头等治安乱点进行滚动摸排，加强对“黑物业”“黑物流”“黑旅游”“黑中介”“黑金融”等新领域进行拉网排查，加强对网络贷款、暴

力传销、非法讨债等新业态进行追踪调查，不断地过筛子、摸底数，有黑扫黑、有恶除恶、有乱治乱。发动看守所、拘留所、监狱、强制戒毒所在所在监人员检举揭发涉黑涉恶线索，严格落实派出所涉黑恶线索滚动摸排制度，严格执行涉黑恶警情分析研判制度，建立涉黑恶高危人员数据库，充分运用大情报、大数据手段，将群众举报线索、刑事治安警情、重点人员轨迹、涉案资金流向等信息进行综合研判，提高主动发现能力。截至目前，全省公安机关共受理摸排涉黑涉恶线索 12031 条，梳理涉黑涉恶线索 4116 条，其中群众举报线索 1658 条、上级交办和成员单位移交线索 1077 条、公安机关摸排线索 1381 条。

（二）扭住核查环节

四川省公安机关严格落实“四个一”“三长负责”“一案双查”“一线双查”等工作机制，省公安厅制定印发了《四川省公安机关扫黑除恶线索排查核查工作机制》，明确了“聚焦 12 类重点对象、采取 8 种主要方式、做实 4 个基本步骤”，确保线索排查核查流程闭环式展开。特别要求凡是上级机关批转的涉黑恶线索，均由各级公安机关主要领导阅批，分管领导部署核查；公安厅收到的所有线索均由分管副厅长、扫黑办主任逐一把关阅批；中央巡视组、公安部及省领导批转的涉黑恶线索，全部由副省长、公安厅长阅批并由厅扫黑办跟进督导。特别是中央督导组在川期间，省公安厅制定了《关于进一步加强中央督导组在川期间涉黑恶线索办理工作的通知》《关于中央督导组在川期间涉黑恶线索排查核查的工作方案》《关于中央督导组在川期间移交线索处置办法》，对线索的移交、核查、反馈等工作进行了再部署、再强化。中央督导组到川以来，全省公安机关共核查线索 1758 条，经核查发现具有涉黑恶犯罪嫌疑的 317 条、具有其他犯罪嫌疑的 371 条、无犯罪嫌疑的 1070 条。全省通过线索核查立案 483 起，刑事拘留 1114 人。对中央扫黑除恶第 10 督导组移交的线索，全部落实“三长负责”“提级办理”“专人专班”等要求，紧锣密鼓进行核查侦办。

（三）扭住回访环节

四川省公安机关牢固树立以人民为中心的发展思想，将涉黑涉恶实名举报“人人见面”工作纳入常态化管理，制订工作方案，细化工作措施，严格落实落地。针对全省收集到的1658条群众来信、来电举报涉黑涉恶线索，各级公安机关严格落实实名举报“人人见面、件件回应”工作要求，采取上提一级、异地交叉等方式，认真了解举报人有无新的反映和诉求，听取举报人意见和建议，及时核查和反馈，确保人人见面全覆盖、件件回应有结论，赢得了广大群众的好评。

三 坚持依法严惩重于一切，聚焦“四个关键”强打处

群众看公安，关键看破案；斗争成效好坏，首先要看战果、用数据说话。全省公安机关紧紧围绕扫黑除恶、“挖伞”“断血”，攻坚克难、深挖彻查，依法严厉打击各类黑恶犯罪。

（一）聚焦重点专案打狠

全省公安机关把专案工作作为中心工作来抓，把打击锋芒对准群众反映最强烈、最深恶痛绝的突出黑恶势力违法犯罪，进一步强化专案侦办，集中优势资源力量，着力提升打击质效。对全国扫黑办、最高检和公安部“双挂”的1起、省扫黑办挂牌的10起、公安厅与省检察院“双挂”的24起案件，全部落实专门领导、专人负责、专案班组、专门经费、专项保障、专司协调“六个专”要求，全部采取提级管辖、异地羁押、异地用警、异地审讯、合成作战、纪委监委同步上案等措施，全力开展攻坚，共抓获犯罪嫌疑人400余名，破获各类刑事案件200余起。

（二）聚焦地区特征打准

针对四川省作为全国第二大藏区、反分维稳任务艰巨繁重的实际，甘

孜、阿坝两地将扫黑除恶与反分维稳同步推进，把影响政治安全、社会治安、民生保障等20个类别的犯罪作为藏区专项斗争打击重点，成功打掉1个把持基层政权、有组织地实施违法犯罪行为、严重扰乱社会秩序的涉黑恶团伙，抓获犯罪嫌疑人44名。针对凉山作为全国最大的彝族聚居区、攀西高原贫困地区和全省毒情形势重点地区的实情，坚持把利用宗族势力集资贩运毒品、侵蚀基层政权、组织拐卖妇女儿童等5类涉黑涉恶犯罪作为打击重点，全州共立案侦办涉黑案件3起、恶势力犯罪集团案件12起，打掉恶势力团伙1个，立案九类涉恶犯罪案件334起，刑事拘留犯罪嫌疑人652名。

（三）聚焦“挖伞”“断血”打深

四川省公安机关坚持将扫黑除恶工作与反腐败斗争、基层“拍蝇”同部署、同落实，将案件侦办与“挖伞”“断血”同步开展，将“挖伞”“断血”作为衡量专项斗争质效的重要标准。在“挖伞”方面，全省公安机关严格落实“一案三查”要求，层层压实“一案三查”责任，切实将查处黑恶势力与查黑恶势力背后的关系网和“保护伞”、查党委政府的主体责任和有关部门的监管责任结合起来；与纪委监委健全联系制度，建立信息沟通、双向移送、同步介入、核查反馈机制，严格按照“两个一律”的要求、干部管理权限和相关规定双向移送扫黑除恶问题线索，及时反馈查办结果；对牵涉面广的重大复杂疑难案件线索，探索建立纪检监察、检法、组织等部门联合核查制度，不断提升核查精度、推进核查深度、拓展核查广度，严查幕后“保护伞”，深挖侵蚀基层政权的“蛀虫”，确保案件深挖彻查、查深查透。截至2018年底，全省共查处“保护伞”26名，查获与黑恶势力有染的公职人员139名。在“断血”方面，为进一步加强“彻底摧毁涉黑涉恶犯罪组织团伙的经济基础，从根本上铲除黑恶犯罪滋生的土壤”工作，公安厅制定下发《四川省公安厅关于加强“断血”专项查处工作的通知》对全省公安机关扫黑除恶“断血”工作进行细化、强调和部署。在宜宾侦办的全国扫黑办、最高人民检察院和公安部挂牌督办的“2·12”涉黑专案中，专案组以“除恶务尽，断血挖伞，巩固基层政权”为目标导向，通过多级、多警协作攻坚，共冻结、查封现金、股权、房产、车辆等涉案财物3亿元。

（四）聚焦办案质效打稳

一是四川省公安机关以最高人民法院、最高人民检察院、公安部、司法部四部委联合发布的《关于办理黑恶势力犯罪案件若干问题的指导意见》和公安部《扫黑除恶专项斗争有关法律问题解答》为蓝本，采取多种形式，开展业务培训。对每起恶势力犯罪集团以上的案件，专案组在案件办理前、案件侦办工作中要组织学习法律法规，准确把握执法标准，确保案件打击质效。二是省公安厅把相关扫黑除恶法律法规、司法解释、规范性文件梳理汇编成《扫黑除恶刑事政策法规选编》，并加强对全省黑恶势力犯罪案件侦办工作的指导，强化民警法律意识、证据意识、诉讼意识，确保把握好政策界限，准确适用法律，保证办案质量。三是建立四川省公安机关扫黑除恶侦查、法律专家人才库，对全省重点案件，全部落实专门领导、专人负责、专案班组、专门经费、专项保障、专司协调的“六个专”要求，全程抽调扫黑除恶专家参与，采取提级管辖、异地羁押、异地用警、异地审讯、合成作战、纪委监委同步上案等措施，全力开展攻坚。四是主动对接检察、法院、纪委监委等部门，采取提前介入、同步上案等措施，就重大专案侦办的证据收集、法律适用等难点问题进行会商研究，统一执法思想和标准，严格把握法律政策，确保每起案件都经得起法律和历史的检验。

四　坚持长效防范胜于一切，紧扣“三大领域”强治理

急则治标、缓则治本、长则建制，事前防范胜于事后打击。全省公安机关站在推进社会治理体系和治理能力现代化的高度，坚持边打边建边治，积极推动系统治理、源头治理、综合治理。

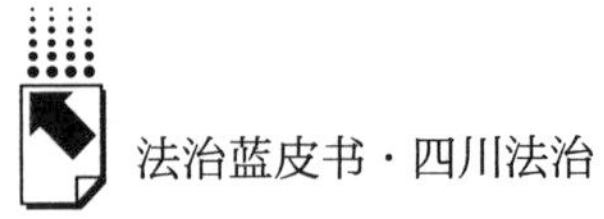

（一）紧扣基层政权建设

把基层组织建设作为重点工作来抓，健全落实县级公安机关会同组织、民政部门联审联查机制，对村（社区）“两委”班子成员严格对照“负面清单”，一个一个“过筛子”，坚决把不符合条件的挡在门外。进一步加大侵蚀基层政权类涉黑涉恶线索的摸排力度和案件的打击力度；对派出所摸排发现的村组干部涉黑恶问题线索，县级公安机关要建立定期向同级党委、组织等部门报告制度；安排部署派出所所长接受县级党委领导谈话工作，及时汇报涉及基层组织软弱涣散的问题。严厉打击村霸、乡霸和利用家族宗族势力威胁、贿赂、利诱等方式横行乡里、强揽工程、欺压残害百姓的“村官”黑恶犯罪势力，强化对村霸、乡霸和宗族黑恶势力等涉黑恶案件的侦办，保持对各类侵蚀基层政权类涉黑恶犯罪严打高压态势。各级公安机关办理侵蚀基层政权类涉黑恶案件后，及时向同级党委、组织部门报告，积极建言献策，协助相关部门及时开展基层组织建设。全省侦办了一批侵蚀基层政权案件，抓获一批涉案村“两委”人员。凉山州对会理县涉黑犯罪的村“两委”人员唐某依法予以投票罢免，收到良好社会反响。

（二）紧扣社会综合治理

把社会综合治理作为基础源头来抓，落实好“有黑扫黑、有恶除恶、有乱治乱”的工作要求，认真履行治乱责任，整治突出乱象乱点，确保社会治安稳定。各级公安机关要与相关行业领域管理部门加强信息共享、工作联动，推动刑事司法和行政执法有效衔接。在工作中发现的行业领域管理漏洞及时通报相关部门强化监管、健全制度、堵塞漏洞，有效挤压黑恶势力生存空间；在工作中发现的突出问题及时提请党委政府或通报相关部门开展专项整治；在侦办相关案件后，及时书面通报相关行业管理部门或报告各级党委政府，提出整改建议，协同综合治理。各级公安机关、厅属成员单位立足本职本地实际，梳理确定重点乱象乱点，制订工作方案，开展专项整治。针对金融领域乱象，省公安厅及时下发《关于规范民间借贷行为维护经济金融秩序有关事项的通知》，并会商省法院、省检察院形成《关于进一步加强“套路贷”违法犯罪行业监管防范的建议报告》，有力推动市场、金融、司法等部门强化行业监管。针对沙石行业问题，积极会同国土、水务等部门成立打击整治私挖滥采沙石工作领导小组，加强沙石采挖综合执法巡查，其中雅安市公安局破获的“3·30”非法采沙案，移送纪委监委线索3条，扣押涉案资金859万元。针对招投标问题，主动与纪委监委、组织、住建等部门强化协作、重拳治理，其中遂宁市公安局打掉招投标涉恶团伙1个，抓获犯罪嫌疑人13名，对相关违纪干部立案审查，收缴违纪款350万元。

（三）紧扣延伸打击整治

全省公安机关结合“春雷”“夏安”“秋风”专项行动，充分发挥扫黑除恶牵引力作用，强化延伸治乱，对“盗、抢、骗”“黄、赌、毒”等各类突出社会治安问题，定向定点强力打击。一是严厉打击凉山外流犯罪。针对凉山籍外流人员输出性犯罪突出问题，建立专门数据库，将凉山籍前科人员纳入管控，组织开展专案行动，统筹全省资源集中整治，取得明显成效，凉山州外流外省犯罪人数同比减少21.73%；重点县昭觉、美姑外流外省犯罪人数分别下降45.16%、34.87%。二是严厉打击藏区违法犯罪。深化藏区扫黑除恶专项斗争，坚持将扫黑除恶与藏区反分维稳统筹推进，严厉打击藏区黑恶势力煽动群众对抗政府、勾连境外敌对势力煽动滋事、通过暴力大肆敛财等黑恶犯罪，切实解决藏区黑恶势力侵蚀基层政权、插手民间纠纷、干预司法行政等问题，有力维护藏区稳定。三是严厉打击黄、赌违法犯罪。开展打击整治农村赌博违法犯罪专项行动，立案侦办涉黄刑事案件348起、刑事拘留853人，立案侦办涉赌刑事案件1274起、刑事拘留2977人，受理涉黄行政案件1267起、行政处罚3164人，受理涉赌行政案件4536起、行政处罚21824人，破获公安部挂牌督办涉黄涉赌案件12起，公安厅挂牌督办涉黄涉赌案件58起。四是严厉打击治理电信诈骗犯罪。全省共破获电信诈骗案件2566起，抓获犯罪人员1563名，挽回经济损失3.6亿余元，支付4.26亿余元，冻结资金2.2亿余元。五是严厉打击毒品犯罪。针对黑恶犯罪与毒品犯罪相互交织的特点，严厉打击毒品犯罪，共破获毒品案件5325起，抓获犯罪嫌疑人7644名，缴获毒品1548.47公斤，破获涉毒黑恶犯罪案件3起。六是严厉打击传销犯罪。联合省工商行政管理部门开展全省网络传销违法犯罪活动联合整治工作，立案侦办组织领导传销活动案件96起，破获案件72起，抓获犯罪嫌疑人170名，扣押、冻结涉案资产15亿余元。七是严厉打击拐卖犯罪。认真贯彻落实失踪儿童快速查找工作机制和进一步加强打击拐卖妇女儿童工作意见的要求，提起拐卖类案件18起，抓获犯罪嫌疑人52名，破获部级目标案件5起，破获省级目标案件1起，通过DNA比对比中并找回73名被拐卖儿童。

在总结扫黑除恶专项斗争阶段性成效的同时也应清醒地认识到，中央部署为期三年的全国扫黑除恶专项斗争才刚刚迈出第一步，接下来的斗争任务还十分艰巨繁重。针对当前涉黑恶违法犯罪新动向新特征和专项斗争实践中存在的问题，对持续深入推进扫黑除恶专项斗争提出三点建议。一是法治保障方面。建议进一步加强扫黑除恶专项斗争相关法律政策研究，针对法律政策适用中存在的问题，适时推动相关法律修改，为基层执法提供强力保障。例如，在《村民委员会组织法》相关条款中，将村“两委”成员候选人“负面清单”制度和县级纪检、公安等单位组成的联审机制予以做实，为基层组织人选建好隔离墙、把好用人关；在《刑法》中增加破坏村“两委”选举相关内容，把以拉票贿选等手段破坏村委会的行为立法定罪处罚，为依法打击提供法律依据；将“套路贷”诈骗犯罪手段以司法解释的形式予以公开，切实解决因借贷方式多样且与经济纠纷相互交织，基层执法存在执法办案分歧等问题，确保有效打击遏制；在《刑事诉讼法》中，建立涉黑恶资产举证责任倒置规则，明确涉黑案件凡不能证明资产来源合法的，应予以依法追缴、没收，确保有力打掉黑恶势力经济基础。二是机制保障方面。建议加大推广斗争实践中行之有效的各项工作机制，坚持边打边建，为专项斗争深入开展提供制度保障。例如，健全案件会商和督办机制，提高重大黑恶犯罪案件办案质效；完善反腐败和基层“拍蝇”、打击“保护伞”结合工作机制，做到双向核查、通报侦办、统筹处理；健全防范黑恶势力侵蚀基层政权机制，加强追责问责，以责任督导推动专项斗争各项部署的全面落实。三是力量保障方面。四川公安机关现有民警 8.1 万余人，警力万人比为 8.89，远低于全国 12.5 的平均水平，在全国各省份中处于倒数第 5 位，个别地市警力万人比仅为 4，警力总量严重不足。与此相对的是，四川省维护政治安全和社会稳定任务十分艰巨繁重，既面临藏区反分维稳的压力，也有凉山禁毒防艾、大城市反恐防暴的压力，加之当前各类社会矛盾和利益诉求群体量大面广、涉及人员众多，在维稳方面占用了大量警力，不能投入更多的警力用于扫黑除恶专项斗争，一定程度上制约了专项斗争取得更大成效。

B.6 依法规范校外培训机构的实践与探索

四川省教育厅研究校外培训机构整治工作课题组*

摘　要： 规范校外培训机构是一项重要的民生工程，四川省对此高度重视。在开展校外培训机构专项治理过程中，率先在成都市、绵阳市、自贡市高新区开展试点工作，在治理校外培训机构的机制建设、规范建设、联合执法、日常监督、宣传引导等方面进行了初步探索，为进一步推进专项治理工作，积累了实践经验。四川省将继续按照“依法规范、分类管理、综合施策、协同治理”原则，通过试点，探索校外培训机构管理工作新路径，促进四川省校外培训机构向规范化、规模化、品牌化、科学化发展。

关键词： 校外培训机构　依法规制　依法监管

一　实践背景

近年来，面向中小学生的校外培训机构提供非学历教育培训，成为学校教育的有益补充，逐渐成为教育发展中最活跃的板块，对于满足中小学生个性化学习需求、发展兴趣特长、拓展综合素质具有积极作用。但大量校外培训机构

* 课题组组长：贾贵洲，四川省教育厅民办教育处处长。课题组成员：江岷霞、冯将、张应辉、陈旭辉、肖丹。执笔人：冯将，四川省教育厅民办教育处四级调研员；张应辉，四川省民办教育协会会长；陈旭辉，四川省民办教育协会秘书长；肖丹，四川省民办教育协会工作人员。

违背教育规律和青少年成长规律，开展以“应试”为导向的培训，造成了中小学生课外负担过重，增加了家庭经济负担，扰乱了教育生态，社会反映强烈。因此，清理、规范校外培训机构成了一项重大的民生工程。为迅速遏制当前校外培训机构存在的突出问题，2018 年 2 月，教育部等四部门印发《教育部办公厅等四部门关于切实减轻中小学生课外负担　开展校外培训机构专项治理行动的通知》，提出开展校外培训机构专项治理[①]。2018 年 8 月，国务院办公厅专门印发了《关于规范校外培训机构的意见》，对校外培训机构有序发展提出了规范性要求。

四川省高度重视对校外培训机构的治理工作，在教育部等四部门通知出台后，迅速采取了行动。在深入研究了《教育法》《义务教育法》《民办教育促进法》等法律法规以及国家课程方案、课程标准后，结合四川省实情，于 2018 年 5 月出台了《四川省教育厅等四部门关于切实减轻中小学生课外负担　开展校外培训机构专项治理行动的通知》。从亮证办学、亮牌收费、规范宣传等七个方面对培训机构提出规范要求，制订了治理行动时间表，实行“全面排查—集中整治—常态化治理”分段整治。按计划，在 8 月底前完成全面部署和摸底排查，在 11 月底前建立问题台账。年底前，开展部门联合集中整治，完成集中整改，全面纠正培训机构存在的不良行为。在 2019 年 6 月底前，开展专项督导，巩固治理成效，实施黑白名单动态管理，全面开展抽查检查，建立教育培训市场常态化治理机制[②]。同时，为保障治理工作稳步推进，率先在成都市、绵阳市、自贡市高新区开展校外培训机构专项整治试点工作。在省教育厅指导下，试点地区在治理校外培训机构的机制建设、规范建设、联合执法、日常监督、宣传引导等方面进行了初步探索，为全省各地推进专项治理工作积累了实践经验。

---

① 《教育部办公厅等四部门关于切实减轻中小学生课外负担　开展校外培训机构专项治理行动的通知》（教基厅〔2018〕3 号），http：//www. moe. gov. cn/srcsite/A06/s3321/201802/t20180226_327752. html。

② 《四川省教育厅等四部门关于切实减轻中小学生课外负担　开展校外培训机构专项治理行动的通知》（川教〔2018〕57 号），http：//www. scedu. net/p/8/？StId = st_ app_ news_ i_ x636790126027556305。

二 实践举措

1. 建立协同工作机制

试点地区积极探索建立由各级党委政府领导，教育行政部门牵头，工商、城管、民政、公安、消防等多部门联合的地方专项治理工作机制。

成都市在全国率先建立市级治理校外培训机构联席工作制度。2017 年 10 月 25 日，成都市政府批复市教育局牵头，21 个市级部门建立市级民办教育工作联席会议制度。自贡市高新区建立了由教育、工商、城管、民政、公安局、消防大队、卫生、街道、乡镇、社区等部门的高新区校外培训机构管理联席会议制度，建立健全工作联动机制。高新区在全面排查摸底建立台账数据的基础上，按照治理内容和整改要求，又将联席工作会议成员单位扩大到工商、公安、民政、消防、城管、卫生及各街道、乡镇、社区等 12 个机构。

2. 规范办学设置标准

2017 年 12 月，成都市教育局等六部门联合出台《民办教育培训机构设置指导标准》，规范校外培训机构准入门槛。2015 年 1 月，自贡市高新区教育局印发了《关于高新区进一步规范民办学校审批管理的实施意见》，规范了民办教育机构审批流程和相关职能部门的职责。随后于 2017 年 5 月、6 月相继出台了《高新区民办幼儿园设立管理暂行规定》《高新区民办非学历教育培训机构暂行管理办法》，并根据治理过程中发现的违规问题，2018 年 1 月对该管理办法进行了修订。这两份规范性文件是自贡市首批指导民办教育机构申办、审批流程及管理措施的文件，使民办教育机构的审批做到了有法可依，指导民办教育机构规范办学。绵阳市按照《国务院办公厅关于规范校外培训机构发展的意见》和教育部、四川省教育厅等相关要求，已于 2018 年 10 月初完成了《绵阳市文化教育类民办培训机构设置指导标准（草案)》的制定和起草工作，在原有《绵阳市民办非学历教育培训机构设立实施办法》基础上，该草案进一步对办学场地面积、设施设备安全、师资队伍、教学内容与课程安排、收费退费标准等社会关注的热点问题作出了明确规定。为进一步完善民办培训学校的审批准入制度，制定出台了《绵阳市民办学校年检初审制度》《绵阳市市级审批学校年检考核评估细则》《关于进一步加强对文化教育类机构监督管理的通知》等三份配套管理文件。

3. 开展全面摸底排查

2017 年，绵阳市集中开展了两次大规模拉网式、地毯式集中检查。全市摸排教育培训机构 963 家，对存在各类问题的 506 家培训机构下发了整改或停办通知书，并要求限期进行整改；对违规行为特别严重的 41 家培训机构进行了关停取缔。针对排查过程中暴露的突出问题，绵阳市确定了三项重点治理内容：一是治理无资质和有安全隐患的培训机构；二是治理数学语文等学科类的超纲教、超前学等“应试”教学培训行为；三是治理学校和教师中存在的不良教育教学行为，尤其是民办学校与培训机构招生挂钩和在职教师在培训机构兼职的问题；四是加强学科类培训课程备案工作及培训机构信息监管平台建设。

自贡市高新区社会事业局牵头的联合专项治理小组成员单位按街道划分为对应的五个工作区域，依托辖区内的乡镇（街道）、社区力量逐街逐路对街道两侧商铺、写字楼、小区车库等培训机构就办学资质、办学条件、安全隐患、教师聘用、竞赛（考级）组织、招生、宣传、教学管理等内容开展拉网式排查整治。

4. 开展基层联合执法

建立基层联合执法机制。成都市青羊区、锦江区政府办公室等分别发文成立教育综合执法工作领导小组，金牛区、武侯区、龙泉驿区政府办公室和崇州市民办教育联席会议办公室等先后印发教育培训市场专项治理行动工作方案；金堂县成立由教育局、市场监督管理局、公安局、民政局、文旅局及各乡镇人民政府组成的联合执法队，对全县培训市场进行联合执法；郫都区集中力量打歼灭战，由各镇摸清情况后，镇政府出面联系教育、市场监管、公安、城管等执法力量集中执法；简阳市疏堵结合，采取“两手联动、两手出击”策略，在下达停办（或整改）通知书的同时下达安监部门的执法处罚意见书。

实施网格化监管机制。2018 年，成都市综治委修订《成都市专职网格员职责清单（试行）》，建立网格化监管机制，把教育监管纳入职责清单，要求专职网格员协助发现、报告培训机构违规办学等问题，以充实常态化、专业化的监管队伍。锦江区构建以街道和社区为单元，横到边、纵到底的网格化管理格局；龙泉驿区利用“互联网 + 监管服务”模式实现民办教育信息公开、社会监督、服务群众三位一体；温江区教育局会同市场监管局制订“双随机一公开”检查工作方案，共享基本信息、举报信息和检查执法信息，借助镇（街）、社区开展地毯式排查；邛崃市教育、民政、市场监管、公安等部门在前期拉网式排查的基础上进行分类整治；新都区政府召开区教育、公安、市场质量监管局、消防等 17 个部门及各乡镇街道分管负责人参加的全区规范民办文化教育机构办学行为专项治理推进会。

自贡市高新区加强联合执法力度。2018 年暑假期间，高新区分别于 6 月 18 ~22 日、8 月 17 ~21 日、9 月 17 ~22 日开展了三次联合执法检查。先后出动执法人员和工作人员 100 余人次，走访查证详细调查摸排校外培训机构 91 家，共发放停办通知书 62 份，整改通知书 15 份，提出整改问题 31 个，要求举办者立即整改排除的安全隐患 18 个，开展集体约谈 3 次，重点约谈违规培训机构 5 家；重点处理校外培训机构 7 家。目前高新区已关停有违规办学行为的校外培训机构 29 家，12 家文化（含艺术）类培训机构正在申办相关证照，其余 21 家培训机构也正按相关要求进行整改。

5. 建立日常监管制度

2017 年初，成都市政府教育督导团下达区（市）县教育工作目标，率先把治理校外培训机构、建立教育联合执法机制等纳入目标管理。在集中开展民办教育培训市场专项治理期间，在市政府督查室的支持下，建立全市专项整治周报制度，部门、区（市）县政府汇总举报投诉受理、实地查勘、违法违规查处和下达整改（处罚）等情况，对推进不力的区（市）县政府在报表相应栏目中“亮红灯”，确保治理工作落地、见效。年底，市政府教育督导团以校外培训机构专项整治为重点开展“回头看”检查，压实基层政府治理职责。2018 年初，市政府教育督导团再次把治理非法办学、违规办班行为纳入区（市）县政府教育工作目标考核，市委目标督查办公室把“基本消除公共场所非法培训机构”列为2018年度区（市）县政府年度目标，市综治委牵头组织教育等网格化监管工作暗访，市教育局委托国家统计局成都城调队对中心城区近30个重点街道开展入户式摸底。

绵阳市通过年检审核、常规管理、集中排查、明察暗访以及信息公开多举措监管校外培训机构日常办学行为，尤其是将中小学在职教师参与培训机构收费补课的情况纳入日常监督检查。为加强对培训机构办学行为的日常动态监管，绵阳市正在着手建设“绵阳市校外培训机构信息网络监管平台”，目前平台的基本框架已搭建完成。

6. 加强中小学育人能力

绵阳市试点推行校内课后服务试点，提升中小学育人能力。绵阳市率先在科学城三所学校试点开展以学校为主的课后服务试点工作，初步形成了“科学城特色”的课后服务工作经验。坚持以学生家长自愿为原则，由家长事先申请，并全程参与服务方式、服务内容、安全保障措施的制定和实施。建立家长申请、班级审核、学校统一实施的工作机制，经过实践检验，以学校为主阵地的课后服务模式得到了家长、学生、学校、社会的充分肯定。在遏制在职教师有偿补课行为、治理校外培训机构乱象方面起到了积极作用。

自贡市高新区加强了教师规范从教管理。对在职教师有偿补课或在职教师参与校外培训机构补课行为等进行严厉查处。不定期到辖区内各学校明察暗访在职教师有偿补课行为，多次开展在职教师有偿补课专项排查。与中小学幼儿园签订规范办学行为责任书18份；印发师德师风建设、违规行为治理相关文件10个。2018年专项治理行动期间，高新区开展前所未有的宣传警示教育活动——高新区违规办学教学行为专项整治系列宣讲会，宣讲10场次，覆盖辖区所有公办学校、幼儿园及全区教师1300余人。

为加强教师从教等方面的规范化管理，自贡市建立了教师信用档案红黑灰名制度。对进入师德“红”名单的教师，在评选表彰、职称评定、考核考评、聘用（聘任）中，坚持同等条件下优先原则；对列入师德“灰”名单的教师，当年年度考核不确定考核等次，奖励性绩效工资按其失德程度减少发放，取消次年度评优评先、晋级晋职等资格；对列入师德“黑”名单的教师，当年年度考核确定为“不合格”等次，取消当年奖励性绩效工资分配和两年内评优评先、晋级晋职等资格，并根据相关规定给予警告、记过、降低专业技术职务等级、撤销专业技术职务或者行政职务、开除或者解除聘用合同等处分，涉嫌犯罪的，移送司法机关依法追究刑事责任①。

7. 加强社会舆论引导

2017 年 5 月以来，成都市、区（市）县两级教育行政部门先后约谈在全市有影响力的培训机构。2017 年 6 月，成都市教育局公开征集 15 名志愿者作为市民观察员先后参与年中专项治理监督和年终专项目标督导，出台《关于公示民办学校招生备案信息的通知》，强制校外培训机构在办学场所醒目位置、门户网站、微信公众号等公示办学资质、收费项目、收费标准、退费标准、退费程序、教师信息等。市教育局在门户网站上开设民办教育专栏，发布“民办教育电子地图”，专设“公告栏”“曝光台”，通报批评“博思堂”等无证办学的培训学校，限期整改不合格的，列入成都市公共信用信息系统，始终保持“零容忍”的高压态势。2018 年 3 月，成都市教育局联合市消费者协会发布教育消费预警，公告校外培训机构年检不合格名单和暂缓年检名单。

三　实施成效

试点地区在治理校外培训机构上取得了初步成效，积累了有益经验。成都市对违规组织学科竞赛进行了全面清理。叫停了借助在蓉高校场地举办的多项违规赛事。绵阳市各地建立了以县级党委政府主导、教育部门牵头，民政、人社、工商、消防、公安、乡镇、街道等共同参与的条块式、网格化的协作机制，为加强对培训机构的日常科学动态监管，着力建设绵阳市校外培

① 《全市规范办学行为专项治理行动新闻发布会》，自贡市人民政府网站，http：//fsxzf.gov. cn/_ m_ / –/articles/v/8976732. shtml。

训机构信息网络监管平台，以实现对培训行业的大数据监管。目前，成都市教育局已与中国教育学会着手共建全国第一个教育培训机构管理实验区，通过搭建信息化的综合管理平台，以实现对教育培训市场的大数据管理。自贡市高新区在治理在职教师有偿补课或在职教师参与校外培训机构补课行为上效果显现。通过不定期到辖区内各学校明察暗访在职教师有偿补课行为，多次开展在职教师有偿补课专项排查、组织专题宣讲，全面覆盖了辖区所有公办学校、幼儿园及全区教师1300余人，加强了教师从教规范意识。

四川省全面开展专项治理以来，通过机制建设、强化部门联动，找准关键环节、全面摸排整改，强化监督管理、建立长效机制，强化宣传引导、营造治理氛围等举措，多措并举，稳步推进专项治理工作，取得了阶段性成效①。截至2018年11月底，全省183个县（区）均已启动专项治理整改工作：其中105个县（区）已基本完成专项治理整改任务，占全省的54%；阿坝州、甘孜州、德阳市、泸州的县（区）整改完成率到达70%以上；全省共发现存在问题的校外培训机构9112家，现已完成整改6170家，完成整改率达67.7%，阿坝州、达州、泸州、巴中、南充、内江的机构整改完成率达到80%以上②。9819家存在安全隐患、未办许可证等情况的培训机构以及53所存在教师违规补课问题的学校，被限期整改；82名培训机构相关人员和52名教师被处理③。

四 未来展望

四川省将进一步落实国务院《规范校外培训机构发展的意见》中的相

① 《四川省扎实推进校外培训机构专项治理》，http://www.scedu.net/p/78/?StId=st_app_news_i_x636752162895911959。

② 《四川省教育厅关于全省校外培训机构专项治理行动整改工作进展情况（截至11月底）的通报》（川教函〔2018〕688号），http://www.scedu.net/p/8/?StId=st_app_news_i_x636790126027556305。

③ 《四川：9819家校外培训机构被限期整改》，http://www.xinhuanet.com/local/2018-11/07/c_1123678290.htm。

关要求，按照“依法规范、分类管理、综合施策、协同治理”的原则，坚持整合与整治相结合、治标与治本相结合，通过试点，探索校外培训机构管理工作新路径，形成分工负责与齐抓共管、条块结合与以块为主、日常监管与技术监管、宏观调控与市场机制、行业自律与社会监督相结合的校外培训机构管理长效机制①，切实减轻中小学生过重的课外负担，促进四川省校外培训机构向规范化、规模化、品牌化、科学化发展。

（一）制度建设

四川省正在抓紧制定《四川省规范校外培训机构发展的实施方案》，要求各地加快工作部署，加大工作力度。同时，正在研究制定校外培训机构设置标准、全省校外培训机构发展规模规划等相关配套文件，旨在引导培训机构规范化、品牌化、科学化发展。《四川省校外培训机构认定管理办法》《四川省校外培训机构发展总量布局规划》《四川省规范校外培训机构培训内容的通知》等文件，已形成初稿，将尽快出台。

（二）属地管理、明确责任

将规范校外培训机构作为当前的一项重要政治任务，纳入民办教育工作厅际联席会议制度议事范围，纳入市州年度教育工作目标管理。

发挥省民办教育工作厅际联席会议制度作用，统筹协调推进校外培训机构规范工作，强化对规范校外培训结构的监督指导，协调相关部门共同纠正和查处校外培训机构违法违规行为，加强信息沟通和相互协作。

要求各市（州）政府、县（市、区）政府切实履行属地管理责任，制订详细工作方案，细化分工、大力推进；要将属地管理责任落实到基层，压实责任、责任到人；要统筹协调区域内综合执法力量，提高执行能力、形成执法合力；要及时总结经验，研究新情况、新问题，不断改进政策措施。

---

① 《国务院办公厅关于规范校外培训机构发展的意见》（国办发〔2018〕80号），http：//www.gov.cn/zhengce/content/2018－08/22/content_5315668.htm。

（三）抓大限小、优化市场

利用市场机制改造和提升现有校外培训机构，引导校外培训机构向规范化、规模化、品牌化、科学化方向健康发展。

制定校外培训机构发展总量布局规划，在各地有证有照校外培训机构规模基础上，按10%的比例上浮，明确各地校外培训机构发展总量。

暂停新批城区（设区的城市）开办资金（或注册资本）少于100万元、县（市）开办资金（或注册资本）少于30万元的小型培训机构。新批校外培训机构必须坚持“退二进一”的原则，即被吊销2家校外培训机构办学许可证，方可新批1家校外培训机构。

大型校外培训机构拓展经营主要依靠走收购、兼并、联合、重组、参股、控股现有单体小型校外培训机构的路子，提高大型校外培训机构的市场份额。鼓励小型培训机构通过自身改造升级，推动实现上规模、上品牌、上档次。制定校外培训机构管理办法，加强校外培训机构管理，在同一县域设立分支机构或教学点的，均须经过县级教育行政部门批准；跨县域设立分支机构或教学点的，须到分支机构或培训点所在地县级教育行政部门、工商行政部门或民政部门审批。

（四）协同治理、监管到位

强化省市（州）统筹，落实以县为主监管责任，健全监管责任体系和工作机制，有关部门各司其职、分工协作。

1. 完善日常监管

要求各地切实加强对校外培训机构办学行为的日常监管。坚持谁审批谁监管、谁主管谁监管的原则，防止重审批轻监管，切实加强监管队伍建设。教育行政部门负责牵头组织查处未取得办学许可证违法经营的机构，并在做好办学许可证审批工作基础上，重点做好培训内容、培训班次、招生对象、教师资格及培训行为的监管工作，牵头组织校外培训市场综合执法；市场监管部门重点做好相关登记、收费、广告宣传、反垄断等方面的监管工作；人力资源和社会保障部门重点做好职业培训机构未经批准面向中小学生开展培训的监管工作；机构编制、民政部门重点做好校外培训机构违反相关登记管理规定的监管工作；公安、应急管理、卫生、食品监管部门重点做好校外培训机构的安全、卫生、食品条件保障的监管工作；网信、文化、工业和信息化、广电部门在各自职责范围内配合教育部门做好线上教育监管工作①。

2. 落实年检制度

要求县级教育行政部门会同有关部门按照校外培训机构设置标准、审批条件、办学行为要求和登记管理有关规定完善管理办法，认真组织开展年检和年度报告公示工作。对经年检和年报公示信息抽查检查发现校外培训机构隐瞒实情、弄虚作假、违法违规办学，或不接受年检、不报送年度报告的，要依法依规严肃处理，直至吊销办学许可证，追究有关人员的法律责任②。

3. 推行公示制度

推行校外培训机构信息公示制度，对通过审批及法人登记的，在政府网站上公布校外培训机构的名单及主要信息，并根据日常监管和年检、年度报告公示情况及时更新。实行校外培训机构办学情况定期通报制度，对校外培训机构年检结果和日常监管情况定期向社会公布。全面推行校外培训机构黑白名单制度。把证照齐全、办学规范、社会信誉良好的校外培训机构列入白名单，把没有办学资质、违法违规办学、办学声誉较差的校外培训机构列入黑名单，黑白名单都要及时向社会公布，并根据校外培训机构办学情况实时更新，列入白名单的校外培训机构出现违法违规办学等行为，督促整改不到位的，应当及时将其从白名单上清除并列入黑名单。将校外培训机构相关信息纳入全国信用信息共享平台，其中营利性校外培训机构的行政许可信息、行政处罚信息、黑名单信息、抽查检查结果等归集至国家企业信用信息公示

① 《国务院办公厅关于规范校外培训机构发展的意见》（国办发〔2018〕80 号），http：//www. gov. cn/zhengce/content/2018 -08/22/content_ 5315668. htm。

② 《国务院办公厅关于规范校外培训机构发展的意见》（国办发〔2018〕80 号），http：//www. gov. cn/zhengce/content/2018 -08/22/content_ 5315668. htm。

系统，记于相对应的企业名下并依法公示。对于非营利性校外培训机构的失信行为，依据社会组织信用信息管理有关规定进行信用管理并依法公示①。

4. 强化行业自律

教育行政部门将加强对大型校外培训机构的监督管理，督促校外培训机构加强对分支机构或教学点的监管。指导建立校外培训机构行业协会，加强自我管理和监督，切实发挥行业自律作用。加强对校外培训机构从业人员的教育培训，提高从业人员的法治意识和职业道德。

（五）违规重处、形成威慑

加大违规处罚力度，通过严管重罚，加大举办者违规办学成本和违法风险，规范其培训行为。

1. 严格设置审批

未经教育行政部门批准，任何校外培训机构不得以家教、咨询、文化传播等名义面向中小学生开展培训业务。严格按照设置标准，做好办学许可证审批工作。已取得办学许可证和营业执照的，如不符合设置标准，教育行政部门应当责令其按标准整改，整改不到位的要依法吊销办学许可证，终止培训活动。坚决取缔无证无照培训机构。

2. 加强抽查举报

县级教育行政部门要大力推广随机抽查，建立随机抽查对象名录库，确定随机抽查事项清单，规范监管行为，创新管理方式，提高监管效能。要建立公开举报制度，向社会公布举报电话、举报信箱，坚持 24 小时值守制度，认真办理群众举报。要建立快速反应机制，实现有报必查，查必有果。

3. 强化日常检查

教育行政部门要加强对校外培训机构的日常检查，落实专人分片负责，

① 《国务院办公厅关于规范校外培训机构发展的意见》（国办发〔2018〕80 号），http：//www. gov. cn/zhengce/content/2018 -08/22/content_ 5315668. htm。

对辖区校外培训机构每月检查不得少于1次，并做好工作记录，交培训机构负责人签字认可。

（六）疏堵结合、因势利导

做好课后延时服务，挖掘学校师资和校舍条件的潜力，积极利用课外资源，努力开辟各种途径，帮助学生培养兴趣、发展特长、开阔视野、加强实践。

1. 制定课后服务收费政策

省教育厅、省物价局制定课后服务收费政策，报省政府审定执行，由各地出台课后服务收费标准。采取财政补贴、收取服务性收费或代收费等方式筹措经费。财政补贴主要用于课后服务水电、购买活动材料等费用支出。收取服务费用于补贴教师或代收费支出。有关部门要考虑学校开展课后服务等因素，适当增核绩效工资总量，对参与课后服务的教师给予倾斜。严禁以课后服务名义乱收费。

2. 细化课后服务安排

学校课后延时服务每天1小时，主要增加体育、艺术、阅读、自习等活动内容，小学阶段应以体育、艺术等活动为主，初高中阶段应侧重以阅读、自习等活动为主。学生是否参加课后服务活动，由学生和家长自愿选择。

（七）典型引路、促进规范

通过正反面典型宣传，引导校外培训机构规范发展。将重点推进以下工作：建立公开通报制度，对违规严重、群众反映强烈的重点地区、典型案例进行公开通报；加快推进校外培训机构标准化建设，制定量化管理标准，树立一批典型；大力推进校外培训机构文明创建活动，提高管理和服务水平，引导校外培训机构强化自我约束，树立良好社会形象。

B.7

德阳市基层政务公开标准化规范化试点报告

德阳市依法治市领导小组办公室课题组*

摘　要： 2017年5月国务院把四川德阳什邡确定为基层政务公开标准化规范化试点后，德阳市拓宽试点范围，扩大试点内容，全域开展试点工作。出台实施方案，成立领导小组，设立专项小组，统筹推进试点工作，将标准化的理念、原则、原理、方法、技术手段引入政务公开领域，通过建立规范、科学、系统、完整的政务公开标准体系，规范工作流程，细化公开内容，完善公开保障，探索制定出一套适合基层政务公开自身发展的管理标准，全面提升了政务公开质量。

关键词： 政务公开　六个融合　两员合一

党的十八大以来，党中央、国务院高度重视政务公开工作，习近平总书记强调，政务公开是建设法治政府的一项重要制度，要以制度安排把政务公开贯穿政务运行全过程，权力运行到哪里，公开和监督就延伸到哪里。开展基层政务公开标准化规范化全国试点，是深入贯彻习近平新时代中国特色社会主义思想，全面推进政务公开的重大举措，对于提高政府依法行政和政务

---

* 课题组负责人：孙成斌，德阳市人民政府副秘书长、办公室党组副书记。课题组成员：黄剑、杨骏、吴本忠。执笔人：赵红瑛，德阳市人民政府办公室政府信息公开科副科长；喻敏，什邡市人民政府办公室副主任、外侨办主任；熊兴勇，什邡市人民政府应急管理办公室主任。

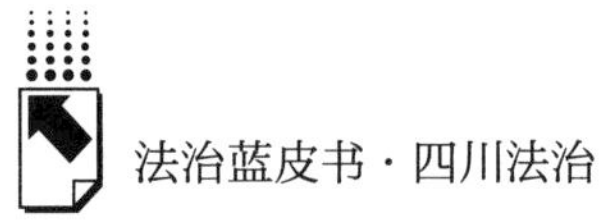

服务水平，促进服务型政府、责任型政府、法治型政府、廉洁型政府建设，具有十分重要的意义。

一　着力强化试点保障

坚持“县为主体、市州指导、省级统筹”的工作思路，最大限度汇集人力、财力、物力、技术、信息等资源，形成多部门协作、多渠道投入、多措并举、多层次推进的工作格局。

（一）健全工作机构，明确工作目标

成立了基层政务公开标准化规范化试点工作领导小组，建立了试点工作联席会议制度，明确专门机构承担日常工作，由德阳市政府办公室统筹推进试点工作，定期召集试点领域的相关单位召开联席会议，集中研究试点工作中的重大问题，统筹解决有关事项。明确试点要达到三个目标。一是实现“四个促进”。通过试点，达到以公开促落实、以公开促规范、以公开促服务、以公开促廉洁的目标，推进各项工作顺利开展。二是创出经验。重点在事项标准化、流程规范化、服务便捷化、工作制度化4个方面先行先试。三是形成品牌。用好国家试点“招牌”，打出政务公开、政务服务品牌，为构建风清气正的政务环境、高效便捷的营商环境、便民惠民的服务环境提供有力支撑。

（二）宣传全面覆盖，营造良好氛围

通过开辟试点专栏、升级公开平台等方式，努力为试点工作营造良好的社会舆论氛围。依托德阳门户网站和《德阳日报》发布相关政策文件、工作动态，悬挂标语横幅117幅，LED电子屏滚动播放宣传标语120余条，微信、微博推送相关信息1000余条。国务院、四川省政府门户网站、《四川日报》、《四川发布》等媒体对德阳试点工作进行了多次报道，持续提升群众的知晓度和认同感。

（三）专业指导培训，提高试点质量

为高质量、高标准完成试点工作，采用政府购买服务方式，由标准化专业机构具体指导、帮助开展试点工作。通过举办试点工作培训会、标准编制培训会、政务公开平台及ITV信息录入培训会等，邀请专家就标准化基础知识、标准编制、信息录入等作专题培训，提高工作人员的标准化知识水平和政务公开工作能力。

（四）持续改进问题，纳入绩效考核

开展试点中期评估工作，对标准编制、目录架构、工作流程、公开平台等方面存在问题提出有效的解决方法。制定基层政务公开“两化”试点目录、流程、指南、模板，要求试点部门对照存在的问题进行持续改进完善，逐步形成县、镇、村三级公开体系。将试点工作纳入政务公开绩效考核体系，明确对工作推进不力的单位予以扣分，完善了激励约束机制。

二　着力推进任务落实

严格按照实施方案，从事项梳理、政策解读、公开方式、动态更新、标准编制入手，围绕权力运行全流程、政务服务全过程，纵深推进试点工作。

（一）全面梳理公开事项

制定《政务公开事项梳理指南》，全面梳理公开事项名称、依据、内容等要素，并按条目式逐项细化分类，确保公开事项分类科学、名称规范、指向明确、内容完整。2017年12月完成县镇两级目录第一稿，采取了网络、座谈会、群众意见征求现场会等形式广泛征求意见，发放公开目录书籍万余册，征求意见实现全覆盖。中期评估后，根据群众和评估意见，再次梳理完善公开事项和目录，最终形成县、镇、村三级目录。

（二）全面加强政策解读

制定《政策解读试行办法》，明确把市政府或以市政府办公室名义印发的、主动公开的、与群众密切相关的政策性、规范性文件纳入解读范围，同时把政策文件公开及解读纳入发文公开事项审查环节，拟定文件时文件正本与解读材料同步组织、同步审签、同步部署，对依申请公开和不予公开事项，要求起草部门提供法定依据。文件印制公开发布后，及时在网站、电视台、报刊以及新媒体上跟进解读，让群众易读易懂，充分知晓，准确把握政策意图。

（三）全面完善公开方式

积极构建“网上发、掌中看、电视播、公开栏贴”的“互联网+”政务公开全平台模式，变群众跑腿为信息跑路。把政府门户网站作为政务公开的主渠道，围绕试点内容公开信息。与中国电信合作，开通政务 ITV，将政务公开内容通过机顶盒推送到群众家庭。在镇（街道）、村（社区）、学校设置试点领域公开栏，实现线上线下同步公开。

（四）全面推进动态更新

建立政务公开主动巡查通报制度，定期对信息公开的数量和质量进行巡查，巡查结果纳入年终考核。同时，充分利用政务公开平台大数据功能，把政务信息的阅读、好评等数据纳入考核内容，充分利用互联网评价机制，倒逼单位提高政务公开质量。巡查通报制度建立以来，各级各部门公开信息的主动性、自觉性明显提升，政府信息公开的全面性、及时性、准确性明显提升。

三　着力编制标准规范

标准化在实践中发挥巨大作用的一个重要手段就是将政务公开工作进行

系统化和体系化的整合，形成科学合理的工作体系，全面合理地指导公开工作的开展。

（一）“标准体系”提纲挈领构建

遵循“简化、统一、协调、优化”原则，结合实际需求，最大限度地覆盖了9个重点领域的试点内容和自选政务服务、特困人员救济、医疗救助、临时救助、最低生活保障、就业救助6个领域的政务公开内容。在基层政务公开适用的法律法规，国家、省、市政务公开的指导文件和方针、政策、规划的统领指导下，形成通用基础、运行管理、领域公开、监督考核四大标准子体系，并固化形成标准35项，构建形成了具有德阳特色的标准化体系。基层政务公开标准体系结构见图1。

（二）公开目录流程同步延伸

在全面梳理细化基础上，逐项确定每个具体事项的公开标准，公开标准要件至少应包括公开事项的名称、依据以及应公开的内容、主体及责任部门、时限、信息更新周期、渠道、方式、“五公开”属性、咨询及监督举报电话等要素，汇总编制政务公开事项标准目录，并实行动态调整。

在编制政务公开事项标准的同时，按照转变政府职能和推进“五公开”的要求，全面梳理和制定了试点工作开展、目录梳理、主动公开、依申请公开、舆情回应、政策解读、政务公开义务监督员管理等8个管理流程和49个业务公开流程，明确了每个事项的公开步骤、程序、环节、责任人等，使所有公开事项均能实现决策、执行、管理、服务、结果5个环节规范运行。公开过程中强化内容合法性审查和保密性审查，强化政策解读，坚持“谁起草、谁解读”的原则，按照政策文件与解读方案、解读材料同步起草、同步审批、同步发布的“三同步”要求开展政策解读工作。

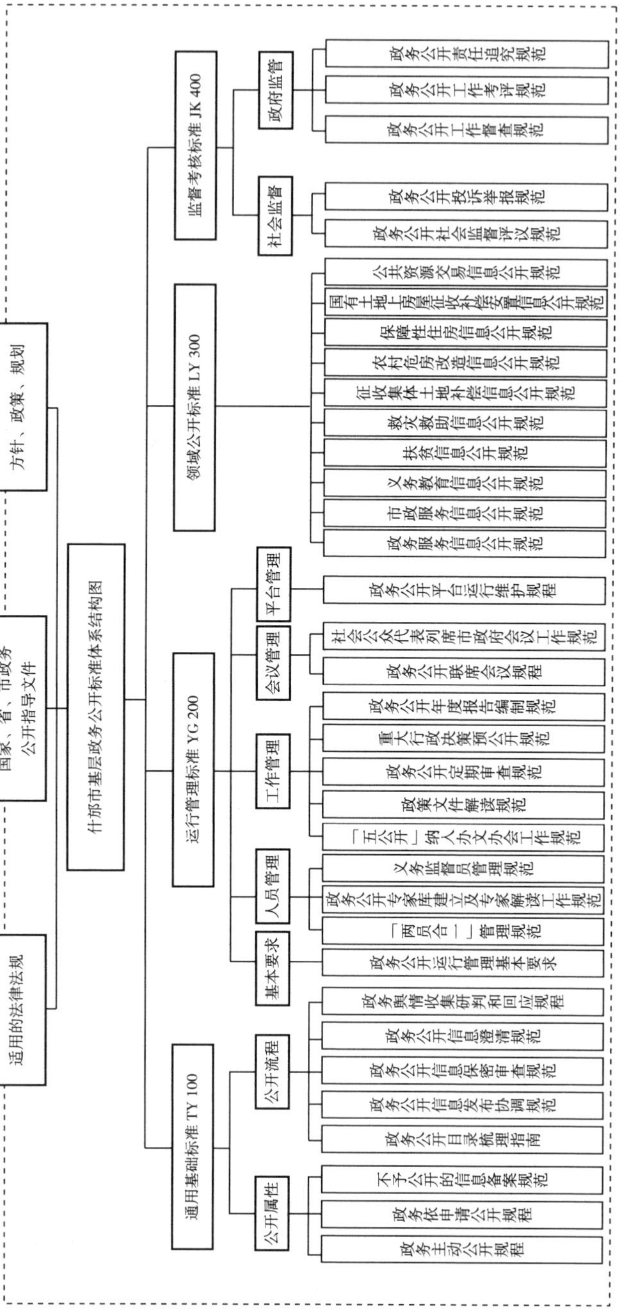

- 适用的法律法规
- 国家、省、市政务公开指导文件
- 方针、政策、规划

什邡市基层政务公开标准体系结构图

- 通用基础标准 TY 100
  - 公开属性
    - 政务主动公开规程
    - 政务依申请公开规程
    - 不予公开的信息备案规范
  - 公开流程
    - 政务公开目录梳理指南
    - 政务公开信息发布协调规范
    - 政务公开信息保密审查规范
    - 政务公开信息澄清规范
    - 政务舆情收集研判和回应规程
- 运行管理标准 YG 200
  - 基本要求
    - 政务公开运行管理基本要求
  - 人员管理
    - 「两员合一」管理规范
    - 政务公开专家库建立及专家解读工作规范
    - 义务监督员管理规范
  - 工作管理
    - 「五公开」纳入办文办会工作规范
    - 政策文件解读规范
    - 政务公开定期审查规范
    - 重大行政决策预公开规范
    - 政务公开年度报告编制规范
  - 会议管理
    - 政务公开联席会议规程
    - 社会公众代表列席市政府会议工作规范
  - 平台管理
    - 政务公开平台运行维护规程
- 领域公开标准 LY 300
  - 政务服务信息公开规范
  - 市政服务信息公开规范
  - 义务教育信息公开规范
  - 扶贫信息公开规范
  - 救灾救助信息公开规范
  - 征收集体土地补偿信息公开规范
  - 农村危房改造信息公开规范
  - 保障性住房信息公开规范
  - 国有土地上房屋征收补偿安置信息公开规范
  - 公共资源交易信息公开规范
- 监督考核标准 JK 400
  - 社会监督
    - 政务公开社会监督评议规范
    - 政务公开投诉举报规范
  - 政府监管
    - 政务公开工作督查规范
    - 政务公开工作考评规范
    - 政务公开责任追究规范

图1　基层政务公开标准体系结构

四　着力探索经验

在试点工作中，各地结合自身实际，探索了各具特色的新路子。特别是什邡市创新工作模式，重点推进“六个融合”，从流程梳理到构建目录，从人员配置到舆情回应，从平台建设到监督检查，环环相扣、梯次展开，全面提升了政务公开质量，形成了基层政务公开标准化规范化全国试点“什邡样板”，通过中国政府网在全国推广。

（一）业务流程与公开流程融合，实现“两个同步”

把流程作为政务公开的基础。严格按照公开领域，从事项的决策、执行、管理、服务、结果 5 个环节入手，从业务工作的各关键点着力，按照“放管服”要求，对业务工作流程进行再梳理再完善，实现工作流程清晰，群众申报资料精减，县镇村同一标准。业务工作流程形成后，按照对应步骤梳理每个环节要公开的责任主体，把公开信息明确为指南流程、模板样板等具体内容，形成对应的公开流程。业务流程和公开流程融合，避免了业务工作开展和政务信息公开“两张皮”现象，保证了政务公开的及时性和有效性，实现了政务公开从数量向质量转变。

（二）公开目录与公开样本融合，实现“标准规范”

把目录作为政务公开的前提。严格按照业务流程和公开流程，科学划分公开领域的大小项名称，明确公开内容、公开依据、“五公开”属性等，形成县、镇、村三级差异化公开目录。在完善公开目录的同时，进一步梳理“服务指南”“群众办事资料参考模板”以及“政务公开参考样板”。把所有公开要素融入指南、模板、样板中，对公开的标题、内容、格式等进行规范，保证了信息公开的规范性。

（三）公开人员与业务人员融合，实现“两员合一”

把人员作为政务公开的保障。针对政务公开中具体业务人员与政务公开人员“两员”分离，造成公开信息内容简单、质量不高、群众关注度低等问题，确定“做业务负责公开、管业务负责审核、办公室负责督促”的原则，把试点部门、镇（街道）村（社区）的具体业务人员明确为政务公开的直接责任人，业务分管领导明确为审核责任人，办公室全程督促组织指导，实现业务工作人员和政务公开人员“两员合一”，保证了政务公开工作有人做、有人管、有人督，有效解决了政务公开人员不足等问题。

（四）政务公开与舆情回应融合，实现“政民互动”

把互动回应作为政务公开的核心。试点工作开展以来，各县（市、区）通过书记、县长信箱及12345市民热线等传统渠道互动，特别是什邡开辟“政务交流论坛”，在百度什邡吧开设“什邡政务”账号，各单位在做好政务公开的同时，主动与群众直接在线交流，积极回应群众关切内容，充分调动群众主动参与监督政务公开的积极性。实施政务舆情收集研判回应，建立月通报制度，督促各单位及时回应群众投诉咨询建议，赢得了广大网民的点赞回应。

（五）网络平台与标准规范融合，实现“数据共享”

把平台作为政务公开的关键。什邡市按照公开标准对政府网站进行改版，设置市、镇、村、学校公开板块，增加目录编辑器，将公开内容、公开依据等目录中的信息全部录入公开平台，确保公开信息时工作人员“对号入座”和信息公开后的群众监督。将“政务公开参考样板”植入相应的公开板块中，方便工作人员公开信息时直接填空完善，保证公开信息的标准规范。同时公开平台按照“共享为原则、不共享为例外”的要求，把群众领取政府资金等信息纳入公开平台大数据，增加群众查询功能，实现政务信息资源效益最大化。

（六）政务公开与监督检查融合，实现“公平廉洁”

把公平廉洁作为政务公开的落脚点。将目录中的公开内容、公开依据等信息展示在公开信息中，方便群众监督。通过公开选聘、考察等程序，聘任政务公开义务监督员。制定政务公开义务监督员管理办法，特别赋予列席市政府常务会、市政府全体会等有关会议的权利，全面提高监督员的积极性和责任感。平台功能将继续完善，并根据政务公开平台形成的民生资金大数据，为纪委监委专门配备监督模块，进行大数据对比，实现政务公开与纪检监督无缝对接。

五 着力增强获得感

试点工作紧紧围绕政务公开“服务经济、服务民生、服务群众”这一主题，为群众全面深入参与政务公开、享受优质高效政务服务提供便捷，不断提高群众的满意度和获得感。

（一）“阳光征收”保障征地拆迁进度加快

征收部门对每一户的房屋面积、评估金额、已签协议情况，采取网络、微信微博、公开栏、政策宣讲等方式进行公开，供群众查阅和监督。实施的征收项目，入户调查、预评估等前期工作，相比以前效率平均提高30%。国土部门严格按照法定程序公开一书四方案、征地批文、安置补偿方案等内容，新实施的征地项目进展顺利。

（二）“阳光分配”确保困难群众安居无忧

住建部门严把申请、审核、公示、轮候、复查、退出等各个环节，做好保障户口、房屋、收入、就业等信息对比工作，对申请保障性住房家庭通过公开栏、电视台、报刊、网站、新媒体等，把分配的每个环节向社会公开，保证了配租配售公平公正。什邡市即将正式运行保障性住房信息系统，通过网络向社会公开保障性住房房源、保障对象和保障过程，方便群众网上申报、审核、交租和监督。

（三）“阳光改造”让贫困农民住上安全房

住建部门严把政策宣传、对象确定、质量监管三个环节，将补助对象、申报程序、补助标准、完成时限等做成宣传单，让群众充分了解改造政策。严格执行“本人申请、村居评议、张榜公布、镇（街道）审核、房屋鉴定、领导小组审批”的程序确定改造对象，把知情权和决策权交给群众。

（四）“阳光救助”保障民生、提升幸福指数

民政、人社部门通过咨询一次讲清、表格一次发清、材料一次收清、内容一次审清、手续一次办清“五个一”流程，通过网站、新媒体、公开栏等进行公开，救灾救助中最大限度让群众少跑腿、少等待、少麻烦，实现群众“一看就懂”、申报审批“一次就好”。

（五）“阳光扶贫”政策到户助力奔小康

为让干部、群众系统掌握扶贫政策，扶贫部门以微信公众号为平台，创新设立脱贫攻坚政策指南“电子百宝箱”，将习近平总书记新时代扶贫思想，脱贫攻坚六大类 26 条政策、名词解释、收入计算方式等脱贫攻坚概念和标准涵盖其中，全方位、多角度进行推送宣传，提高政策知晓率，实现政策明白到户。

（六）“阳光市政”解决摆摊难题，提升城市文明

为解决小商贩占道经营问题，城管部门按照城市功能划分，在适当区域给小商贩划定集中摆放摊区，进行科学管理。试点中进一步梳理规范游商经营点，加大政策公开力度和不文明行为曝光力度，让群众监督，不断增强市民的满意度，文明德阳得到有效提升。

（七）“阳光交易”节约资金，提高采购效率

公共资源交易中心按照“应公开尽公开”和“场外无交易、网上全公开”原则，促使交易服务更加规范、采购效率明显提高。通过试点，交易公开信息数量明显增加，质疑投诉率大幅下降。什邡市通过网上竞价的全流

程电子化和网络平台申报采购项目，将采购时间由原来的 10 个工作日缩短到现在的 3 个工作日。

（八）“阳光入学”推进城乡教育均衡发展

为应对城镇化进程加快、“二孩政策”放开和城区入学难问题，教育部门制定城区义务教育阶段学校招生公告，明确招生对象、所需证件、登记办法等内容，并制定学区图，利用多种媒体广泛宣传，对招生方案、招生程序进行全过程公开，保证了小学、初中新生城区入学。为解决农村学生大规模进城入学的问题，教育部门变堵为疏，统筹推进城乡义务教育一体化改革，促进学校内涵优质发展，加快缩小县域内教育差距，让农村学生在家门口也能享受优质教育，推动义务教育优质均衡发展。

六　深化基层政务公开的几点思考

政务公开标准化规范化是理论创新、机制创新和实践创新，需要不断探索完善，永远在路上。通过试点发现，各地仍存在公开目录不够细化、公开流程不够健全、公开方式不够丰富、公开内容不够完整、公开人员落实力度不够、不能妥善处理信息公开与保守秘密的关系、政府信息共享机制不够健全等问题，应充分发挥标准在政务公开工作推进中的主导、调节、约束和控制作用，不断推进治理能力现代化。

（一）加强人员培训，提高公开能力

切实提高广大干部对标准化的认识，通过主动推进工作标准化、积极对接管理信息化，推动所有政务公开工作人员运用新技术、新理念积极推进公开工作的能力，主动把公开工作做到“细致、精致、极致”，为加快全面推进政务公开标准化规范化建设打下坚实基础，打造共建共治共享的社会治理格局。

（二）优化目录流程，提高公开水平

公开目录作为整个基层政务公开标准化规范化的核心，政府机关应当在梳理自身工作职责、权责清单等基础上，明确自身在各个业务工作流程环节中的公开职责，促进公开目录流程的相互对应、相互结合。从公开目录的内容要素来说，主动公开目录的内容不局限于现有的公开事项、公开内容、公开主体、公开时间、公开方式等，各个地方可以根据当地实际，进一步细化探索新的公开要素，如保密审查、标准分类等。同时，应加强政府网站后台管理系统和目录流程的结合对应，依据公开目录流程设定板块要素，使行政机关履职过程中的每个环节都可以在后台管理系统中留痕。

（三）丰富平台载体，提高公开知晓度

实现政务公开方式多样化、规范化，需要积极探索群众参与政务公开新模式，综合利用政务微博、政务微信、广播、电视、手机短信、公示栏、户外电子屏等平台和办事大厅、便民服务窗口、档案馆、图书馆等场所，实现线上线下相结合、传统媒体与新媒体相结合，多渠道发布政务信息。同时加强政府网站建设管理，探索通过多种方式实现各个公开平台互联互通，实现“政府部门之间数据共享”，变群众跑腿为信息跑路，以智能化促进政务公开标准化再上新台阶，加强公众对政府工作的认同感和信任感，增强满意度和获得感。

（四）强化标准应用，提高公开质量

坚持问题导向，分析制约创新发展的瓶颈问题和突出矛盾，总结实践经验，用综合标准化思想将政务公开的重点工作支撑好、服务好，树立标准应用实施的标杆和典型，提高地方、部门对政务公开标准化规范化工作实践的积极性；对试点成熟单位可以树立为政务公开标准化规范化示范单位，研究建立并推广实行“政务公开标准化规范化领跑者”制度，让更多的相关单

位追求更高标准、争做“风向标”，以先进适用的标准引领政务公开工作、服务质量升级。

（五）改进监督方式，提高公开实效

坚持“问计于民”，让群众更大程度参与政策制定、执行和监督，消除信息堵塞，促进惠民政策公开公平公正。建立起覆盖群众意见收集、会商、评估、反馈等全过程的工作流程，并根据评估结果，进行分类处置，重点公开群众反映的重大问题、认识模糊的问题、虚假和不实信息的处理结果，增强政务公开的权威性。完善群众意见反馈监督与评议机制，建立事中监督和事后评议相结合的群众意见反馈机制，探索引入第三方机构对意见反馈的质量和效果进行独立公正评估，主动接受群众监督，回应社会关切，保证公开的彻底性。将政务公开标准化规范化建设纳入目标绩效考核，细化考核评估的标准，充分运用评估结果，树立正确的导向，使广大政务公开工作人员更加自觉地履行工作职责，更加主动地落实日常工作。

B.8

乐山市政务服务标准化建设的探索

乐山市依法治市领导小组办公室课题组*

摘　要： 近年来，四川省乐山市聚焦服务群众的难点，瞄准“放管服”改革的顽症，畅通政务服务的“中梗阻”，将标准化工作作为加强和创新社会管理，进一步提升公共服务水平的重要技术支撑，着力打造深化改革新形势下具有乐山独特竞争力的科学政务服务体系。通过政务服务标准化建设，提高了政府服务水平，提升了群众满意度。未来应当在检查监督、“互联网+”、顶层设计等方面持续发力，推动法治政府建设更上一层楼。

关键词： 政务服务　标准化　法治政府

近年来，四川省乐山市深入推进依法治市，围绕构建服务型政府、提高行政效能、创新管理方式的总目标，持续深化“放管服”改革，取得了明显成效。但是，在政务服务领域，政务服务体系不完善、行政许可服务协调性不足、政务服务社会化程度不够等诸多问题依然存在。为进一步打造创业创新的便利环境，引导经济转型升级，满足人民群众日益增长的公共服务需求，必须进一步深化行政审批制度改革，把推进政务服务标准化建设作为破难题、攻难关的重要举措。乐山市通过政务服务标准化的刚性效应，对政务

---

* 课题组负责人：田文，中共乐山市委副书记、市依法治市领导小组副组长。课题组成员：刘才能、黎明、郭利华、彭竞秒、杨一舟。执笔人：仇玮玮，乐山市人民政府政务服务中心工作人员。

服务过程进行科学分解和合理配置，以实现政务服务标准一体化、环节整体化、进度同步化、过程透明化。

一　政务服务中心开展标准化建设的必要性

政务服务中心作为连接企业和百姓的政府服务型窗口，取得的成效已引起社会各界的广泛关注。当前推行政务服务标准化是建设服务型政府的创新之举，是提高政府的执行力和公信力，满足人民群众日益增长的多层次、多样化服务需求的必由之路，是提高城市居民生活质量，确保城市长治久安，促进城市经济和社会事业协调发展的重要途径。因此，开展政务服务标准化建设是我国政务服务发展的必由之路。

1. 推进政务服务标准化是满足国内政务发展大环境的必然需求

现代社会的高速发展，加剧了各地之间的激烈竞争，如何合理优化当地的发展环境成为政府首要面对的重大课题。通过开展政务服务标准化建设，最大限度地发挥政府为民服务功能，能有效提升国家政府服务标准化水平，不断满足人民群众日益增长的多元化政务服务需求，是优化国内政务服务发展大环境的强力举措。

2. 推进政务服务标准化是提高群众满意度的有效途径

目前各地政务中心的审批服务事项，主要问题体现在业务流程简单复杂不一，上级政府和下级政府的工作效率、服务质量要求不一；工作人员在服务过程中个人主观性、随意性较强，审批差别化、裁量权滥用等行为常发。因此，整个政务服务效率、服务质量水平偏低，审批过程中权力滥用、灰色空间难以避免。这些都极大影响了政府为人民服务的效率、质量水平以及社会公平公正性，极大降低了人民群众对政府服务的整体满意度。推行政务服务标准化，通过标准化“统一、协调、简化、优化”原理，则可以有效避免服务中的无效劳动，厘清政务中心运行机制，优化政务服务流程，规范工作人员行为，全面提升地区政务服务质量水平和工作效率，为人民群众提供一致的政务服务，可以大幅度提高公众满意度。

3. 推进政务服务标准化是促进部门协同工作运行的有力保障

高效无差别的政务服务需要各相关职能部门的协同配合，顺畅的政务服务协同机制需要跨部门的大数据共享。但政务数据共享由于工作管理、技术能力或政治经济困难而难以有效实现，政务服务标准化就是解决管理和技术障碍的有效途径。使用标准化可制定出科学的、协同的业务操作流程，实现各单位数据的有效协同，构建起跨部门数据资源共享管理体系，建设统一的大数据库和政务服务网络平台，从而跨越技术能力和工作管理上的层层障碍，促进政务服务在本地区各单位的有效协同。

4. 推进政务服务标准化是监督保障政务服务的有力措施

政府管理的绩效考核、监督保障都需要制定科学标准。目前来看，各政务服务中心的监督保障机制各有特点、自成一体，缺乏科学统一的标准要求，出现了社会监督、内部监督难以真正达到目的，绩效考核可操作性较差、作用不明显等问题。推行政务服务标准化则可以使地区政务工作中的所有流程、岗位、环节都具备可操作、可量化的明确标准，可以让政务服务中心的监督保障机制实现真正的标准可依、有标可考。

二 乐山市政务服务标准化的实践特征

乐山市政务服务中心成立于2001年11月，为市政府正县级行政单位。目前，中心服务大厅面积15000平方米，由行政审批区、公共服务区和便民服务区组成，进驻54个市级单位（其中行政审批部门31个），工作人员230余人，集中办理行政审批事项191项、公共服务事项164项、便民服务事项20项，竭诚为公民和法人及其他组织提供优质、高效、便民的政务服务。

2015年5月，由乐山市人民政府政务服务中心、乐山市质量技术监督局共同承接的第二批国家级社会管理和公共服务综合标准化试点项目——“乐山市政务服务标准化试点”正式获批。在试点建设过程中，乐山市紧紧围绕服务职责核定、服务事项清理、服务流程再造等方面，初步建立了政务服务标准化体系，基本形成了科学合理的政务服务管理机制、规范有效的政务服务运行机制和周密翔实的政务服务监督改进机制。

1. 强化标准化思维意识，营造标准化良好氛围

（1）加强组织领导。市委、市政府主要领导高度重视政务服务工作，多次调研、批示，提出“全市政务服务工作要有突破性进展，走在四川省前列”的工作目标，要求努力将政务服务标准化与争创全国一流政务服务工作结合起来，精准发力、务求实效、如期完成。同时，市政府成立了由市委常委、常务副市长担任组长、各相关职能部门为成员的政务服务标准化试点项目工作领导小组，统筹政务服务标准化建设全过程。2016～2018 年分别将全市创建政务服务国家级标准化建设工作列入了市政府工作报告。制定并印发了《乐山市政务服务标准化建设实施方案》等文件，做到以目标倒逼任务、以时间倒逼进度、以督查倒逼落实，千方百计确保标准化建设各项任务按计划开展、按要求完成。

（2）强化理念支撑。乐山市以政务服务标准化为核心，确定了以“成本最低、效率最高、信誉最好、服务最优”为建设方针，明确了“制定标准、实施验证、及时修订、不断完善”的循环工作理念，在政务服务工作中自觉树立“讲标准”意识、形成“重标准”思维、养成“用标准”习惯，真正让标准成为习惯，让习惯符合标准。乐山市始终坚持以标准化的眼光来认识和推进政务服务工作，将政务服务工作与标准化有机结合，规范政务服务行为，提高政务服务质量，实现政务服务制度化、常态化和长效化。

2. 突出政务服务特色亮点，建立完整标准化体系

（1）合理运用标准化原理。按照 GB/T 32170《政务服务中心标准化工作指南》系列标准的要求，将标准化“统一、简化、协调、优化”4 项基本原理引入政务服务领域，严格遵循“实用、易用、有用”的标准化基本方针，结合乐山市政务中心自身特色，坚持行政许可、公共便民服务标准化建设主线，以为企业群众提供高效优质服务为根本目的，努力在当前条件和环境下，把最简化、最优化的规则固化下来，找到最佳路径，获得最佳秩序，实现最佳效益，建立一整套覆盖服务全过程的政务服务标准化体系。

（2）彰显政务标准化特色。为保障标准与自身特点相结合，与发展需

求相适应，中心在建立标准体系和确定标准对象之初就全面深入展开调研，并在进度和质量上实时把控。进度上，制定详细的实施计划，明确任务分工和时间节点，并将实施情况纳入日常绩效考核范畴；质量上，标准文本由一线工作人员提供，先后经历中心初审、专家复审等环节，通过反复推敲论证，确保每项标准的科学性、规范性和适用性。在服务机构建设、“一窗受理”改革创新、服务大厅管理、服务监督考核等方面进行积极尝试，探索可复制、可推广的“乐山模式”。

（3）科学搭建标准化体系。中心坚持按照“实用、易用、有用”原则，制定了涵盖通用基础、服务提供、管理标准和岗位工作的四大支柱体系、17个子体系（见图1）。

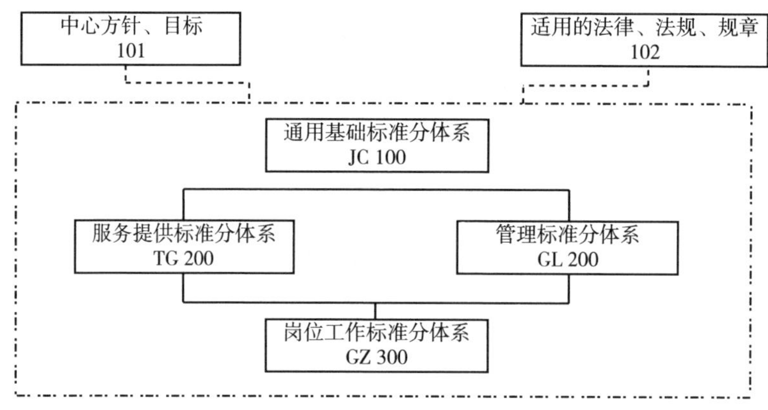

图1　乐山市政务服务标准体系总体框架示意

其中通用基础标准分体系主要是指政务服务标准化工作和标准体系建设以及政务服务中心共同遵守的依据和规范，包括指导政务服务中心标准化建设工作的乐山市政务服务标准化管理办法等基础标准（见图2）。服务提供标准分体系主要是针对提供服务的范围和内容、服务提供过程所用方法和程序以及服务运行应满足的要求程度等方面来进行规范，为窗口实施的服务行为提供技术上的依据和规范（见图3）。管理标准分体系主要是为保证服务提供标准分体系的顺利运行而设立的，涵盖了政务中心的管理机构和窗口所有服务保障措施，包括人力资源管理、财务管理、监督与考核以及评价与改进等标准等（见图4）。岗位工作标准分体系主要是明确政务服务工作人员职责和权限、工作内容及质量检查、考核的依据和规范，包括管理机构岗位工作标准和窗口岗位工作标准等（见图5）。

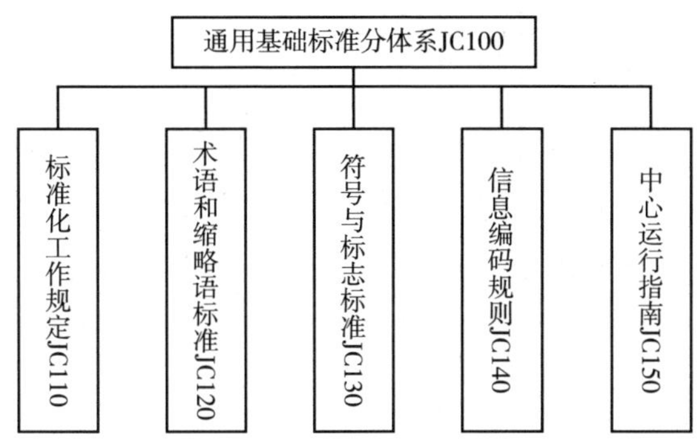

图2　乐山市政务服务通用基础标准分体系结构

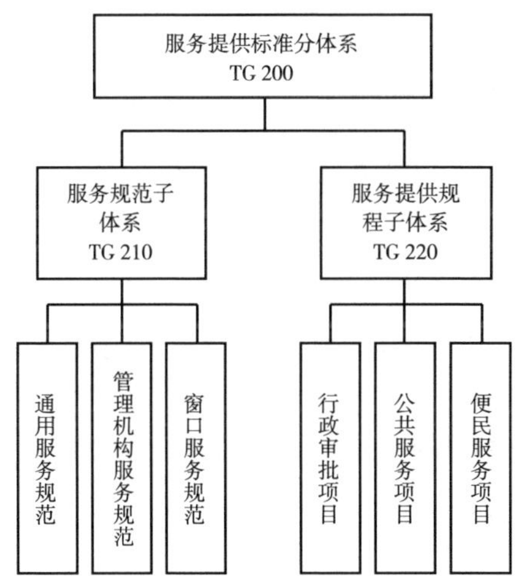

图3　乐山市政务服务提供标准分体系结构

乐山市政务服务标准化体系借鉴引用国标、地标25项，新制定区域性地方标准7项、通用基础标准28项、服务提供标准576项、管理标准34项、岗

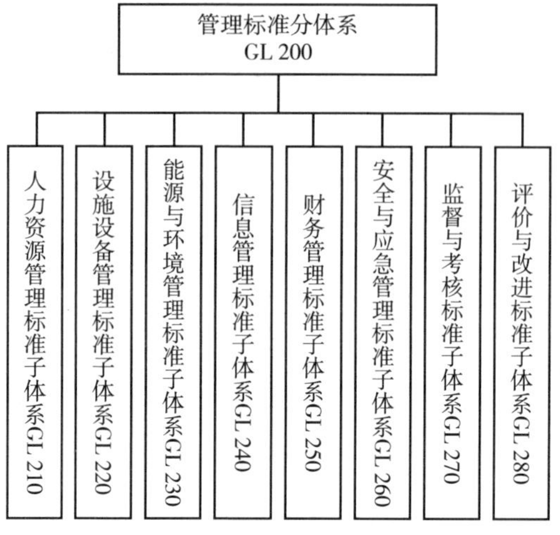

图 4　乐山市政务服务管理标准分体系结构

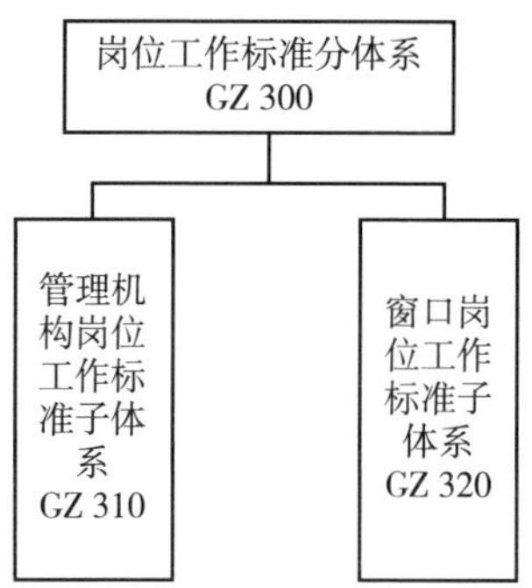

图 5　乐山市政务服务岗位工作标准分体系结构

位工作标准 21 项。在标准制（修）订过程中，中心注重重点突破，坚持问题导向，有计划有步骤地推进标准的制（修）订工作，突出标准体系的实用、实效，加强标准之间的协调配套和有机衔接，提升标准的整体效能。

3. 狠抓标准化落实改进，提高政务服务质量水平

（1）在标准宣贯上，不搞“一刀切”，让活动的载体“多”起来。为切实把各项标准内化于心、外化于行，中心采取多种方式宣传贯彻标准。一是编印了标准化系类工作手册，将涉及窗口管理、事项管理、人员管理等各

项标准进一步梳理简化，编制成册，发放到各个窗口，做到人手一册，让标准更加简洁易记，进而约束行为。二是精心设计培训课程和制作培训教学课本，使工作人员特别是新进人员更便于接受培训，尽快熟悉业务要求，及时适应岗位工作。三是召开政务服务标准化工作宣讲动员会，中心工作人员全部参加，特别邀请标准化专家围绕如何开展政务服务标准化工作进行专题培训。四是营造工作氛围，积极制作标准化宣传展板，在中心网站建立“政务服务标准化”宣传专栏，在服务大厅屏幕播放标准化宣传标语。五是开展政务服务礼仪培训，从乐山市职业学院邀请政务礼仪培训专家对中心窗口工作人员、接待人员、后勤人员进行礼仪培训，全员参与，提升政务服务质量水平。

（2）在标准实施上，杜绝“两张皮”，让静态的标准“化”起来。乐山市坚持狠抓执行，持续用劲，不断增强标准的约束力、执行力。从具体制度规定和细节抓起，以滴水穿石的功夫和韧性把标准化优质服务真正落到实处。一是完善硬件配置，展示标准化窗口形象。中心统一工作服装、规范标识标牌、增设服务设施，优化服务“硬”环境。二是强化监督检查，确保标准化正确运行。每天检查窗口接待、服务规范等是否按标准执行，定期开展专项督查，确保标准落实到位，提升服务“软”实力。三是以点带面统筹推进政务服务体系建设，通过典型引路，坚持分类指导，制定规范化建设标准和参考模板，把标准化延伸到县（市区）政务服务中心，拓展到乡（镇、街道）便民服务中心和村（社区）便民服务代办点。目前，乐山市组建了 3 个督导小组，对 19 个乡（镇）便民服务中心和 195 个村便民服务代办点进行定期督查，点对点指导，现场解决问题，落实相关工作，全市政务服务整体水平有了较大提升。

4. 提升服务标准绩效，实力铸就政务服务口碑品牌

（1）审批流程科学化，进一步提高了办事效率。通过行政审批标准化建设，实现减少审批事项，优化审批流程。2017 年 6 月 1 日乐山市全面开展了行政审批“一窗受理”实践。将原来分散在各个部门的服务窗口集中到一个综合服务窗口，按照“前台综合受理、后台分类审批、综合窗口出

件”的全新工作模式，变“群众跑腿”为“数据跑路”、变部门各自为政为部门协同办理。“一窗受理”运行3周，共接受群众、企业咨询1000余人次，受理群众办件630件，日均105件，按时办结率达100%。实现“受办分离、改善服务、提升效能”的良好预期。审批事项再次精简，33个市级部门原有的230项行政许可事项调整精简到191项，办事指南中要求群众、企业提供的总申请材料从1999个精简为1551个，精简率为22.4%。受理窗口由22个减到7个，原来群众办事要在各个窗口来回跑，现在群众办事只找政务服务中心综合窗口即可办成事。由政务服务中心管住“两头”，负责接件、出件，精减市级部门要求群众办理行政审批业务原来提供的各类“奇葩”证明、申请材料448个，将申请人与部门窗口物理隔离，有效避免了群众办理审批业务的“肠梗阻”，减少了权力寻租空间。升级改造了“四川省行政审批通用软件”系统，研发了乐山市行政审批“一窗受理”网上业务系统，实现两套系统无缝对接，不仅便于“一窗受理”窗口工作人员接件，又方便了资料内部快速流转，还实现了网上审批、全程监控、跟踪问效，大大提升了审批效率。

（2）服务方法规范化，进一步优化了服务行为。审批事项依标准全面公开，审批流程按标准统一管理，每一件行政审批的受理、承办、审核、批准、办结等环节都有标准支撑，并利用现代电子信息技术全程监控，实现审批全过程公开透明、可追溯，确保审批服务的准确性、审批行为的规范性，把审批权力关进“标准化”制度的笼子。同时，窗口工作人员认真落实以人为本的标准化服务理念，不断改进服务手段，充实服务内容，创新服务方法，满足细致周到舒适便利的服务需求，形成了具有特色的政务服务文化。

（3）运行机制程序化，进一步改进服务方式。标准化就是通过建立和完善运行机制，在一定范围内获得最佳秩序。中心通过标准化建设，优化、固化了实践中形成的经验做法和有效的工作机制，实现一切工作有程序，一切程序有控制，一切控制有标准。围绕深入推进“简政放权、放管结合、优化服务”改革，开展了行政审批“一窗受理”实践，建立和固化以“一窗受理”为主导的审批运行标准，对没有法律依据、能够通过征求相关部门意见或者能够通过后续监管解决的事项一律取消审批；对行政审批办事指南清单中的每一项应交材料明确依据，无法律法规和政府规章的一律取消；对申请材料化繁为简，让办事群众一目了然。出台行政审批“标准化+一窗受理”实施方案，共设置投资建设、工商注册、生产经营、公民个人、即办等5类窗口。进一步落实重大项目“联审代办”，组建230人的市级重大项目行政审批代办队伍，畅通“绿色通道”，推进“横向并联”和“纵向联动”审批。采取“一门对外、全程协助、协调督促、限时办结、无偿服务”方式，协助办理企业注册、投资立项、规划建设、投产运营等所需的行政审批手续，全部实现联合审批，实现跨部门审批联动和无缝对接。

（4）服务质量目标化，进一步提升了满意度。群众满意是衡量服务标准化成效最重要的指标。为实现标准实施全过程的精准控制及持续改进，中心通过5种途径，切实做好群众满意度调查工作。一是服务窗口设置评价设备，由办事群众现场对窗口工作人员的服务态度、业务水平、工作效率进行评价。二是组建政务服务民情监督队伍，通过聘请社会群众，收集社情民意，监督事项办理全过程，对每个窗口的每一名工作人员的服务质量、服务态度等进行评议，定期会同中心对评议情况进行统计、通报。三是中心门户网站开通网上评议渠道，方便办事群众进行事后评议。四是通过组织机关和各窗口工作人员成立访调小组，对到中心办理过业务的办事群众或企业进行访问和调查，收集社情民意，征求意见建议，助推中心政务服务发展、服务效能提升。

（5）政务服务系统化，进一步铸就了服务品牌。中心在推行标准化建设中，先后获得多项省级荣誉称号，《中国质量报》等主流媒体对乐山的主要做法和成效开展全方位宣传报道，乐山的改革创新举措已在四川省领先，吸引了省内外多批次的参观学习、观摩交流。乐山市县（市、区）均建立了政务服务中心，乡镇（街道）全部建成便民服务中心，村（社区）已建成便民服务代理点，形成以市中心为龙头、县（市、区）中心为纽带、乡镇服务中心及村代理点为支撑的“四级”综合政务服务体系；“乐山市电子政务大厅（网上办事）”网络平台不断完善，逐步增加网上办理事项，让群众少上门、“零上门”，把“网上办事大厅”做成群众真正能办成事的线上服务窗口，极大地方便了群众，提高了办事效率；针对群众关心的热点难点问题，创办“市民办事讲堂”，为群众提供面对面线下服务等。通过多渠道咨询服务，千方百计“教会群众办事”，不断提升群众办事申请材料“一次性合格率”，真正实现群众少跑路，一定程度上改变了政府机关“门难进、脸难看、事难办”的现象。实施政务服务标准化，做到同一事项同一标准，让办事群众和市场主体享受无差别化服务，促进政务服务均等化、规范化、高效化。

三　乐山市政务服务标准化的实践成效

1. 规范政府服务行为，提升政务服务水平

乐山市通过政务服务标准化建设，在政务服务的内容、流程、评价、监督、质量等方面制定了切实可行的标准，将政务服务工作整体纳入标准化管理，做到人人懂标准、事事有标准，进一步规范了政务服务行为，有效提升了政务服务的严谨性，政务服务人员的素质和服务水平得到了提升，政府服务行为和公众期望的相符度得到了显著提高，政府服务质量和管理水平上了一个新台阶，为法治型政府、服务型政府建设开拓了新的管理模式。

2. 完善政务服务程序，提高政府绩效质量

以往的政务服务存在程序繁杂、分工和责任主体不明确的问题，一旦问题发生，难追其责，最终导致行政效率不高。乐山市通过实行政务服务标准化，运用标准化的简化、协调、统一和最优化原理，确保权责清晰，从而避免责任推卸、工作脱节、缺位错位现象，避免服务工作中不必要的重复，精简服务环节，完善服务程序，减少公众的办事时间，进而提升政务服务效率。

3. 改善政府服务形象，提升公众满意度

服务标准化有利于规范政务服务硬环境，优化政务服务软环境。乐山市通过实行政务服务标准化，秉着透明、公平、公正、规范的政务服务理念，

进一步转变政府工作职能、改善工作作风，有效扼制腐败行为，明显提升了政府服务的社会形象。同时，作为优化政务服务质量的有效途径，标准化是政府满足公众需求的核心保障。各部门、各服务窗口按照政务服务标准严格执行，从而使公众的服务体验更全面、更优质，公众满意度更高，投诉率更低。

四　政务服务标准化建设的思考与建议

1. 加强政策扶持，构建政务服务标准化“好环境”

当前，政务服务正处于深化变革的关键时期，为进一步提高政务服务标准化建设水平，加快建设人民满意的服务型政府，就必须加强政策支持力度。坚持把政务服务标准化建设作为地方推进标准化工作的重要内容，纳入全局工作通盘考虑，统筹推进，进一步完善扶持政策、加大资金投入，加强基础设施建设和技术装备配置，推动政务服务标准化建设工作不断迈上新台阶。

2. 搞好顶层设计，打造政务服务标准化“新品牌”

目前，由于四川省政务服务标准化建设缺少统一的体系框架和共性标准，各地各级政务服务中心开展标准化建设过程中存在较强的自发性和盲目性，一定程度上制约了四川省政务服务标准化建设的发展。为切实扭转这一局面，必须完善政务服务标准化建设顶层设计，按照“以相关国家、行业标准为基础，以政务服务共行标准为核心，以各地各级政务服务个性标准为补充”的构建思路，搭建全省统一的政务服务标准化体系框架，组织研究提炼一批政务服务地方标准，抓紧对共同服务项目、服务流程、服务规范和服务时限在全省范围进行统一，努力打造“规范统一、依法行政、便捷为民、科学高效”的四川政务服务标准化品牌形象。

3. 结合工作实际，定制政务服务标准化“全体系”

推进政务服务标准化建设，有机融合标准化、个性化两大特征，按照“统一、简化、协调、优化”的原则，构建“以服务通用基础为支撑、以服务提供和服务保障为核心”的政务服务标准化体系。充分结合各地各级政务服务中心的工作实际，紧紧抓住行政审批和政务服务办理这一核心业务，明确工作目标、岗位职责、管理流程和评价标准；紧紧抓住影响和制约政务服务中心发展的突出问题，建立健全覆盖各项工作、各个环节的制度体系，不断提高政务工作的科学化、规范化水平。及时开展自我评价，持续改进工作，保持标准的先进性、有效性和适用性，不断提升政务服务标准化建设水平。

4. 深化“互联网 +”，推进政务服务标准化“更智慧”

进一步深化“互联网＋政务服务”，充分运用信息化手段解决企业和群众反映强烈的办事难、办事慢、办事繁的问题，这是政务服务工作的趋势和未来。推进政务服务标准化建设，标准化是基础，信息化是手段，两者互为促进、相得益彰。加强“互联网＋政务服务”规划设计，制订全省统一的政务服务中心信息化建设方案，加快构建全省一体化网上政务服务体系，推进跨层级、跨地域、跨系统、跨部门、跨业务的协同管理和服务。加强技术标准的规范性，推动各地区各部门网上政务服务平台标准化建设和互联互通，实现政务服务同一事项、同一标准、同一编码。

5. 狠抓监督检查，落实政务服务标准化“强考核”

标准的生命力在于执行。政务服务标准化建设能否取得实效，监督检查是重要的推动措施。各地各级政务服务中心管理机构要在制定标准、构建体系的基础上，把标准实施、监督检查、持续改进等后续管理作为一个完整体系，从而形成一个闭环管理的链条。积极探索以人为本的标准管理新方法，进一步增强各级各部门的积极性、主动性和创造性，确保政务服务标准化建设取得实实在在的成效。

总而言之，中国政务服务标准化工作尚处于探索阶段。乐山市政务服务标准化建设的实践表明，以定性、定量、定向为依据，实行政务服务标准化，从而提高政府行政服务效率，加强政府行政服务的公平性与透明性，进一步转变政府职能，优化整个行政服务流程。此外，强有力的标准化服务监督体系能加强政府行政服务执行力，进而确保中国政务服务质量的整体提升。实践证明，政务服务标准化是改进政府服务质量的核心保障，对于在新的发展平台上打造政务服务升级版，建设服务政府、责任政府、法治政府、效能政府、廉洁政府等“五型政府”，具有重要而深远的意义。

B.9
少数民族地区重点领域行政执法工作的探索

阿坝州人民政府法制办公室课题组*

摘　要： 阿坝州作为少数民族地区，高度重视法治政府建设，把行政执法作为法治政府建设的关键环节、重要内容，把严格规范公正文明执法作为建设法治政府的重要途径。阿坝州高度重视法治政府建设工作，将州政府法制办作为政府组成部门，解决了“统筹执法”的问题；提高执法队伍素质和能力，解决“不愿执法”的问题；突出关键环节，解决“不会执法”的问题；突出重点领域执法，解决“为谁执法”的问题；坚持创新执法，解决“如何执法”的问题，强化普法宣传，解决“支持执法”的问题，为严格规范公正文明执法奠定坚实基础，得到了执法对象和广大农牧民的好评。本文总结出了坚持党的领导、坚持执法为民、坚持法定职责必须为、坚持提升执法队伍软实力四条经验。

关键词： 少数民族地区　行政执法　法治政府

阿坝州位于四川省西北部，青藏高原东南缘，地域面积 8.42 万平方千米，辖 12 个县、1 个县级市和卧龙特别行政区，219 个乡（镇），1354 个村

* 课题组负责人：邱宁，中共阿坝州委副秘书长。课题组成员：李元平、周建波、余和伟。执笔人：周建波，阿坝州政府法制办综合科副科长。

和58个社区，共有3932个基层党组织，总人口91.95余万人，其中藏族53.66余万人，羌族17.05余万人，回族2.94余万人，汉族18.11余万人，其他民族0.19余万人，是四川省第二大藏区和我国羌族的主要聚居区。

近年来，阿坝州坚持以习近平新时代中国特色社会主义思想为指引，认真贯彻落实《中共中央　国务院关于法治政府建设实施纲要（2015～2020年）》和省政府实施方案，按照全州法治政府建设的工作要求，切实抓好行政执法工作，以规范执法、示范引领、法治文化、能力提升等为抓手，牢牢抓住重点领域、关键环节和“关键少数”，深入推进全州的法治政府建设，坚持依法行政。

一　阿坝州行政执法工作基本情况

（一）开展执法调研活动

阿坝州坚持“一线工作法”，高度重视调查研究。每年深入州、县（市）及各行政执法部门开展大调研活动，摸清全州行政执法工作开展的基本情况和存在问题，根据实际情况提出建议意见，并把调研中各地好的经验做法梳理总结后在全州推广，对存在的主要问题进行分析研判后，作为每年行政执法的重点整改内容。重点加强对阿坝州八大行政执法领域（市场监管、环境保护、安全生产、道路交通、公共卫生、民族宗教、旅游领域、社会治安）开展行政执法调研。近年来，阿坝州政府法制办撰写了《全州法治政府建设情况的调研报告》《阿坝州牧区四县单亲妇女家庭的调研报告》和《关于在金川等五县开展行政执法调研工作的报告》等文章，为阿坝州在行政执法重点领域开展执法工作提供了参考和借鉴。

（二）摸清基本情况

截至2018年9月，阿坝州共有537个行政执法主体：州级行政执法主体37个，县级行政执法主体401个，乡（镇）行政执法主体99个；行政执法人员总数8000余人：持省政府式样的执法证5326个，持其他部委的执法证2500余个。其中市场监管、环境保护、安全生产、卫生计生、道路交通、公共卫生、民族宗教、旅游执法、扶贫移民等重点领域行政执法人员2400余人，占执法人员总数的30%左右，持证2360余人，占持证总数的30%左右。

（三）行政执法成绩

在中共阿坝州委的领导下，在州、县（市）人民政府及其各部门的共同努力下，以规范执法、示范引领、法治文化、能力提升等为抓手，紧紧抓住行政执法这一关键环节来推进全州法治政府建设，以筑牢基础，抓住关键，突出重点，创新思维，有序推进法治政府建设各项工作，阿坝州法治政府建设工作取得了显著成效。阿坝州依法治州工作、法治政府建设工作多次得到省委、州委、州政府和省政府法制办主要领导表扬。依法治州工作2017年全省排名第六。阿坝州政府法制办在2017年度被评为四川省法制办系统先进集体、全州法制宣传教育先进单位、州级行风测评第一名，被授予四川省法治政府建设创新合作基地等，取得了有史以来最好的成绩。

二　主要探索与实践

（一）组织机构健全，解决了“统筹执法”问题

1. 党委高度重视

一是党委重视依法治州工作提出依法治州战略目标，坚持用法治思维和法治方式谋划和加快全州经济、社会、文化发展，服务“改革、稳定、民生”三件大事。二是成立了依法治州领导小组，研究解决依法治州中的重大问题。设立了依法治州办公室，统筹全州依法执政、科学立法、依法行政、倡导全民守法等工作。坚持安排部署各项工作任务，定期听取工作汇报，着力解决突出问题等。三是把阿坝州政府法制办作为政府组成部门，从

组织机构、人员配备上给予了前所未有的重视，调整了工作职责，设立了5个办事科室，明确了统筹、协调、指导全州法治政府建设工作职能职责。

2. 政府强力推进

一是阿坝州政府成立了以州长为组长的法治政府建设领导小组和以常务副州长为主任委员的行政复议委员会。阿坝州每年度坚持组织召开法治政府建设领导小组专题会议，听取工作汇报，确定全年法治政府建设重点工作。二是每年年初召开全州法治政府建设电视电话会议，通报全州工作开展情况，交流总结工作经验，安排部署每年重点工作任务。近年来，阿坝州政府常务会议每年不低于3次专题研究部署全州法治政府建设工作和听取各成员单位法治政府建设工作推进情况。三是制定州、县（市）、各行政执法部门法治政府建设第一责任人职责清单。每年层层签订法治政府建设责任书，明确工作职责，落实任务，严格考核机制，形成了州政府抓全面安排部署，各县（市）抓责任落实，州政府法制办抓督促、指导，州级部门分类指导，各县（市）部门、各组乡（镇）抓工作推进的工作格局。

3. 坚持顶层谋划

2017年度制定并印发了《阿坝州法治政府建设工作方案（2017～2020年）》（〔2017〕阿委发1号），该方案立足阿坝州法治政府基础薄弱、行政执法工作开展不力、各县（市）各系统开展法治政府建设工作不平衡等实际，围绕到2020年阿坝州基本建成法治政府的目标，对法治政府建设工作进行了安排部署，制订了时间表和任务书。其中在行政执法方面，坚持严格规范公正文明执法的目标，积极推进行政执法“三项制度”（行政执法公示制度、行政执法全过程记录制度、重大行政执法决定法制审核制度）的全面实施，让行政执法在阳光下运行，强化执法活动的透明度，加强对重大行政执法决定的法制审核监督和纠错，保障执法对象和农牧民群众的知情权、监督权，确保行政执法对象和农牧民群众的合法权益不受侵犯。

（二）抓好队伍建设，解决“不愿执法”问题

1. 发挥“关键少数”带头作用

一是制定印发了《阿坝州政府常务会议会前学法制度》，严格遵守政府常务会议会前学法制度，每年根据工作开展需要，制定《阿坝州政府会前学法计划》，并严格审定会前学法讲稿。近年来，阿坝州政府常务会会前学习了国家根本大法《宪法》，学习了《行政诉讼法》《环境保护法》《民族区域自治法》等30余部法律法规及规章。二是为提高领导干部的法治思维和法律意识，州委政法委、州委组织部、州依法治州办、州司法局、州政府法制办、各县（市）人民政府及相关行政执法部门通过与中国政法大学、中国法学会、四川省委党校以及各高等院校合作积极开展好领导干部法律法规知识专题培训。三是举办法治讲堂。州政府设主会场，各县（市）设分会场，以电视电话会议的形式，邀请省法制办领导、省社科院领导、法学教授等就法治政府建设、提高领导干部法治思维、提高治理能力和治理体系现代化水平、严格规范公正文明执法等进行专题讲座。四是加大检查考核力度。提高法治政府建设的年度考核权重分值，将原来的考核分值3分提高至5分。分别对各县（市）政府、州政府部门主要负责人第一责任人职责落实情况、行政执法工作等开展定期检查和专项督查。对不认真履职、法治政府建设工作推进不力、安排部署不到位、年度内发生重大违法行政案件的第一责任人，依法追究责任。

2. 把好执法队伍“入口关”

一是为严格规范公正文明执法，加强行政执法人员资格和持证上岗管理，阿坝州制定并印发了《阿坝州行政执法人员管理办法》，把全州的行政执法进行了规范化管理。2016年，在行政执法证的年审工作中，共审验行政执法证件5146件，合格4661件，注销485件，全年共新办证件887件。2017年，在行政执法证的年审工作中，共审验行政执法证5007件，注销405件，全年共新办行政执法证件1144件。2018年，在行政执法证的年审工作中，共审验行政执法证件4290件，注销665件，全年共新办行政执

法证件817件。二是专项开展执法人员清理。为全面掌握全州执法人员开展行政执法的合法身份。2017年，州政府法制办在全州开展了行政执法人员专项清理工作。对工勤人员、辅助执法人员等不符合执法人员主体资格的人员坚决予以取缔，对存在问题的单位坚决整改，并严格整改时限。三是严格规范行政执法辅助人员管理。把公安、城市管理的行政执法辅助人员作为重点，全州凡是聘用行政执法辅助人员的单位均做到了管理健全、严格考核。

3. 提升执法队伍整体素质

一是创新行政执法培训方式。2017年，州政府法制办与中国法制教育网合作，积极推行行政执法人员“互联网+”通用法律知识培训和考试，全年全州共6933名执法人员参加网上学习，2859人通过了网络考试。2018年，在全州政府系统推行“网联网+”法制培训，广泛推行常态化培训模式。二是举办各类培训班。自2016年以来，州政府法制办先后举办“弘扬长征精神，走好新时代法治政府建设长征路”为主题的培训班11期。邀请专家教授，国务院法制办、省法制办的领导、律师、法律实务工作者对全州行政执法人员近4000余人次进行培训。三是创新工作方法，提高队伍素质。全州各行政执法部门苦练内功，在执法素质和执法能力上下真功夫，采取“比、学、赶、帮”模式，树立行政执法规范化先进典型，通过总结经验、现场观摩、模拟办案等形式，激励广大执法人员对照先进，努力提高执法能力和水平。四是在全州各县（市）及行政执法部门开展了以“树立法治信仰、建设法治阿坝”为主题的法治政府建设知识竞赛，通过知识竞赛，加强了对法治阿坝、法治政府的宣传，掀起了全州各界的学法热潮。

（三）突出关键环节，解决“不会执法”的问题

1. 全面清理行政审批事项

一是对全州行政执法部门的权力清单和责任清单进行了收集整理，并及时向全州公布，坚持“法定职责必须为”，解决“不作为”的问题。二是为切实推进阿坝州行政权力依法公开运行，阿坝州制定并印发《阿坝州行政

权力动态调整管理办法》《阿坝州行政权力依法规范、公开运行管理办法(试行)》。三是积极开展行政权力依法规范、公开运行的调研和督促检查活动，及时掌握全州行政许可事项和权责清单情况，及时动态调整了行政许可事项和权责清单。为强化全州政务服务一体化平台运行，制定了相关管理制度，建立问责机制。2017 年，政务服务一体化平台录入行政事项 171615 件，按规定和程序办结了 167329 件，按时办结率达 99.28%。四是坚持“公开为常态，不公开为例外”原则，通过报纸杂志、广播电视、网络等途径，运用文字数字、图表图解、视频音频等方式，采取法律法规解读、在线访谈、以案说法、征集意见等形式，加强重点领域行政执法信息公开。

2. 加快行政执法规范化进程

对行政执法对象和广大农牧民群众依法申请行政执法行为的行政许可、行政征收、行政确认、行政鉴定、行政给付等，各行政执法部门依据职能职责和管辖范围，进一步完善了行政执法的立案、受理、审查、决定、备案等工作机制，制定了办理流程，明确了办理时限，细化了岗位职责，找准了办理风险点等。创新办理工作机制，做到了依法合理、流程清晰、时限清楚、职责明确、科学规范等，强化了目标管理和责任考核，创新了管理模式和服务方式，减少了中间环节和办理时限，提高了管理效能和服务质量，避免了“乱执法”行为的发生。

3. 加快行政执法标准化步伐

全州各级行政执法部门在开展行政处罚、行政强制、行政监督检查等依职权行政执法行为的执法活动中，严格按照《行政处罚法》《行政强制法》等的规定，依法执法、规范执法、文明执法，遵守执法程序、规范执法手段、创新执法方式，依法作出行政执法决定。为认真贯彻执行、严格规范公正文明执法，建立了阿坝州执法全过程记录制度、阿坝州执法公示制度、阿坝州重大行政执法决定法制审核制度。为规范行政执法裁量权，完成了阿坝州制定的地方性法规的行政执法裁量权梳理工作，针对各景区管理局行政处罚无裁量权标准，州政府法制办会同各景区管理局，根据过罚相当原则，在法律规定的行政处罚幅度内，对《风景名胜区条例》逐条逐款进行了梳理，细化、量化了行政裁量权，制定了裁量权标准，对裁量的范围、种类、幅度进行了规范，为景区公正、公平执法提供了依据。为做到依法执法、规范执法、文明执法，阿坝州进一步健全完善了行政执法程序，严格规定在行政执法过程中表身份、说原因、讲理由和依法调查取证、认真听取陈述申辩、及时召开听证会（重大违法行为）、依法审查执法决定、送达等执法工作流程，分类分系统统一规范了执法文书等。为充分保障相对人的陈述权和申辩权，进一步规范了行政处罚中的现场处罚行为和行政强制中的即时性强制行为，杜绝任性执法、随意执法、人情执法的行为发生，规范了行政执法人员的行为，提高了行政执法质量，树立执法队伍的良好形象。

4. 完善行政执法监督监控机制

一是加强行政执法监督工作，常态化开展行政执法监督工作，加大对行政执法工作的指导力度。近年来，坚持每年度不少于 2 次的全州全覆盖行政执法监督检查工作。重点对环境保护、道路交通、旅游执法等行业进行了监督检查。进一步加强对受委托单位行政执法行为的监督检查工作，规范委托执法行为。严格贯彻执行《阿坝州重大行政执法决定法制审核办法》，加强对重大行政处罚行为、行政强制行为的监督管理。二是加大行政执法案卷评查工作。制定印发了《阿坝州行政执法案卷评查办法》和《阿坝州行政执法案卷评查标准》，并严格执行该办法和标准。2017 年，对全州行政执法案卷开展评查工作，共评查行政处罚 410 件（优秀案卷 207 件，良好案卷 127 件，合格案卷 47 件，不合格案卷 29 件），行政强制 22 件，全部为良好案卷，共计 432 件。三是进一步推进“两法衔接”工作。州政府法制办与州检察院共同协作，每年制定《阿坝州“两法衔接”工作计划》《阿坝州“两法衔接”工作要点》，切实履行职责，定期与不定期开展了“两法衔接”的监督检查工作，督促涉嫌犯罪案件的及时移送。

（四）突出重点领域执法，解决“为谁执法”的问题

1. 抓民生热点，加大农产品、食品、药品执法力度

一是强化抓好源头监管，确保农产品质量安全。围绕“农兽药残留、

非法添加、违禁使用、制假售假”等突出问题，针对重点产品、重点区域、重要节点和薄弱环节，组织开展农产品质量安全、农作物产地检疫、畜禽屠宰检疫及兽药饲料、农药抽检及动物疫病防控等专项整治行动。2018 年 1 ~ 5 月，全州共出动执法人员 2531 人次，严把动物进场关、宰前检疫关、同步检疫关、无害化处理关，共检疫牲畜 12.39 万头（只、羽）、检查农产品生产经营主体 1258 家次、100% 开展兽药经营专项监督检查及饲料质量安全监督管理，各县开展快速检测种植业产品共计 2397 个样品（合格率 100%）。二是采取日常巡查、飞行检查、跟踪检查等有效手段，2018 年上半年出动执法人员 1.5 万余人次，对检查主体次进行了 4.3 万次检查，抽检食品药品 686 批次，全面全覆盖检查受理群众投诉举报 65 件。围绕亚硝酸盐风险、食用植物油塑化剂、肉品质量安全、旅游景区餐饮食品安全、中药饮片等重点难点问题，开展专项整治 14 次，检查生产经营单位 1.3 万余户次，发现问题隐患 156 起，并及时进行了排查和限期整改。

2. 抓社会聚焦点，依法打击环境保护方面的违法行为

一是对全州道路交通、旅游基础设施建设、水电开发、涉重涉危金属、化工、矿产开采等建设项目开展环境安全大检查，切实排查环境隐患。二是针对环保督察反馈整改问题，检查项目是否执行建设项目环境保护“三同时”制度，从源头上控制生态破坏和环境污染事件的发生。三是严厉整治、打击破坏生态环境违法违规行为。2017 年，州环保局组织相关部门共开展环境专项执法行动 14 次，出动执法人员 3880 余人次，共查处 355 项违法行为，下发整改通知书 254 份，下达处罚决定书 101 份，罚款达 482.38 万元，有效整治了环保违法行为。

3. 抓执法难点，严厉打击违反社会治安的违法犯罪活动

一是始终突出平安建设，打击能力进一步增强。2017 年，全州公安机关抓获犯罪嫌疑人 733 人（其中抓获逃犯 130 人），查获犯罪集团 6 个，成员 23 人，涉案 7 起。挡获被盗抢汽车 486 辆、牲畜 127 头（匹），收缴各类枪支 411 支，为群众挽回经济损失达 5000 余万元。尤其是依法打击了农牧民最痛恨的盗抢牲畜集团，让广大农牧民拍手称赞。二是彰显公共安全管理

突出作用，治安防控水平进一步提高。加大对学校、医院、旅店、出租房、网吧、娱乐场所等重点单位、行业、场所的集中清理整顿；深入推进道路交通安全综合整治，预防交通事故的发生，继续开展“全州道路交通突出问题整治”“三个不发生创建活动”等专项行动，确保把交通事故遏制在萌芽状态，有效预防和减少了道路交通事故发生，保障了全州交通总体通畅。

（五）坚持创新执法，解决“如何执法”的问题

1. 创新旅游执法模式

在旅游行政执法领域推行“1＋3”执法模式，即旅游市场综合执法部门负责统筹协调，与旅游警察大队、旅游巡回法庭、工商质量食药监旅游执法共同监管旅游市场。在具体工作中，将旅游市场综合执法办公区设在游人中心，协调人员配备，强化重心下移，确保游客办事方便快捷，有效提高行政效能。加强旅游市场综合执法与物价、工商质量食药监、交通等部门联动执法，在遵循市场经济规律的前提下，强化对“黑社”“黑车”“黑导”的整治，促进旅游市场秩序规范化，为旅游市场开展行政执法探索了一条可复制的道路。

2. 建立依法治寺常态

立足阿坝州维稳实际，用法治思维加强和创新藏传佛教寺庙管理常态化机制，探索“依法治寺、以戒管僧”长效机制，制定出台了《阿坝藏族羌族自治州宗教事务条例》等一系列规范性文件，推进寺庙管理法治化、规范化、制度化。按照“寺庙是社会单元、僧尼是公民”的理念，一方面让僧尼享受到公民的平等权利和待遇，另一方面积极引导广大僧尼树立公民意识、爱国意识和守法意识，做合格公民，当爱国僧人，守中华法律，自觉致力于传承藏传佛教与融入社会主义社会发展相适应。

3. 善于借力借智

一是州政府法制办与省社科院法学研究所精诚合作，通过省社科院法学研究所将州、县（市）政府法制办建成法治政府建设的院校合作基地，为进一步提高阿坝州领导干部法治思维、培养阿坝州法治人才、增强阿坝州行

政执法人员的执法素质和水平提供基础条件。二是拓宽眼界。组织全州政府法制系统干部赴成都、德阳、绵阳、遂宁、广元、乐山、凉山等地学习考察法治政府建设先进经验，学习借鉴可复制可推广的经验做法。

4. 创新法律顾问管理

结合阿坝州实际，组建了由地方立法、经济事务、建设与房地产、行政管理等 5 个方面的法律顾问专家库队伍，组成阿坝州法律顾问专家团。制定印发了《阿坝州人民政府法律顾问专家库管理办法》《阿坝州人民政府法律顾问专家库工作报酬支付暂行规定》，为进一步整合法律顾问资源，提高法律顾问服务质量，加强法律顾问管理、沟通交流提供了有效保障。

5. 坚持示范引领

制定印发了《阿坝州法治政府示范创建办法》和示范县（市）、示范单位、示范乡（镇）的标准。积极开展行政执法部门系统内同步创建州级法治政府示范创建单位，采取州、县统筹，点、线、面有机结合，评选一批州级法治政府建设示范先进单位。总结、交流、推广法治政府建设先进经验，发挥典型示范带动作用，着力解决法治政府建设不平衡、行政执法不平衡的问题。

（六）强化普法宣传，解决“支持执法”问题

一是积极推动法治公园、法治广场、法治文化墙等法治文化亮点工程建设宣传法治，充分利用藏、羌、回等民族文字、民族符号、民族图腾等宣传法治，制作藏汉双语普法宣传资料、图书、文化产品等宣传法治，鼓励藏羌说唱团、民间艺术团、民间歌舞团、藏羌刺绣、唐卡等民族民间艺术工作者创作的法治作品宣传法治。二是严格落实“谁执法、谁普法”的普法责任制，创新普法方式，编制了以案释案例，倡导行政执法人员以案释法等，推进“法律七进”。加快了全州各级政务服务中心建设，引导和支持广大农牧民、企事业法人和其他组织依法表达诉求、维护权益。三是充分利用广播电视、报纸杂志、手机微信、互联网等现代媒体宣传阿坝法治，积极发挥藏文语音手机报、阿坝司法微信公众号、阿坝司法官方微博等的作用宣传阿坝法

治。四是积极发挥马背宣讲团、老干部宣讲团、姐妹宣讲团、高僧大德宣讲团、“小初说法”等利用汉、藏、羌语言进行法治宣传。五是邀请中央党校教授赴各县开展以“习近平法治思想”为主题的走基层宣讲活动，邀请大学教授、法律专家、知名律师等送法下乡。2018 年通过形式多样、寓教于乐的广泛宣传，实现法治宣传普法网络“全覆盖”、宣传阵地“全覆盖”、法治文化“全覆盖”、教育活动“全覆盖”、法治创建“全覆盖”，进一步提高广大农牧民群众的法治意识和维权意识，进一步理解执法、支持执法，为执法工作创造了良好氛围。

三 几点启示

（一）坚持党的领导

始终坚持在中共阿坝州委的领导下，认真贯彻落实《法治政府建设实施纲要（2015～2020 年）》《四川省法治政府建设实施方案（2016～2020 年）》《阿坝州法治政府建设工作方案（2017～2020 年）》确定的各项目标任务，依法全面履行职能，努力建立“权责统一、廉洁高效”的依法行政体制，加快建设“职能科学、权责法定、执法严明、公开公正、廉洁高效、守法诚信”的法治政府，努力实现依法治州和建设“法治阿坝”目标。各级行政执法部门坚持依法行政、严格规范公正文明执法，强化对行政权力的制约和监督。

（二）坚持执法为民

进一步推进全州行政执法人员规范公正文明执法，增强权责意识、检查意识、程序意识、审核意识、证据意识和自觉接受监督意识，坚决杜绝和查处不依法执法、执法不公正的行为，及时纠正执法不规范、不文明现象，提高行政执法人员自觉抵御权力、亲情、金钱等侵蚀干扰行政执法，严格依照法定权限和法律法规规定开展行政执法，始终做到严格规范公正文明执法，让人民群众从每一项执法活动中、每一起案件中都能感受到公平正义，从被动配合执法转变到主动配合执法。一是牢固树立执法服务理念。始终把人民群众利益摆在首位，把群众拥护、满意、赞成作为衡量行政执法工作开展成效得失的标准。在执法实践过程中，针对广大农牧民法律意识不强的情况，行政执法部门开展形式多样的法律宣讲活动，积极探索“柔性执法”，坚持文明执法，力争做到“以案说法”，体现“以人为本”。二是在服务中开展执法。积极提高行政执法人员的素质、能力和水平，在面对不同的行政执法对象时，能够采取灵活多变的执法手段，增强执法效果和服务效果。例如：对关系民生的执法工作，深入开展“一线工作法”执法服务方式，及时跟进宣传教育工作，主动上门服务；对普通管理对象采取宣传教育与处罚并举方式，主动沟通交流，帮助解决困难、化解矛盾等。积极开展行政执法大调研活动，准确掌握行政执法人员的素质、能力和水平，把握人民群众对执法工作的要求，坚持规范、公正、文明执法，努力实现处罚决定依法和人民群众满意相统一。三是理解和掌握严格规范公正文明执法的关系。“严格规范”就是要做到严格执法、依法执法、以法律为准绳、以事实为依据、坚决维护法律的权威等，“公正文明”就是要做到文明执法、文明用语、文明收集证据、准确把握法律条款、严格裁量权标准、处罚公平公正、处罚结果及时公开等，动向掌握社会心态和人民群众情绪，使行政执法行之有效。立足阿坝州实际，坚持规范公正文明执法，积极探索柔性执法，以理服人、以情感人，争取执法效果最大化。

（三）坚持法定职责必须为

坚持严格依法办事，严格执行“有法必依、执法必严、违法必究”执法准则。一是积极开展食品药品、安全生产、环境保护、劳动保障、医疗卫生等重点领域的行政执法工作，整治重点、整治关系群众切身利益、整治群众反映强烈的违法问题，积极回应社会关切，不断提升人民群众的安全感。二是推进“两法衔接”工作，增强执行效果。进一步实施行政执法与刑事司法衔接机制，严格贯彻执行行政执法机关、公安机关、检察机关、审判机关信息共享、案情通报、案件移送制度，加强与州检察院共同协作，切实履行职责，积极开展“两法衔接”专项检查，督促各行政执法机关按相关规定移送涉嫌犯罪的行政案件，坚决杜绝有案不移、有案难移、以罚代刑等现象。三是坚持“一线工作法”，执法前移，强化源头执法，加强产品在生产过程中的执法，进一步推进随机抽查为重点的日常监督检查工作，让违法行为无法存在，让违法者依法受到惩处。四是深化行政执法体制改革。积极推行行政执法“三项制度”，深入开展执法全过程记录，进一步开展执法人员公示、执法程序公示、执法决定公示，加强重大行政执法的法制审核和备案工作，不断增强行政执法力量，不断提升行政执法能力，为依法惩处食品药品、安全生产、环境保护、劳动保障、社会治安等违法行为累积基础力量。

（四）坚持提升执法队伍软实力

推进严格规范公正文明执法，关键在于领导重视，行政执法人员的执法素质、执法能力和执法水平进一步提高。一是领导重视。常态化推进领导干部会前学法，加强领导干部的法治培训，提高领导干部的法治思维和依法行政能力，强化领导干部对严格规范公正文明执法的重视、对行政执法人员法治素质的重视、对执法人员依法履职的重视，把法治素养好、法治能力强的干部优先提拔到领导岗位和重要岗位工作。二是进一步规范行政执法人员的培训工作。坚持问题导向，加大对行政执法人员的通用法律知识和专业法律知识培训力度，采取“走出去、请进来”方式，适时组织外出集中业务培训，增强培训的针对性和实效性，坚持邀请法律顾问、法律专家、法学教授等对行政执法人员通用法律知识和专业法律知识加强培训，熟练掌握各类法律知识，努力提升行政执法素养和执法水平。三是严格实行行政执法人员资格准入管理制度，认真贯彻执行《四川省行政执法证件管理办法》《阿坝州行政执法人员管理办法》，对准入人员和在岗人员进行“互联网+”培训和考试，规范和倒逼广大执法人员积极学法、养成良好的学法习惯，提高行政执法能力和水平。

B.10

双流区创新镇（街道）法治治理模式

——以西航港街道法治建设委员会为样本

成都市双流区依法治区领导小组办公室课题组*

摘　要： 成都市双流区在西航港街道探索并在全区推广建立镇（街道）法治建设委员会，作为基层党委政府推进依法治理工作的具体办事机构。通过突出党的领导、高效整合力量、加强制度建设等方式，瞄准社会法治需求，优化法治服务供给，强化党委政府依法执政、依法行政意识，解决了基层法治力量分散、群众“遇事找法”路径不畅、用法成本偏高等问题。该治理模式属国内首创，累积的实践经验可为其他地区探索基层治理机制提供借鉴和参考。

关键词： 基层治理创新　资源整合　法治服务

双流区位于成都市南，是中国（四川）自贸试验区和天府新区、成都临空经济示范区主要承载地，已全域纳入中心城区，肩负成都“中优”“南拓”重大使命，辖区面积466平方千米，辖12个镇（街道），户籍人口61万，常住人口112万，城市建成区面积110平方千米。其中，西航港街道地处国家级临空经济示范区、双流自贸区腹地，毗邻武侯区、高新区，辖区内

* 课题组负责人：熊艳，中共成都市双流区委副书记。课题组成员：李召林、胡劲松、夏勇、蒋思、李兵、唐剑、钟建。执笔人：李兵，双流区依法治区领导小组办公室干部；唐剑，双流区依法治区领导小组办公室干部；钟建，双流区依法治区领导小组办公室工作人员。

高等院校荟萃，科研院所云集，优质企业众多，是西部大批高精尖科学研究项目的孵化地。作为双流对外交流的重要窗口，西航港街道被作为双流区创建“法治空港”示范区的载体，成为探索基层法治新模式的试点区域。2017年8月11日，西航港街道法治建设委员会（以下简称“法建委”）正式揭牌成立。同年12月28日，双流区在总结试点经验基础上在全区进行全面推广。截至2018年1月31日，双流区顺利实现法建委在各镇（街道）的全覆盖。

以西航港街道为代表形成的法建委治理模式以满足人民法治需求为落脚点，改革法治服务供给。通过整合社会法治资源，完善配套制度机制，建立多方合作形式，规范制度运行标准，发挥技术平台优势，拓展法治服务空间，不断推进基层社会治理进程，形成了“依法统领、联动共建、全员共管、社会共享”的基层依法治理新模式，实现了基层治理体系和治理能力的全面提升，为实施乡村振兴战略提供坚实的法治保障。

一　探索背景

近年来，随着经济社会快速发展，群众诉求日趋多元，各种利益冲突互相交织。以西航港街道为例，辖区内呈现社会矛盾纠纷多、涉法涉诉案件多、不稳定风险隐患多、专业法治力量分散、社会法治资源分散、群众用法意识薄弱“三多两散一薄弱”局面。传统的基层治理方式和模式已不能适应新时代的发展需要。

（一）基层法治力量不足

街道原有依法治街办和综治、司法、信访、流管等治理相关职能机构（含内设机构）7个，在编的全职人员7名、兼职人员2名，聘用人员6名，在推进法治建设过程中，“庙多和尚少、事多人手少”问题突出。以综治办为例，仅有正式人员3名、聘用人员3名，承担街道社会治安防控、街面治理、禁毒、防邪、消防等8项职能，工作力量无法满足需求，社会综合治理形势日趋严峻，2016 年街道被市公安局列为“违法犯罪警情突出重点整治区域”。

（二）法治建设缺乏统筹

街道辖区内的涉法机构力量缺乏统一管理与有效整合。一方面，街道仅能依托下属的信访、综治、安监等职能科室开展工作，对辖区内的派出所、司法所、市场监管所等区级部门派驻单位难以有效统筹；另一方面，区级部门囿于“部门壁垒”，对支持街道法治建设缺乏动力，导致派出机构与街道之间联动少、扯皮多。以行政执法为例，街道行政执法中队在开展执法时，由于不具备专业能力，且各业务主管部门配合支持不足，在推进群众反映强烈的施工噪声扰民、违规建筑整治、“三无”企业整治等方面执法中困难重重。

（三）法治服务能力不强

街道公共法律服务体系不够健全，涉法职能机构由于专业能力不强、协作机制不健全、服务意识不足等，服务水平与群众需求还存在差距，导致辖区群众对街道法治服务质量、服务效率评价不高，也对基层政府形象造成了负面影响。在 2015 年度、2016 年度公共服务测评中，街道法律服务项目的评价在全区排名靠后。

（四）群众涉法诉求路径不畅

由于涉法职能部门众多、责权划分不明，群众因涉法问题向街道寻求帮助时，往往陷入相关单位互相推诿、问题长期搁置的局面。例如，辖区内某加油站项目 100 余名农民工因被拖欠工资及材料款 200 万元，先后向相关机构反映并寻求解决，被多个单位以“非主管部门”“无管辖权限”等理由相互推诿“踢皮球”，群众诉求得不到回应。

（五）群众“信访不信法”问题突出

面对“遇事找法不识路、维权靠法成本高”的困境，群众的利益诉求难以获得高效优质便捷的法治保障，“信访不信法”“弃法转访”的情况日益严峻，因产权纠纷、拆迁安置、物业管理等导致的集访事件不断增多。2014 年街道接处群众诉求 1078 件，到 2016 年已上升为 1680 件，信访量急剧增加，消耗了街道大量的人力、财力和管理精力，阻碍了街道发展建设。

（六）新时代对基层治理工作提出新要求

党的十九大明确提出了加强党对一切工作的领导、推进行政体制改革、健全自治、法治、德治相结合的乡村治理体系等系列新要求。省委围绕中央决策部署，提出做好依法治省“七个巩固提升”、推动治理体系和治理能力再上新台阶的要求。这些新要求为街道改进方法、创新机制，进一步提升基层法治水平指明了方向。

针对基层治理模式中的问题，街道亟须结合新时代法治建设的新要求，从机制创新入手，打破原有资源、体制、人员的配置方式和架构模式，探索一条符合区域发展实际、加快形成共治共建共享社会治理格局的新路子。

二　建立路径

按照“突出党的领导、科学充分论证、广泛整合力量、创新制度建设、发挥信息技术优势稳妥扩面试点”思路，建设“党委领导、政府主导、群众主体、多方参与、智慧高效”的法治建设委员会。

（一）突出党的领导

在筹建上，西航港街道由党政主要负责人牵头推进组建工作，定期召开党工委会、书记办公会等会议部署工作、听取进度、研究问题；在架构上，压紧压实党政主要负责人履行法治建设第一责任人职责，由街道党工委书记和办事处主任分别兼任法建委主任、副主任，分管法治工作的党工委委员兼任委员会秘书长；在运行上，由党工委书记牵头，通过全体委员会议、议题审查会、专题会等定期不定期对街道法治工作进行研究部署。

（二）科学充分论证

为科学设计法建委的组织架构和运行机制，街道对构建法建委的必要性进行调查研究，先后走访群众2000余户，广泛收集梳理群众涉法诉求和建议意见3000余条，通过大联动数据平台分析社情动态，掌握辖区拆迁纠纷、债务纠纷、婚姻纠纷等七大类突出问题，初步掌握了群众法治需求与街道依法治理问题和现状。邀请专家学者全程参与，对建立法建委的合法合规性进行了2轮充分论证，形成《西航港街道创建法治建设委员会可行性方案》，一致认为其合法合规。邀请区依法治区办、区委政法委、区司法局、区委编办等单位就架构方式、运行机制进行论证，认为法建委模式可有效整合辖区内行政机构与社会法治资源，提升了法治服务效率。

（三）广泛整合力量

为统筹职能部门、高校法治资源和社会法治力量，辖区内公安、法庭、综治、执法、人武、流管、司法、信访、审计等涉法职能部门，四川省院所高校、律师事务所、双流区法律服务志愿者协会等多个社会组织，将其代表或相关负责人聘任为委员，全部整合进入法建委，履行决策统筹职能；抽调街道在编职工、临聘人员，配置法学研究生和志愿者等人员组成办公室，负责日常协调工作；下设依法决策、学法用法、社会法治、矛盾化解4个工作组，从事具体法治工作，构建起“1个委员会+1个办公室+4个工作组+N个组织”的“114N”组织架构。

（四）创新制度建设

为厘清法建委职能职责、规范高效运行，创新建立三大机制。

1. 会议审查制

对街道重大决策、重要文件、对外签订合同等进行合法合规性前置会议审查，为街道党政依法决策、科学决策提供支撑。为将决策审查机制落到实处，贯彻“用制度管事”理念，配套推行了“议题审查清单制度”，由党工委研究制定提交前置审查的议题清单，由委员会秘书长负责执行。

2. 指定办理制

对街道重大项目实施、重大矛盾纠纷调处、行政案件应诉、法律咨询援助等涉法工作，由法建委指定一名委员制订方案并牵头推进，其他有关科室或区级部门配合，并配套制定了《对区级有关部门协同镇（街道）推进法建委工作的考评办法（试行）》，最大限度地调动辖区内的法治资源力量。

3. “一窗式”服务制

主要针对法建委受理辖区群众涉法诉求的工作事项，设置“一窗式”服务窗口，开通服务热线，再造流程，形成“统一受理—按责分拨—分类处置—及时反馈”链式闭环流程，进一步压缩办理流程和时限，当辖区群众甚至村（社区）、其他科室上门或通过电话寻求法治服务时，由委员会办公室受理后进行内部流转，协调相关职能部门（机构），调动资源联动解决，实现群众“只进一个门、办完所有事”。

（五）发挥信息技术优势

拓展“互联网＋法治”功能，发挥法治“区块链”去中心化、柔性介入、交互服务的技术优势，联手网络平台公司，开发“社区大时代”手机App，在现有微信公众号上增设法治专栏，推动从线下服务向线上服务的空间拓展，让群众由过去上门找咨询找服务到现在随时随地自助服务。

（六）稳妥扩面试点

双流区全面总结试点工作经验，制定《关于推广建立镇（街道）法治建设委员会的实施意见》和《镇（街道）法治建设委员会工作导则（试行）》，明确工作原则、工作步骤、详细方案和时间节点，经区委常委会议讨论通过后印发各镇（街道）结合实际实施。在推广建设过程中，区委分管领导通过深入一线调研、与镇（街道）“一把手”谈心谈话、召开工作推进现场会、交流会等形式，强化督导，保证推广过程顺利推进。在全面运行过程中，区依法治区办制定印发《镇（街道）法治建设委员会工作目标考评细则》，明确镇（街道）党（工）委、法建委办公室及4个工作组共六大责任主体、18项职能职责、24项工作目标以及对应的分值和考评依据，各镇（街道）可直接对照工作目标组织开展具体工作，突出服务基层群众，畅通群众遇事找法渠道，降低群众用法成本，逐步培养群众用法习惯。

三　运行方式

“群众认可、规范便捷、智慧专业、费省效宏”是法建委运行的核心关键和检验标准。以西航港街道为例，围绕“好用、管用、低费用”目标形成完善了一套共建共治共享治理制度机制。

（一）协作共建，让法建委“好用”

集中办公，提供“一站式”法律服务。在街道大联动中心开辟600平方米办公区，将法建委办公室、综治、执法、武装、网格、流管、司法、信访等8个机构、53名专职人员，以及律师、志愿者、法学大学生等社会力量全部集中办公，让群众在最短时间内获得涉法服务。广泛宣传，提升知晓度和参与度。综合运用报刊、广播、微信、微博等媒体手段，举办“法治空港·律动西航”专题法治晚会，利用坝坝会、议事日、问政日、党员固定活动日、“12·4”国家宪法日等时间节点广泛宣传，让辖区群众尽快知晓、主动运用、自觉参与法建委这一法治平台。

（二）联动共治，让法建委“管用”

为最大限度发挥法建委牵头管总作用和多个法治单元联动支撑作用，以法建委下辖的4个工作组为载体平台，吸聚叠加高校法学院、律师事务所和法律服务志愿者协会等多个社会组织力量，共同形成“1+N”联动共治格局。依法决策工作组，由委员会秘书长牵头，协同法律专家、法律顾问，共同为党政决策提供服务；学法用法工作组，由驻街道司法所所长牵头，协同高校法学院、派驻法庭、社工组织等社会力量推进普法宣传与公共法律服务；社会法治工作组，由街道综治办主任牵头，协同派出所、综合执法中队等力量，全面加强辖区治安防控和社区发展治理；矛盾化解工作组，由街道信访办主任牵头，协同司法所等部门，调解员、法律顾问、法律服务志愿者等第三方社会力量，开展法律咨询、法律援助、人民调解等服务，坚持和发展“枫桥经验”，推动矛盾纠纷化解。4 个工作组协同协作，切实解决辖区群众在法治方面的问题，在群众中逐渐形成法建委“管用”的普遍共识。

（三）智慧共享，让法建委“低费用”

转变观念，统筹街道所有涉法经费，按照“互联网 + 政府购买法律服务”思路，加大辖区内法规政策宣讲、免费法律咨询、法律援助、纠纷调解等公共法律服务供给。开发并推广使用“社区大时代”手机 App 法律服务平台，由平台后 200 余名律师为群众免费提供“以案说法”、法律咨询等服务，还开通“法律服务直通车”，将法律服务送进小区、送到群众楼下，进一步压缩群众用法时间成本和经费成本；依托“大联动、网格化、微治理、细服务”治理体系，运用大数据技术，加强社情民意调查和安全隐患排查，及时发现并解决各种问题苗头，推进源头治理取得实效，努力实现“费省效宏”目标。

四　主要成效

法建委自建立运行以来，切实发挥了双流区各镇（街道）依法治理的“枢纽”作用。据调查统计，2017 年 10 月，西航港街道信访量环比下降 32.6%，十年来首次实现了党的十九大等重大时间节点“零进京”，2017 年 9月至 2018 年 8 月，街道刑事案件发案总数同比下降 24%，辖区群众积极参与社会治理，整体呈现依法治理水平显著提升、群众学法用法意识普遍增强的良好态势。2018 年，全区各镇（街道）法建委共开展普法宣传活动 864 场次，覆盖人群 43 万余人，提供法律咨询服务 2700 余人次，调解矛盾纠纷近610件，刑事案件发案总数同比下降22.4%，化解信访积案32件，信访总量同比下降5.4%。

（一）有力促进了基层依法治理能力提升

法建委通过前置议题审查程序，固化法治研判流程，将党委政府直接“研究决定”变成法建委前置“多方论证”，将法律顾问被动“咨询”变成法建委主动“审查”。据区依法治区办统计，2018年，各镇（街道）依托法建委审查重要议题及合同414份，发现并纠正风险问题231处，有力促进了基层党委政府依法决策、依法行政的意识和能力提升。

（二）有效维护了辖区社会和谐稳定

针对信访积案等重大矛盾纠纷，法建委下设的矛盾化解工作组搭建沟通协调平台，协调多主体通力协作，以宣讲政策为主，同时辅以专业的法律建议，引导当事人由信访或其他不理性方式维权转变为通过司法途径解决问题，有效维护了社会的和谐稳定。以西航港街道为例，居民黄某因个人对拆迁安置政策不理解，阻挠拆迁7年有余，法建委调动多方资源、集中力量攻关，多次入户耐心细致地进行政策、法律解析，在消除疑虑中逐步降低其期望值，顺利签订拆迁协议；小区业主何某装修房屋遇到工人的小孩意外坠楼事件，工人向其提出120万元的赔偿要求，还聚集上百名工友堵门施压，法建委接到何某调解申请后，立即统筹协调派出所、司法所、规建科、统筹办、律师事务所、区大调解办等多方力量，积极促成双方和解；个别商品房小区产生群体性物业纠纷，法建委主动介入，依法依规明确开发商、物管公司和业委会的职责，引导业主回归协商处理途径，及时制止业主上街拦路等过激行为。

（三）进一步打通群众“遇事找法”路径，树立法治信心

法建委进一步降低群众用法门槛和用法成本，帮助群众树立“遇事找法、维权用法”的意识和信心。据西航港街道统计，自2017年9月1日至2018年8月31日一年间，西航港街道法建委共开展普法宣传活动27

次、受众人数26000人，提供定制化法律服务306人次。白家场社区的陈某遇到婚姻方面的问题，在分居两年后向丈夫提出离婚被拒，不知如何应对，于是向法建委延伸到社区的法律之家咨询，法律服务志愿者依据《婚姻法》有关规定向陈某提供了建议方案，将陈某引导到依法维权的路径上。个别小区因小产权房办证问题，业主多次堵路拦访、赴省集访，经法建委组织律师、志愿者逐户宣传政策、释法疏导，并积极协调相关部门帮助其解决因产权办理衍生的子女就学难等问题，逐步化解矛盾、赢取信任，目前已有95%的业主放弃上访。社区居民解决问题的方式逐渐从“遇事找人”“遇事信访”转变为“遇事找法”，群众“信访不信法”的局面逐步扭转。

五　若干经验

双流区探索镇（街道）法建委模式，为基层依法治理实践探索提供的主要经验有以下几个方面。

（一）着眼基层法治建设的“需求端”

进入新时代，我国社会主要矛盾已经转化为人民日益增长的美好生活需要和不平衡不充分的发展之间的矛盾。这一矛盾在法治建设上的体现，就是群众“好用、管用、低费用”的法治需求，与“遇事找法不识路，维权靠法成本高”的法治供给现状的矛盾。这一矛盾的产生，既与基层政府依法决策、依法行政的机制不够健全有关，又与公共法律服务投入欠账太多有关，其本质是现有的法治供给模式、机制与群众的需求不匹配。双流区探索镇（街道）法建委模式，就是要着眼人民群众不断增长的高质量的法治需求，把公共法律服务和其他公共产品同步提供、同步提高，提供低价高效的公共法律服务，培养人民群众的用法习惯，加快推进基层依法治理进程。通过法治全面保障经济社会发展，让群众在参与法治建设中有更强的获得感，这是推动法治建设的出发点和最根本的落脚点。

（二）找准基层法治供给的“枢纽点”

推进基层法治建设，要找准堵点、痛点问题，抓准关键，提纲挈领。一是解决全面依法治国在基层落地落实的方式。党的十八届四中全会以来，自上而下推进全面依法治国战略布局，层层落实依法治理的主体责任，这种推进机制具有高度行政化、集中化、命令式的特征，而基层群众的法治需求，却具有社会化、分散性、自发式的特点，实践中需要将这两者有机对接，探寻一种落实途径。二是发挥基层行政机关枢纽调节作用。在基层依法治理中，镇（街道）是最基层的行政机关，也是对接上下两端需求的接合部，更是将全面依法治国战略落实到基层的关键点。“条块割裂”“各自为政”“事多人少资源散”的治理机制难题，以及群众“遇事找法、维权靠法”渠道不畅、“信访不信法”“弃法转访”的治理困境在这一节点汇集，双流区瞄准这一堵点痛点下刀，将镇（街道）法建委建成承上启下的枢纽。

（三）算清基层法治建设的“成本账”

坚持从多个维度思考，算好法治建设“三本账”。一是群众用法成本账。群众的法治意识不是自发形成的，群众最关心的是以最小的代价、最高的效率、最公平的方式办理事务、化解矛盾和维护自身权益。尤其在面对矛盾纠纷时，如果法治途径成本低，则“信法”，如果法治途径成本高，就可能“信访”。探索镇（街道）法建委模式，就是为了实现群众用法“零成本”。二是社会法治成本账。从国内外的经验来看，社会法治水平高、法治化营商环境优良的地区，经济社会发展的边际成本递减，反之则递增。双流区作为国家级临空经济示范区、自由贸易试验区的承载地，对法治环境有更高的要求。以法建委为载体推动社会经济“减熵”“增效”，是必然路径。三是政府行政成本账。基层矛盾纠纷多发、易发，极大消耗了镇（街道）党委政府精力。镇（街道）法建委通过整合资源，在不增加总开支的情况下，提升基层在事前依法行政、依法解纷的能力，极大节约了事后维稳的成本，将基层有限的人力、物力和财力节省出来，投入到公共服务中。

（四）强化基层法治建设的“执行力”

在推进建设中，注重抓落实、抓执行。一是坚持先试先行。选择在社会矛盾纠纷多、依法治理需求迫切、社会法治资源丰富、党（工）委领导班子法治意识强、工作能力强的镇（街道）探索一个适合本区的模式。二是坚持深入指导。确定专人到试点镇（街道）蹲点指导组建工作，协调解决遇到的各种问题，确保顶层设计蓝图在试点镇（街道）得到完整实施。三是坚持迭代升级。全面总结试点镇（街道）的工作经验，编制推广建立镇（街道）法建委的实施意见和工作导则，明确工作原则、工作步骤、详细方案和时间节点，以区委文件印发各镇（街道）结合实际实施。四是坚持督导考核。在推广建设过程中，区委分管领导通过深入一线调研、与镇（街道）“一把手”谈心谈话、召开工作推进现场会、交流会等形式，强化督导，将运行情况纳入专项考核目标，确保推广过程顺利推进。

六 下一步工作方向

双流区镇（街道）法建委治理模式取得了一定成果，但在深化依法治国实践的新征程上，只能说还处于探索阶段。下一步，将加强最新科技成果的运用，进一步降成本、提效率。

（一）善用人工智能领域最新成果，促进基层法治的良性发展

人工智能是时代的深刻革命，准确把握人工智能方向，善用人工智能领域最新成果，推动人工智能与法治建设相结合，助推基层治理体系和治理能力现代化。结合地区实际，采取开发功能完善的手机应用软件、配置智能法律机器人等方式，在线下替代工作人员提供服务，进一步增加服务网点、提高效率，线上通过提供24小时免费法律咨询等服务，进一步降低基层法治成本和群众学法用法成本，满足群众法治需求，培养群众法治思维，提高群众用法意愿。

（二）运用大数据智能化服务系统，推动基层法治工作提质增效

传统的数据收集方式具有很强的滞后性和不准确性，而通过大数据智能服务系统，建立法治大数据平台，广泛搜集社情民意，了解掌握群众涉法诉求，有利于实时掌控治理工作效果，及时指导治理工作调整提升，进一步推动完善基层法治工作。同时借助各领域法学专家、学者的智慧，立足实践经验，加强法治大数据的体系化、理论化研究，为智慧城市建设提供全面支持。

B.11

四川法院破解执行难问题实践

四川省高级人民法院课题组*

摘　要： 切实解决执行难是党的十八届四中全会的重大部署和重要要求。四川法院结合多年来对四川执行难问题的深入治理实践和探索创新，深入剖析执行难存在查人找物、财产处置效率低，执行失范监管难，相关单位部门协助配合积极性不高，以及当事人失信拒执成本低、当事人对执行及风险的不理性认识等问题，形成了“解决执行难外靠大格局、内治执行乱”的工作思路，通过构建党委领导下的综合治理执行难工作大格局，搭建“省级失信被执行人联合惩戒曝光平台”，加大失信惩戒制裁力度；建立有、无财产分类办理机制，办案通报督办机制，以及常态化开展“一季度一行动”集中执

* 课题组组长：赵勇，四川省高级人民法院执行局局长。成员：胡旭东、赵兴军、谭娟。执笔人：谭娟，四川省高级人民法院省执行局综合处综合组组长。

行行动制度等，加大疑难复杂类案件执行力度；依托网络查控、“智慧执行”系统、悬赏公告等，提升执行查控效率；运用执行指挥平台落实“三统一”要求，着力整治消极执行、选择性执行、乱执行行为，提高案件及执行力量的统筹调度能力，基本解决执行难问题取得了积极成效。

关键词： 执行难　智慧执行　联合惩戒

自1999年以来，党中央、中央政法委高度重视执行工作，多次发文、开展专项活动深入解决执行难问题。四川将解决执行难纳入依法治省、综合治理、文明创建等重要工作。省委书记办公会两次专题研究，省委、省政府办公厅两次联合发文，省人大、省政协每年至少两次专题听取工作报告或视察执行工作，促使省、市、县三级于2009年在全国率先建立党委领导下的执行工作联席会议制度和执行联动威慑机制，初步形成了“党委领导、政府支持、政法委协调、法院主办、部门配合”的综合治理执行难工作大格局，被最高人民法院主要领导批示为“四川经验”。

最高人民法院严格落实党中央决定要求，于2016年在全国法院部署开展“用两到三年时间基本解决执行难”工作。四川法院态度坚决、行动自觉，按照“解决执行难外靠大格局、内治执行乱”的基本思路，在全国率先构建党委领导下的综合治理执行难工作大格局，不断完善集中整治消极执行、选择性执行、乱执行行为的工作机制，着力打造“一季度一行动”的强制执行工作品牌，探索依托“智慧执行”系统开展群众化社会化执行查控新路径，通过纲举目张、标本兼治、改革创新、苦干实干，推动执行工作不断向前向好发展。2016～2018年9月，全省法院共受理各类执行案件81.6万件，办结73.17万件。对照最高人民法院提出的“3个90%”和“1个80%”核心指标要求（即有财产可供执行案件在法定期限内执结率达到90%、终结本次执行程序案件合规率达到90%、执行信访案件化解率达到

90%，近三年执行案件整体执结率达到80%），2018年1~9月，四川法院有财产可供执行案件法定期限内实际执结率97.03%，无财产可供执行案件终结本次执行程序合格率95.34%；2017年5月至2018年9月，最高人民法院交办四川省执行信访案件办结率为97.83%、化解率为96.26%；近三年执行实施案件整体执结率88.61%。

一　针对外部协助配合问题，构建省委领导下的执行工作大格局，有效凝聚社会合力

四川省委省政府一直高度重视执行工作，早在2009年就通过“两办”发文支持解决执行难。2016年4月最高人民法院安排部署“基本解决执行难”工作后，省委、省人大、省依法治省领导小组、省委政法委专题听取或研究省法院工作报告。省委从依法治省的战略高度，以依法治省领导小组名义发文，四川综合治理执行难工作大格局制度优势得以全面发挥。

（一）推动省委省政府建章立制

党的领导，是干好一切工作的关键。近3年来，省法院就执行工作向省委、省委政法委专题报告15次，积极争取领导推动。2016年6月2日，省依法治省领导小组在全国率先出台《关于“两年内基本解决执行难”工作的意见》，逐项明确各级党委、政府及其职能部门、政法机关以及相关单位的工作职责。2016年8月、2017年7月，省依法治省办两次组织省委办公厅、省政府办公厅、省人大内司委、省综治办等10多个省级部门负责人带队，深入21个市州开展基本解决执行难专项督查，并将督查结果作为各地依法治理年度考核依据。2018年1月26日，省委办公厅、省政府办公厅按照中央“两办”文件要求，结合四川实际，联合印发《关于加快推进失信被执行人信用监督、警示和惩戒机制建设的实施意见》，新增开通失信彩铃等5项惩戒措施。雅安、内江、甘孜等各市（州）均出台失信联合惩戒实

施细则，确保惩戒措施全面落实落地。资阳市委书记、巴中市长带队视察执行工作，要求加大失信惩戒力度，促进依法治市工作。

（二）推动省人大、省政协加大监督支持力度

人大及其常委会监督是法院依法执行和社会支持执行的关键。2017 年初，省人大常委会确定“四川省破解执行难问题研究”重点课题，由一名副主任带队在省外和省内调研，并向省委提交专题报告。2018 年 7 月，省人大、省政协分别听取省法院基本解决执行难等重点工作汇报。眉山市人大出台决定，人大常委会主任带队检查贯彻落实情况；绵阳、泸州市等地人大领导专题视察，积极支持监督执行工作。四川三级法院均建立常态化邀请人大代表、政协委员见证参与执行工作机制，每年两次向当地人大、政协专题汇报执行工作，主动争取监督和支持，推进落实解决执行难的各项工作。

（三）推动省委政法委协调解决重点问题

四川建立运行的执行工作联席会议制度，由省、市、县三级党委政府分管领导和法院院长担任召集人，所有单位部门为成员单位，实行至少每年一次例会制度，统筹安排部署重大执行工作。2016 年以来，省委常委、政法委书记牵头召开省第十二、十三、十四次联席会议，专题研究解决网络查控系统不完善、联合惩戒机制落实不全面、打击拒执力度不足，以及涉党政机关案件长期未结等问题，省市县三级党政、联席单位代表通过视频参加会议。目前，由省委宣传部牵头组织，省发展改革委、省信用办在“信用中国（四川）”网站上搭建的“失信被执行人联合惩戒曝光平台”已正式启用，40 余家省级单位接入平台，实现信用信息全量数据查询及共享，倒逼落实中央和省委规定的 42 项失信联合惩戒措施。自贡、攀枝花、德阳、资阳等市（州）相继出台《社会信用体系建设规划纲要》等文件，建立“反规避、惩失信”等执行工作机制。成都、眉山、达州等地法院建立失信被执行人名单定期推送和曝光制度，最大限度挤压失信被执行人活动空间，“一处失信、处处受限”的效果得以彰显。

（四）推动省委宣传部、省公安厅等建立联动机制

省法院与省工商、地税、质监、民政、住建等20多个单位部门，经座谈会商和执法协作，落实常态化执行联动机制。2018年3月，省委宣传部、省法院、省发展改革委、四川银监局联合印发《关于搭建省级失信被执行人联合惩戒曝光平台的通知》，建立主流媒体平台免费宣传执行工作制度，进一步夯实失信被执行人联合惩戒基础。同年9月，省法院与省公安厅联合下发《关于加强人民法院与公安机关协助执行和信息共享工作的通知》，强化网络查控、联合惩戒、信息核查共享及打击拒执违法犯罪等四项工作。有关单位部门协助四川法院网络冻结被执行人存款55.03亿元、证券238万股，协助网络扣划存款7.4亿元。

二　针对法院力量整合问题，严格落实各级法院党组和“一把手”责任，切实加强内生力量

四川法院严格落实基本解决执行难“一把手”工程要求，通过“院长抓、抓院长”，落实主体责任，强化工作保障，加大资源统筹调度力度，夯实制度基础，深挖法院内部力量，切实发挥法院主力主办作用，通过三级法院“一盘棋”形成决胜执行难的强大合力。

（一）抓党组强化保障

四川省高院要求各级法院党组每月至少一次专题研究执行工作，切实加强统筹部署和组织保障；党组成员、副院长落实包片指导责任，每年至少开展2次以上调研指导。2018年四川法院有执行干警3015人，较上年增加690人，占政法编的16.98%，其中员额法官738名；为现场执行配备执法车452辆，指挥车223台；三级法院全部落实指挥中心实体化运行要求，全部实行网上办案、网上拍卖。

（二）抓院长压实责任

2018 年，四川省高院部署开展自下而上的全省 211 个法院“院长大比武”执行攻坚竞赛活动，检验“一把手”责任落实情况。7 月 5 日，四川省高院举行中级法院“院长大比武”执行攻坚现场竞赛，22 名中院院长现场演示汇报、现场限时回答王树江院长提问，11 名相关部门负责人、人大代表、政协委员、专家学者评委当场打分，20 多家媒体采访报道和进行网络直播。次日，召开全省中级法院院长座谈会，研究基本解决执行难工作，各中院院长逐一签订军令状，凡所辖地区若有 10% 以上的法院未能通过第三方评估验收的，将主动引咎辞去中级法院院长职务。近期，高院又对终本案件合格率、整体结案率等指标靠后的 51 个中基层法院院长发督办函要求限期整改。

（三）抓干警提升能力

为提升执行干警业务素质，省高院以“现场 + 视频”等方式，多次邀请最高人民法院执行业务骨干和高校专家教授担任讲师，14 次集中开展业务培训，确保执行队伍增数量、强素质。在省人社厅、省法院每年表彰的法院系统先进集体、个人中，执行部门获奖干警最多，广元市苍溪县法院执行局长张素华同志获评“全国十大执行法官”，达州大竹县法院涌现出执行干警坐轮椅办案的先进事迹。2018 年 10 月，省高院组织全省法院“十佳执行干警”评选活动，以充分发挥先进典型的示范引领作用，进一步激励士气。

（四）抓督查精准指导

2016 年 6 月，省高院建立“基本解决执行难”精准指导制度，执行局庭处长分片指导 21 个市州法院，要求三级法院每年至少分级组织 2 次全覆盖的专项督查、巡查，通过以巡带训、问题通报、限期整改、考核问责等方式确保各项工作要求落实落地。2018 年 8 月，由省高院从全省抽调全省 86

名执行业务骨干，组成8个巡查组，由院领导带队深入22个中级法院、71个基层法院，检查案件6600件，重点就执行保障、核心指标、办案规范化等工作存在的问题，进行督查整改和通报问责，并就发现的共性问题、整改要求，组织全省法院视频培训，要求各级法院进一步全面自查整改，进一步提升各项执行工作质效。

三　针对强制性不足问题，打造“执行专项行动”四张名片，切实加大执行办案力度

四川法院紧扣四川省情和执行规律，建立“一季度一行动”常态化机制，坚持常规执行与专项活动相结合，通过运动战的类案集中攻坚，带动阵地战的其他案件执行，切实抓好执行办案第一要务。

（一）开展“司法大拜年”行动，保障民生

2012年以来，四川法院结合四川民俗，连续7年在元旦春节时段开展“司法大拜年”专项执行行动，集中执行、兑现涉民生案件，救助生活特别困难的当事人。在2018年开展的全省法院第七次“司法大拜年”专项执行行动中，共执结涉民生案件1.83万件，为农民工等弱势群体兑现案款16.53亿元，为2026人提供司法救助2189万元，各项数据均创历年新高，得到最高人民法院和省委领导批示肯定。例如，绵阳高新区法院执行的某楼盘商品房开发系列案件，被执行人债务总额逾4亿元，其中涉及农民工工资的工程款就超过1亿元。在高新区党委政府的全力配合支持下，多方当事人最终形成对被执行人商品房的销售变卖方案，并同意优先清偿农民工工资，成功为农民工追索劳动报酬、工程款1.2亿元。

（二）开展“失信大曝光”行动，促进诚信

四川法院累计纳入失信被执行人名单37.66万人次，公开曝光107.64万人，限制高消费45.05万人，限制乘坐飞机火车77.75万次。在2017、

2018 年第二季度开展的全省法院“失信大曝光”专项行动中，仅省高院就向社会集中曝光 2.7 万条典型的失信被执行人信息，督促主动履行 2 亿多元。各地结合失信惩戒要求，依法依规强化措施。2016 年资阳市委在全国率先开展对被列为失信被执行人的 11 名人大代表、政协委员罢免工作，2016 年 7 月平武县实行人大代表、政协委员失信“一票否决审核”机制。例如，射洪县被执行人杨某某有钱出国看世界杯，却拒不履行生效法律文书确定的义务，法院依法对其采取纳入失信被执行人名单、限制高消费等信用惩戒措施，并针对其要出境看足球比赛这一线索，果断对其实施限制出境措施，最终成功迫使其履行法定义务 30 万元。此外，该案发生在世界杯期间，迅速吸引社会关注，引起广泛热议，起到了非常好的宣传效果，展示了法院基本解决执行难的信心决心，被最高人民法院作为向全国人大常委会专题报告解决执行难工作的典型案例。

（三）开展“执行大会战”行动，集中攻坚

省高院于 2017 年 8 月 29 日至 9 月 1 日、2018 年 9 月 4 日至 7 日，两次组织“执行大会战”全省集中行动，专项行动在全国引起强烈反响，得到最高人民法院主要领导和省委主要领导批示肯定。在 2018 年为期三天 72 小时的“执行大会战”集中行动中，全省法院共出动干警 2.23 万人次、警车 4312 台次，执结案件 4415 件，执行到位 15.5 亿元，集中兑付案款 6.64 亿元，拘传、拘留 1739 名失信被执行人，依法追究刑事责任 11 人；共邀请 854 名各级领导、702 名代表委员出席仪式、见证执行。集中行动中 2418 人在被法院采取强制措施后主动履行案款 3.31 亿元。其中，攀枝花两级法院联同党委组织部门、政府相关部门对 27 名特殊主体被执行人进行集中约谈，9 人当场支付案款 87.72 万元。被执行人秦某看到“执行大会战”宣传报道后，主动到乐至县法院缴纳执行案款 23 万元。

（四）开展“拒执大打击”行动，强化威慑

各级法院通过集中限制一批、罚款一批、拘留一批、当事人自诉一批、

法院判决一批拒不执行的被执行人，进一步加大对逃避执行、抗拒执行的有效规制和依法打击，强化执行威慑，促进主动履行债务。两年多来，四川法院共罚款1420人，拘留7003人，当事人自诉68人，人民法院判处刑罚183人。安岳县一市人大代表经执行法院3次司法拘留仍拒不履行义务，被判处有期徒刑1年。2018年9月21日上午，该法院在城西乡政府巡回公开审理安岳县检察院指控被告人任某某犯拒不执行判决罪一案，庭审过程除邀请人大代表、政协委员、当地村社干部和群众代表旁听外，还有5名正在司法拘留期间的被执行人到场旁听，进一步强化宣传和教育警示作用。宜宾杨某因拒不执行、故意伤害法官家属被判处有期徒刑1年7个月，王某因拒不执行被判处有期徒刑10个月。以上两案，省高院于2018年10月作为典型案例公开发布。

四　针对查人找物、财产处置、执行不能案件退出及管理等问题，优化执行办案机制，全面提升执行能力

四川法院既着眼治标解决好突出问题，更立足治本加大改革创新力度，对执行办案机制进行全面梳理，吸纳各地经验做法，进一步优化办案流程，探索推进防治执行难长效机制建设。

（一）完善民事执行财产调查措施体系

全省法院尤其是省高院严格落实最高人民法院《关于民事执行中财产调查若干问题的规定》，合理划分财产调查责任，规范调查取证行为，出台“律师调查令”工作意见，制发“履行生效裁判文书义务及责任告知书”，发布悬赏执行公告，充分发挥当事人、律师、社会各界依法调查收集证据的作用，进一步丰富执行程序的财产调查手段。鼓励成都、德阳、自贡、眉山等有条件的地区重点推进综治网格员、公证机构协助调查、送达机制，进一步拓展财产线索的来源途径，增加发现被执行人财产的机会。

（二）建立有财产案件集中执行机制

省高院于2016年即着力推行有、无财产分类办理机制，通过“三步判断法”（第一步，在执行立案的同时完成财产保全情况等初步核查工作；第二步，立案后2个月内完成财产调查工作，全面调查案件财产状况；第三步，结案前对财产调查情况“回头看”，听取当事人意见，对案件是否有可供执行财产进行最终确认），对金钱债权执行案件进行甄别。下发《关于民事审判、执行阶段适用调查令的办法（试行）》《关于人民法庭办理执行案件的暂行规定》等规范性文件，借助各方力量强化案件执行。召开全省法院有财产可供执行案件办理工作推进会，开展有财产可供执行案件集中攻坚年活动，建立中级法院协同执行机制，落实执行案件每月排名通报制度，对连续排名落后的法院，进行实地督办，对整改不力的，约谈院长及执行局局长。

（三）规范无财产案件办理程序

2016年12月，省高院出台“关于严格规范民事无财产可供执行案件办理工作的意见”，细化完善民事无财产案件财产查控、分类处理、信息公开、终本意见征询、终本听证、终本动态管理、终本恢复执行、执行救助等8项工作机制，进一步明确无财产可供执行案件的程序标准和实质标准，引导社会理性看待“执行不能”。组织全省法院全面清理2009年以来的所有未实际执结的终本案件，对未及时恢复执行的案件抽查督办。2016年以来，全省共恢复执行9.4万余件，其中5.6万件案件已执行完毕。

（四）建立执行信访案件规范办理机制

将执行信访作为检验执行工作质量、提升当事人满意度的重要手段，强化当事人权益保障。严格落实进京信访执行案件、到省信访案件专人办理、办案留痕等要求，建立信访案件办理情况定期通报制度，并将执行信访化解情况纳入综治考评。目前全省三级法院全部使用执行申诉信访办理系统办理申诉信访案件，2017 年 5 月以来，最高人民法院共交办四川省执行信访案件 184 件，办结 180 件，办结率为 97.83%，化解率为 96.26%。

五　针对传统办案管案问题，依托信息技术，改革创新工作管理模式

四川法院紧紧抓住信息化建设这个“牛鼻子”，借助大数据、互联网等技术，推动执行办案、执行综合管理信息化、智能化水平不断提升。

（一）指挥中心实体化运行，落实“三统一”管理

省高院于 2009 年建立单独的执行工作通报考核制度。2016 年来，以执行指挥中心功能发挥为依托，进一步完善执行工作考核通报制度，每月通报考核各中院首次执行案件办理情况，终本案件合格情况等核心指标，适时通报执行委托督办事项超期积压、现案督办事项超期积压等情况，积极发挥执行工作绩效考核作用，通过统一考核、通报、追究问责等方法，运用数据化手段，加强高院对中院、中院对基层法院执行工作的日常监管。目前，四川法院已通过人民法院执行指挥管理平台办理事项委托 32201 件，事项受理期限内办结率 88%，事项受托平均用时 8.7 天，事项受托办结数占全国的 9.86%。

（二）创新推行“智慧执行”，实现线上调度和线下指挥无缝对接

针对网络查控系统覆盖不全面的客观实际，当事人与执行干警之间的信息不对称状态，以及执行外勤干警即时分布状况不清晰等执行工作管理难题，依托“人民法院应急服务调度平台”，省高院于 2018 年在全省 211 家法院全面部署运行“四川智慧执行系统”，切实发挥应急值守、视频会商、移动执行、阳光执行、综治网格员协助执行等五项功能。全省 211 家法院依托人民法院应急服务调度平台，全面部署运行“四川智慧执行系统”，具体包括应急值守、视频会商、移动执行、阳光执行、综治网格员协助执行等 5

个子系统。建立了“党委推动、政府保障、人大支持”的政策制度、经费保障、工作考核等配套机制，有效发挥四川全省近10万名综治网格员的积极作用。2018年1月19日，最高人民法院党组领导在四川专报上批示：四川法院发挥综治网格员作用助力执行工作的做法很好，值得推广。在同年3月29日召开的全国法院决胜“基本解决执行难”动员部署会议上，周强院长对四川综合治理执行难大格局特别是充分发挥综治网格员协助执行机制给予了高度肯定，要求进一步加大推广力度。

（三）探索“执行+”模式，强化社会参与

全省法院通过“执行+网格”，构建“专业化”查控系统与“群众化”协助执行相结合的查控模式，充分发挥全省10万多名综治网格员查人找物、见证执行、送达文书、化解矛盾等作用。眉山市6个区县财政部门落实网格员协助执行专项经费710万元，协助办理执行事项7000多件，获最高人民法院江必新、李少平等多位领导肯定。推进“执行+保险”，省法院与人保财险公司会签文件，全面实施“悬赏、救助、保全、人身安全”四大执行保险机制。例如，2018年执行悬赏保险机制推出不久，广元市利州区一悬赏举报人即获得10万元奖金。强化“执行+救助”，省法院在2007年即建立了以执行救助为重点的司法救助制度，其后与财政等职能部门会商，逐年提高救助金额，已达政法部门使用资金的83%。2016年来，四川法院已为4964件5779人发放执行救助金6367万元。

六　针对执行规范化问题，坚持刀刃向内，坚决整治“消、选、乱”行为

四川法院始终将治理消极执行、乱执行等乱象作为攻克执行难、促进执行工作健康发展的内在要求，按照坚决查究、全面防控、重点整治、主动接受监督的原则，切实提升执行规范水平和司法公信力。

（一）制定执行规范化建设意见

省高院出台《全省法院执行工作规范化建设指导意见》，围绕“一性两化”，着力规范执行权科学配置、执行案件流程节点管理、执行办案法律适用、执行信息化建设、执行公开、执行工作管理、执行廉政建设和执行工作考核。通过建立切实可行的制度，规范执行权力运用，有效解决消极执行、拖延执行、选择执行、乱执行等执行失范、执行违纪问题。同时，把开展“执行规范年”活动作为一项重要基础工作，与全省“基本解决执行难”工作同时进行安排部署考核。

（二）集中整治“消、选、乱”等执行行为

2016 年，省高院以整治“消极执行、选择性执行、乱执行”为重点，出台《关于消极执行、选择性执行、乱执行责任追究的暂行规定》，细化明确和坚决整治执行工作中的 23 种具体乱象。2017 年，进一步将“消、选、乱”情形细化为拖延立案、拖延办理、长期未结、选择办案等七种类型，切实加大查究力度。2018 年，省法院执行局会同院审务督察办、审管办督查各地执行案件 2400 余件。目前，四川法院无因执行干警利用执行权力违法违纪受到党纪政纪处分或被追究刑事责任的情况。

（三）管控重点领域廉政风险

省高院与省检察院联合发文，联合开展执行案款集中清理。严格实施“一人一案一账号”执行案款管理规定，开发管理系统、明确管理要求，全省法院实现执行案款“款、案、人逐一清晰对应”。省高院执行局 2017 年 5 月 1 日承担网拍管理职能后，及时出台网拍规定，积极开展培训、专项督查，进一步完善机制、明确职能，加强辅助机构的监督管理，规范整个网络司法拍卖行为。截至目前，四川法院网拍成交 8193 件，成交额 147 亿元，成交率 65. 52%，溢价率 275. 28%。

七　针对社会不理解不支持问题，丰富手段拓宽渠道，巩固增强执行宣传效果

为进一步提升执行公信力，赢得社会各界对执行工作的理解支持，四川三级法院制定了执行公开意见和执行宣传方案，明确了公开的方式方法、宣传的节点内容。省法院、22 家中级法院和绝大多数基层法院均坚持了每季度一次执行工作新闻发布会、重大执行活动邀请新媒体作现场直播，实现宣传领域全覆盖。新华社、《人民日报》、《人民法院报》、《四川日报》、四川卫视、《今日头条》等 20 余家中央、省级各类媒体先后刊发四川解决执行难重大举措和典型案例的报道 5000 余篇。中央电视台《新闻联播》《朝闻天下》栏目 2 次报道省法院联合惩戒失信被执行人以及打击抗拒执行违法犯罪等工作，社会反响良好。达州、绵阳、泸州等地中基层法院通过网易、《今日头条》、四川发布等网络直播现场执行活动，引起 1000 万网民围观、20 多万网民跟帖评论，点赞和支持人民法院依法执行。2018 年 7 月 5 日的全省中级法院“院长大比武”现场竞赛当天，新华社、《法制日报》、《人民法院报》、《四川日报》、四川卫视、凤凰网、腾讯网等 20 多家媒体记者现场宣传报道，活动全程网络直播，在线收看人数超过 73 万。2018 年 9 月，结合全省法院“执行大会战”集中行动，在最高人民法院指导下，省法院组织在成都、泸州和达州开展了 3 场执行案件全媒体直播，全国 40 余家媒体参加直播，案件执行现场还邀请了全国、省市人大代表政协委员和社会群众见证执行，网络直播活动共计 4000 万人次围观。此外，省法院还编辑《四川省执行工作联席会议专刊》近 100 期，直报中央政法委、最高人民法院和省委省政府，下发省级各单位和各市州政法委书记、法院院长；编发法院工作简报“基本解决执行难”专刊 110 期，交流经验、扩大影响。

四川法院推进“基本解决执行难”以来，虽然取得了突破性进展和成效，但对照中央要求、最高人民法院部署以及人民群众的期待，任务依然很

重、困难依然不少，突出表现在以下几个方面。一是“查人找物难”仍没有完全解决。网络查控系统尚不能有效满足执行需要，无法对各种财产信息一网打尽，查控系统的效率低、信息不准确等问题客观存在。包括银行存款在内，股票、基金等常规财产形式未能完全实现“查、冻、扣”的一体化处理。二是对比案件增速，人案矛盾仍然突出。执行案件呈逐年大幅上升趋势，远高于诉讼案件的收结案和人均办案数。尤其是成都、南充等案件体量大的法院，办案压力尤为突出、人案矛盾一时难解。三是对逃避、妨碍执行的精准有效打击难度大。四川法院点多面广，网络查控、失信惩戒对于地处农村地区、偏远山区、民族地区的被执行人作用有限。此外，部分联动单位未与发展改革部门进行网络连接，未将失信被执行人名单信息嵌入单位的管理、审批系统，未能实现对失信被执行人名单信息自动比对、自动拦截、自动监督、自动惩戒，失信惩戒的效率效果受到一定影响。四是追究拒执刑事犯罪的力度不够。两年多来四川法院判处拒执罪 183 人，“移送侦查无果、自诉无人启动”现象还较突出，与执行案件数量和执行工作实际不符，未能有效体现执行工作应有的强制性。五是“执转破”工作需要加强。2016 年来，四川法院裁定审查“执转破”案件 257 件，涉执行案件 4715 件，已审结 59 件。但不少地区仍面临部门不支持、当事人不愿意、法院不积极、机制不健全的“四难”局面。

四川法院在完成“基本解决执行难”目标任务后，仍会在今后相当长的一段时间内，将解决执行难作为法院工作重心，巩固“基本解决执行难”工作取得的成效，积极转化探索取得的经验做法，建立符合执行规律的执行工作长效机制，坚决防止执行难问题反弹，统筹推进执行难的综合治理和标本兼治。一是紧紧围绕核心指标抓办案，将常态化开展“司法大拜年、失信大曝光、执行大会战、拒执大打击”专项行动和办案情况通报、督察督办有机结合，不断提升执行案件质效和规范化水平。二是注重发挥执行信访工作的监督和救济双重职能，强化通过执行保险、救助等方式落实司法人文关怀，切实树立司法公信，提升人民群众对执行工作的满意度。三是加大改革创新力度，全面推行“智慧执行”系统和综治网格员协助执行，完善专业执法与社会调查相结合的执行查控机制。全面发挥执行指挥管理平台调度指挥作用，深入推进“执转破”、悬赏执行、执行保险等制度运行。四是促进共建共治，着力推动解决执行权运行、社会诚信建设缺位、保险体系建设滞后等法院系统以外的一些深层次问题。

B.12
四川检察机关提起公益诉讼的实践与探索

四川省人民检察院课题组*

摘　要： 全面开展公益诉讼工作以来，四川检察机关积极作为，稳步推进公益诉讼工作，一大批党委政府高度关注、人民群众反映强烈的公益保护问题得到切实解决。检察机关在公益诉讼实践与探索中也发现，公益诉讼整体合力尚未形成，行政机关接受监督的意识有待加强，检察机关自身问题和矛盾突出，检察公益诉讼还缺乏相应配套制度。建议下一步继续完善相关工作机制，紧扣重点领域，加强机构队伍建设。

关键词： 检察机关　公益诉讼　国有财产

2014年10月，党的十八届四中全会作出《关于全面推进依法治国若干重大问题的决定》，明确提出“探索建立检察机关提起公益诉讼制度”。2017年6月27日，十二届全国人大常委会作出修改《民事诉讼法》《行政诉讼法》的决定，正式确立检察机关提起公益诉讼制度。同年7月1日起，全国检察机关全面开展提起公益诉讼工作。四川省检察机关将公益维护职责作为检察机关围绕党委政府中心工作，服务经济社会发展大局新的着力点，按照“抓机制、重指导、突重点、办好案”的工作思路，稳步推进公益诉讼工作，探索出了一条具有四川特色的检察公益诉讼之路。

---

* 课题组负责人：吴华斌，四川省人民检察院民事行政检察处副处长。课题组成员：陈爽、魏薇、高磊、王姝。执笔人：陈爽，四川省人民检察院民事行政检察处四级高级检察官。

一　全省检察公益诉讼工作基本情况

《民事诉讼法》和《行政诉讼法》修改后，四川省检察机关按照最高人民检察院部署，在履行职责中发现生态环境和资源保护、食品药品安全、国有财产保护、国有土地使用权出让、英烈保护等领域存在损害国家利益和社会公共利益行为的案件线索3941条，决定立案2932件，通过发布诉前公告或向行政机关提出诉前检察建议、履行诉前程序2462件。行政机关积极履职，办理公益诉讼案件2052件，强化了对国家利益和社会公共利益的有效保护。对符合起诉条件的案件，检察机关提起诉讼170件，其中提起行政公益诉讼3件，民事公益诉讼1件，刑事附带民事公益诉讼166件。人民法院审结63件，除3件调解结案外，均判决支持了检察机关的诉讼请求。中央电视台、《人民日报》、《检察日报》、《四川日报》等中央和省级主流媒体报道四川检察公益诉讼工作30次。最高人民检察院在全国新闻发布会上5次提到四川省检察机关做法。

一是努力构筑生态保护“检察屏障”。坚持“绿水青山就是金山银山”理念，办理生态环境和资源保护领域公益诉讼案件1856件，督促修复被污染、破坏、违法占用的林地、耕地、湿地、草原6492亩，消除污染隐患及治理恢复被污染水源地面积17.64万亩，促成关停和整治造成环境污染的企业、养殖场238家，督促清理生活垃圾和固体废物5.74万吨。资阳、内江、德阳、南充、阿坝等地检察机关通过办理资源保护领域公益诉讼案件，有效遏制了当地长期以来的非法采矿、采砂等违法行为。宜宾、攀枝花、雅安、甘孜等地检察机关通过提起刑事附带民事公益诉讼督促修复因盗伐、滥伐林木或失火毁损的国有林、公益林5200余亩。巴中化成水库、宜宾惠泽水库、自贡小井沟水库、南充嘉陵江、绵阳茶亭乡水库等一批城镇饮用水水源地保护区的污染问题通过检察监督得到明显改善。省检察院挂牌督办的“5·5”嘉陵江铊污染公益诉讼案件，违法企业赔偿损失和修复费用8000万元。通江县检察院诉至诚镇政府违法处置乡镇生活垃圾一案，系全国非试点地区提起的首例行政公益诉讼案件，促成县政府投入2.5亿元规划建设28个热裂解垃圾处理场，全面规范处置城镇生活垃圾。

二是全力维护人民群众“舌尖上的安全”。针对食药监部门监管不到位、违法企业或商户违规生产销售质量不合格食品药品及监管薄弱的网络外卖、校园周边“五毛食品”等方面开展监督，办理食品药品安全领域公益诉讼案件525件，督促查处销售假冒伪劣食品1503千克，假药和走私药品132种。阿坝、甘孜、德阳、绵阳、广元、遂宁检察机关在“疫苗事件”发生后，第一时间对接行政机关开展联合检查，排查疫苗安全隐患。成都市检察机关督促行政机关加强对“美团”“饿了么”等平台的监督管理，被最高人民检察院在新闻发布会上作为典型案例发布，并在全国检察机关“保障千家万户舌尖上的安全”专项监督活动会议上作了交流发言。

三是着力加强对国有财产安全的保护。针对套取政策性财政补贴、偷逃税款、行政罚款、拖欠人防易地建设费等违法行为，办理国有财产保护领域公益诉讼案件338件，挽回国有财产损失1.49亿元，其中监督收回人防易地建设费1亿元，社保资金3879万元。泸州市检察机关主动服务精准脱贫，监督行政机关追回被套取的农村残疾人到户贷款贴息资金、项目贷款贴息资金和贫困村互助资金60余万元。资阳市检察院针对某房地产开发商未办理环评手续擅自开工建设，并以虚构小型开发项目的方式逃避巨额处罚的违法行为，监督市环保局撤销原3万元的处罚决定，重新作出罚款300余万元的处罚决定。绵阳市检察院监督社保、卫计部门依法查处两个民营医院开具“阴阳处方”、用药“偷梁换柱”的违法行为，追回被骗取的社保资金3115万元，并对涉事医院处以行政罚款1亿元。

四是有效维护国有土地使用权出让秩序。对国土部门怠于监管相对人的拖欠土地出让金、土地闲置、擅自改变土地用途等违法情形加强监督，办理国有土地使用权出让领域公益诉讼案件164件。督促行政机关收回国有土地出让金27.99亿元，依法解除国有土地使用权出让合同涉及的国有土地1599亩，有力打击了房地产市场普遍存在的开发商拖欠土地出让金、违法储备土地“炒地皮”等现象，维护了良好的土地出让秩序。华蓥市检察院督促国土部门收回某公司长期闲置的270余亩工业园区土地，起到了良好的警示效应。绵阳市检察院通过诉前程序督促国土部门将两宗出让合同所涉5亿余元出让金及违约金1.13亿余元全部追缴到位。

五是依法保护英雄烈士名誉荣誉。全面贯彻《英雄烈士保护法》，充分发挥检察机关在英雄烈士保护方面的职能作用，针对侵害英雄烈士的姓名、肖像、名誉、荣誉的行为，办理英烈保护领域案件49件。南充、德阳检察机关对网络不当言论抹黑张思德、黄继光等英烈名誉的行为，依法督促相关行政机关履行监管职责，净化网络空间。内江、泸州、巴中、宜宾、雅安检察机关对相关行政机关怠于履行对烈士墓、烈士陵园、红军文物遗迹等纪念场所、纪念设施监管责任的情形提出诉前检察建议，督促行政机关履行修缮、维护、管理职责，方便人民群众瞻仰、悼念英雄烈士，营造了缅怀、崇尚、学习英烈的正气和浓厚氛围。

二　主要做法

全省检察机关全面争取领导支持，加强协作配合，从履职保障做起，突出办理重点案件，努力向党委政府和人民群众提交公益保护的满意答卷。

一是积极争取领导支持推动构建公益保护“大配合”格局。省检察院高度重视公益诉讼工作，在公益诉讼工作全面推开后，迅速召开全省工作会议作出部署。省检察院向省委书面报告了公益诉讼工作，起草的《关于深入推进公益诉讼工作的实施意见》经省委全面深化改革领导小组审议，由省委、省政府“两办”联合印发全省贯彻执行。在省检察院的推动下，各地通过书面报告、会议专报等形式向同级党委、人大、政府、政协专题汇报或通报公益诉讼工作，全省三级党委政府人大领导作出肯定性批示273次，21个市（州）和48个县（市、区）党委政府“两办”联合出台支持公益诉讼工作的文件，细化贯彻措施，广安、达州、资阳、广元等地人大出台决议支持检察公益诉讼工作。巴中、南充、广安、甘孜、成都等地党委将公益诉讼工作纳入目标督查和绩效考核，强化责任落实。省检察院走访相关省级单位会商建立协作机制，与省保护消费者权益委员会联合印发《关于建立消费公益诉讼协作工作机制的意见（试行）》。21个市（州）检察院、140个基层检察院与同级监察委员会、人民法院、政府法制部门、环保、林业、国土、食药监、水务、工商等部门出台建立协作机制的会签文件200余份，部分地区依托本地依法治市（县）、“两法衔接”领导机构建立协作机制。全省检察机关还联合相关行政机关建立了沱江、嘉陵江、金沙江、赤水河、贡嘎山、华蓥山、瓦屋山等山川河流的跨行政区划协作保护工作机制。广元、广安等地检察机关与当地人民法院、财政部门联合出台办法规范公益诉讼资金的管理与使用。

二是强化组织领导内部协作，构建一体化工作格局。在公益诉讼工作推动过程中，省检察院多措并举强化机制建设和工作指导，初步构建起以省检察院为龙头、市州检察院为主体、基层检察院为基础的上下一体、区域联动、指挥有力、协调高效的办案一体化机制；建立全省线索和案件统一管理台账、诉前检察建议报上一级检察院审批和起诉层报省检察院审批机制；在全国率先出台《四川省检察机关办理公益诉讼案件规定（试行）》，制定《关于充分发挥检察职能　服务绿色发展　建设美丽四川的意见》；建立分片区检察官联络机制，多次召开案件研讨会，省、市、县三级院“面对面”分析研讨案件百余件；坚持每月向全省通报公益诉讼工作情况，组织覆盖全省范围的公益诉讼工作督查，强化督导落实；出台解决民族地区公益诉讼办案空白工作方案落实措施和责任，全省各基层院立案和诉前建议办案空白情况迅速得到扭转。全省检察机关均成立了公益诉讼工作领导小组，直接由检察长任组长，组织领导进一步加强。全省三级检察院均成立了检察长任组长的公益诉讼工作领导小组，5个市（州）检察院成立了公益诉讼指挥中心，16个市（州）检察院、75个基层检察院出台了办案内部协作机制，建立起“一案多查、双向移送”制度，使一大批公益保护线索进入检察监督视野。广安、德阳、乐山、雅安、甘孜等地成立公益诉讼指挥中心，办案力量得到进一步整合。广安市检察院搭建行政执法与行政检察衔接信息平台，泸州市纳溪区检察院将公益诉讼工作全面纳入“智慧城市”建设，借助现代科技和大数据打造“智慧公益诉讼”，取得良好效果。资阳、自贡等地检察机关内部出台民行、技术、法警协作机制，全力保障公益诉讼案件的顺利办理。

三是突出民生焦点部署专项行动，加大办案力度，促进依法行政。2018年以来，我们将工作重心逐步从机制建设转向司法办案，年初即召开全省检察机关公益诉讼工作现场推进会，梳理线索收集渠道，对调查取证工作细化指导措施，现场交流办案经验，二季度全省公益诉讼办案各项数据实现3～5倍增长，全省基层检察院全面消灭立案和诉前程序空白。2018年10月，省检察院对全省检察机关贯彻落实省委、省政府“两办”《关于深入推进公益诉讼工作的实施意见》的工作情况和案件办理开展集中督察和清查，督促各地加大办案力度。省检察院在全省部署“打好污染防治攻坚战”和“保障千家万户舌尖上的安全”两个公益诉讼专项活动，指导各地在网络食品和校园周边食品销售、山地河流区域生态保护、矿产渔业资源保护、国有土地使用权出让、乡镇污水处理、城市建筑工地扬尘治理等方面开展特色小专项的新型专项行动模式，重点解决食品安全、污染环境、垃圾处置、饮用水源地保护等社会广泛关注、人民群众反映强烈的热点公益问题。

四是加强履职保障培训宣传，提升人员素质和社会影响。按照省检察院要求，全省检察机关进一步加强各项履职保障，陆续调配精干力量充实到办案一线，承担公益诉讼职责的民事行政检察部门总人数同比2017年7月增加42%，员额检察官人数增加41%。各地通过集中培训、外出考察、跨区域交流、庭审观摩等方式提升办案人员专业素质素能，增配无人机、执法记录仪、录音录像设备等办案装备，加大履职保障。省检察院举办全省业务骨干专题培训，建立全省三级检察院公益诉讼微信群，创新举办“微信讲堂”，在机关刊物《四川检察》开辟《检察长谈公益诉讼》专栏，专题刊登各地检察长的工作思路和措施。省检察官协会举办“四川省检察机关公益诉讼论坛”，与最高人民检察院领导、高校专家学者以及全国6省检察机关的参会代表共商公益诉讼理论及实践问题。德阳市法学会挂牌全国首个公益诉讼应用研究会，广安检察机关与西南政法大学、西南大学建立实证研究基地，内江市检察院与内江师范学院建立院校联合协作机制，乐山市检察院与中国政法大学、甘孜州检察院与西南民族大学联合举办公益诉讼研习班，全省检察机关公益诉讼学术研究氛围逐步形成。省检察院召开全省检察机关公益诉讼工作新闻发布会，向20余家省级主流新闻媒体通报公益诉讼工作情况并同步发布典型案件，与四川日报社联合举办“四川省检察公益诉讼十大典型案例”评选活动。各地相继召开新闻发布会、通气会，依托“两微一端”新媒体和“法律六进”，结合“环境保护日”“12·4宪法日”“检察开放日”开展公益诉讼专题宣传，德阳、南充、广安、达州、自贡等地检察机关制作公益诉讼宣传片、微电影在政务广场LED显示屏和电视台滚动播出。全省检察机关共发布公益诉讼宣传稿件200余篇，各级电视、广播和报刊编发新闻稿件270余篇。德阳、广安、巴中、内江、遂宁、资阳等地打造公益诉讼示范庭，邀请人大代表、政协委员、行政机关负责人和社会公众观摩，开展“庭审观摩+恢复生态现场新闻直播”，取得良好的宣传警示教育效果。

全面开展公益诉讼工作以来，四川检察机关已经摸索出一些公益诉讼工作“四川经验”。一是开展公益诉讼工作首先必须争取地方党委的坚强领导。检察机关既是法律监督机关，也是政治机关，开展公益诉讼工作必须紧紧依靠党委的有力领导。四川省推动省委、省政府“两办”出台支持公益诉讼工作的文件后，全省各级检察院以贯彻落实“两办”文件为契机，在党委常委会议、人大主任会议及政府常务会议上开展“会前学法”宣讲公益诉讼工作247次，16个市（州）、110个县（市、区）党委、政府将开展公益诉讼工作相关经费纳入保障体系，11个市（州）、116个县（市、区）检察机关、行政机关、人民法院将公益诉讼工作纳入本地区综合考核评价体系，12个市（州）、97个县（市、区）党委、政府及行政机关将领导干部插手干预公益诉讼工作纳入政绩考核体系，公益诉讼保障措施全面落地。二是强化诉前检察建议刚性，力争在诉前程序阶段即解决问题。省检察院出台《四川省检察机关检察建议公开办法（试行）》，探索操作规范化、场所标准化、程序仪式化、监督社会化的检察建议公开宣告模式，力求把诉前检察建议做成刚性、做到刚性，实现监督双赢多赢共赢。广安市检察机关在公益诉讼案件办理中引入检察公信力第三方评价机制，甘孜、遂宁、资阳、广元等地检察机关打造专门的“检察建议宣告室”，向行政机关宣告诉前检察建议时邀请人大代表、政协委员、人民监督员和群众代表参加，公开示证、论证、说理、解答，增强检察建议社会支持度。绵阳、达州、德阳、广安在发出检察建议前后召开“圆桌会议”约谈行政机关负责人，通过充分沟通督促行政机关依法履职。广安、达州、甘孜、阿坝、遂宁、南充等地检察机关与同级纪委、监察委建立案件线索“双向移送”机制，强化对行政机关“不作为、乱作为”的执纪问责。三是推动全省工作平衡发展，推动民族地区公益诉讼工作得到最高人民检察院充分肯定。基层检察院是公益诉讼的办案主力军，甘孜、阿坝、凉山“三州”共辖48个基层检察院，占全省基层检察院总数的26%，但“三州”各基层检察院人员较少、观念陈旧、干劲不足、素质不高、能力不强，加之禁毒防艾和扶贫维稳任务繁重，公益诉讼工作起步较难。省检察院多措并举强化对民族地区的直接指导，狠抓民族地区工作“短板”，2018年来，“三州”检察机关共立案364件，办理诉前程序338件，工作实现“弯道超车”，经验和做法在全国检察机关全面推开公益诉讼周年座谈会上进行了交流发言。

三　存在的主要问题

四川省检察公益诉讼工作实现了平稳起步并有所作为，但还存在下列问题亟待解决。

一是公益保护整体合力尚未形成。国家利益和社会公共利益的保护是一个系统工程，需要行政、审判、检察等公益保护机关通过依法履职合力进行保护。从司法实践看，各类保护主体目前基本是独斗散打状态，检察机关“一头热”的现象比较普遍，特别是省级层面的相互沟通协作工作机制还需要进一步健全。同时，公益诉讼社会认知度和参与度不高，检察公益诉讼案件线索主要来源于检察机关正在办理或已经办结的各类案件，线索来源相对狭窄。

二是行政机关接受监督意识有待加强。从目前检察机关办理的公益诉讼案件看，全省部分地区为地方经济发展牺牲生态环境、违法主体为自身利益损害社会公益的现象比较普遍，行政机关作为公益保护的直接责任主体选择性执法、执法不严，对中央各项公益保护政策措施贯彻不力的问题比较突出。司法实践中，部分行政机关接受监督的意识不强，不及时回复检察建议、虽回复采纳但实际并未按建议内容整改或拖延整改、相互推诿扯皮等现象还客观存在。

三是检察机关自身问题和矛盾突出。部分检察院党组和检察长对公益诉讼工作的重大意义认识不到位，存在等靠思想和畏难情绪。在多重改革背景下，承担公益诉讼工作职责的民事行政检察部门担负民事行政诉讼监督职能和公益诉讼新职责，全省三级检察机关民事行政检察部门“人少、案多、事杂”，人员对法定公益所涉领域研究不深不透、对行政执法权力运行规律和规范了解不深、掌握不够，调查取证和出庭诉讼能力欠缺等问题突出，机构设置、办案力量与多重职责严重不匹配，队伍力量薄弱问题突出。

四是检察公益诉讼还缺乏相应配套制度。修改后的《民事诉讼法》《行政诉讼法》各增加一个条款规定了检察公益诉讼，仅搭建起了公益诉讼基本制度框架，实践操作还缺乏明确具体的配套规定。检察机关调查取证手段还没有强制性保障规定，办案规则、法律文书规范还未出台，检法两院在司法实践中对一些具体问题的认识分歧还有待统一。在生态环境和资源保护、食品药品安全等领域对专业机构和专家意见依赖性较高，目前没有统一的机构专家参考名录，对经诉讼获得的赔偿资金统一管理使用问题在全省也没有统一。

四 下一步工作对策

全省检察机关将紧紧围绕省委中心工作和全省经济社会发展全局，积极稳妥、依法规范、审慎行权，扎实推进公益诉讼工作。

一是紧紧依靠党的坚强领导推动公益诉讼工作。继续积极争取各级党委对公益诉讼工作的领导，督促检察机关不断改进和加强这项工作，监督行政执法机关依法办理检察机关提出的监督事项，帮助解决公益诉讼工作中的困难和问题。

二是继续完善相关工作机制，促进形成保护公益的社会整体合力。按照省委省政府“两办”文件要求，在省级层面建立由党委政府牵头、检察机关主导、人民法院和重点行政执法部门参与的联席会议工作机制，促进形成“党委领导、人大监督、政府支持、各界协同”保护公益的社会整体合力；及时总结司法实践经验，收集相关问题加强分析论证，提请人大立法机关开展公益诉讼重点领域执法检查、视察、调研，推动在立法层面完善公益诉讼法律制度；与相关行政机关、高校、社会组织协商建立全省统一的公益诉讼各法定领域的鉴定机构名录、专家咨询库；与省财政厅、省法院会商建立全省统一的公益诉讼资金管理使用机制；加强和省法院的沟通，就公益诉讼审理程序的相关问题交换意见并达成共识。

三是紧扣重点领域，进一步加大办案力度。全面贯彻《民事诉讼法》《行政诉讼法》《英雄烈士保护法》的规定，突出重点领域公益诉讼案件办理，服务全省经济社会持续健康发展，回应民众关切；继续探索“智慧公益诉讼”，建立行政检察与行政执法衔接机制，运用现代信息化手段和“大数据”助力公益诉讼工作；加大检察机关公益诉讼职能宣传力度，拓展举报途径鼓励人民群众向检察机关举报公益诉讼线索；搭建全省公益诉讼指挥平台，依托全省一体化办案机制和各类专项行动办理一批有较大影响力的公益诉讼案件，打造法治四川建设示范效应。

四是加强机构队伍建设，提升司法办案水平。结合检察机关内设机构改革，单设公益诉讼检察机构或组建公益诉讼办案组，配齐配强公益诉讼办案人员。挖掘内部潜力，整合队伍力量，建立全省公益诉讼人才库。加强公益诉讼办案岗位技能培训，通过举办培训班、以会代训、外出学习、组织观摩、抽调办案等多种形式，不断提高检察办案人员发现线索、调查核实、庭审应对等能力，打造一支懂行政、会调查、善公诉的公益诉讼专业办案队伍。

B.13

未成年人综合司法观护的法治实践

——以南充市检察机关未成年人检察工作为视角

南充市依法治市领导小组办公室课题组*

摘　要： 当前，青少年违法犯罪和少年儿童被侵害形势较为严峻，未成年人权益保护和犯罪预防工作任重而道远。南充市检察机关成立专职机构、强化团队专业化建设，坚持规范化的办案制度和社会管理的不断创新完善，落实对未成年人的“双向保护”（保护社会利益与保护未成年犯罪嫌疑人利益）原则，以办案促帮教，主动参与社会综合治理，撬动社会力量广泛参与，积极构建未成年人综合司法观护体系。

关键词： 未成年人保护　司法观护　检察工作

青少年是祖国的未来，民族的希望。加强对青少年的司法观护，关系到青少年的健康成长，关系到家庭幸福和国家长治久安。南充市检察机关在履行检察职责中，坚持“双向保护”原则，严厉打击侵害未成年人的各类违法犯罪行为，落实对犯罪未成年人教育、感化、挽救的方针；坚持教育为主、惩罚为辅的原则，切实保护未成年人的各项合法权益；主动参与社会治安综合治理，积极开展未成年人犯罪预防和帮教工作，推进未成年人社会支持体系化的完善，努力构建未成年人的综合司法观护体系。

---

* 课题组负责人：古正举，中共南充市委副书记、市依法治市领导小组副组长。课题组成员：兰吉春、李敏、游远、许怡婷、胡永椿。执笔人：谢奎，南充市人民检察院未成年人检察处处长。

一　成立专职机构，建立未成年人检察工作团队

设置独立的少年司法专门机构是少年司法制度发展的重要组织保障，也是衡量一个国家少年司法制度是否成熟的重要标志之一。1986 年上海市长宁区法院成立了全国第一个少年法庭、长宁区检察院成立了第一个"少年起诉组"。2012 年，《刑事诉讼法》修改，在特别程序中增加了未成年人刑事案件诉讼程序共 11 条，司法界对少年司法的特殊性有了进一步的认识。2015 年底，最高人民检察院将未成年人保护作为专门职责与独立业务范围正式成立未成年人检察工作办公室，并下发《关于进一步加强未成年人刑事检察工作的决定》，北师大教授对此作出如下评价："高检未成年人检察办的成立充分体现检察机关在未成年人保护与犯罪预防这一关乎国家未来、民族复兴问题上的担当精神和历史使命感，开启了中国少年司法制度发展进程中崭新的一页，在我国少年司法史上具有里程碑意义。"在四川省人民检察院成立未成年人刑事检察处后，2016 年 8 月，南充市检察院增设未成年人刑事检察处。之后全市九个县（市、区）检察院均陆续成立有独立编制的未成年人检察机构，全市二级检察机关共配备员额检察官 22 名、检察官助理 10 名从事未成年人检察工作，其中有 5 名干警取得国家三级心理咨询师资格。对未成年人检察案件"专人专办"，落实"捕、诉、监、防"一体化办案模式，对未成年人刑事犯罪案件和侵犯未成年人权益的刑事犯罪案件的审查逮捕、审查起诉和刑事诉讼活动进行监督，开展未成年人犯罪预防以及对罪错未成年人的挽救、帮教、矫正工作，依法保护、救助未成年被害人。

全市检察机关整合自身检察资源，成立未成年人检察工作团队：营山县检察院成立"知心姐姐"团队、仪陇县检察院成立"护苗人"团队、顺庆区检察院成立"梧桐树工作室"、蓬安县检察院成立"代理检察官妈妈"团队等，从组织机构和办案人员素质上为未成年人检察工作打下了坚实的基础。这也标志着南充市未成年人检察工作专业化、规范化建设进入一个新的发展阶段。

二　以司法办案为中心，构建未成年人司法观护体系

（一）侵害未成年人的违法犯罪，依法严厉打击

对侵害未成年人的犯罪分子，依法从快、从严惩处。及时提前介入，强化立案监督、侦查活动监督和诉讼监督，坚决纠正有案不立、有罪不究和量刑确有错误的案件。2017 年南充市检察院未成年人检察部门办理的被告人郭某故意杀害未成年女学生一案，在公诉人当庭建议下，一审法院判处其死刑（立即执行）；同年对判处无罪的涉嫌强奸犯罪被告人提起抗诉，二审依法改判为有罪，依法追究了其刑事责任。全市检察机关探索开展对侵犯未成年人民事、行政权益违法行为的处置，以支持起诉、公益诉讼等形式维护未成年人民事、行政权益不受侵害。2018 年全市开展了对校园周边食品安全、交通安全整治专项活动，顺庆区、西充县及仪陇县等基层检察院均提起了公益诉讼，以维护校园周边环境安全。营山县检察院对遭受亲生父亲强奸的未成年被害人支持起诉，剥夺被告人对被害人的监护权。

（二）保障未成年犯罪嫌疑人的合法权益，彰显有温情的司法公正

1. 强化“儿童利益最大化”的少年司法理念

全市检察机关对未成年人坚持依法少捕、慎诉、少监禁的原则，最大限度挽救涉罪未成年人。近年来对未成年人不捕率逐年升高，2017 年不批准逮捕涉罪未成年人 80 人，不捕率为 35.9%；2018 年 1～8 月不批准逮捕涉罪未成年人 53 人，不捕率 43.09%，同比增加 9.54 个百分点；依法开展捕后羁押必要性审查，对 57 名批捕未成年人犯罪嫌疑人及时变更为非羁押强制措施；2017 年来共受理移送审查起诉的未成年犯罪嫌疑人 296 人，提起公诉 176 人，作出附条件不起诉决定 31 人，作出不起诉决定 35 人，不起诉率 22.3%，与全省 23.9% 的不起诉率基本持平。

2. 规范未成年人刑事诉讼特殊程序

（1）法律援助制度。全市检察机关全面保障未成年人在刑事诉讼各环节的辩护权和法律帮助权，与法院、公安和司法机关会签文件，在全市律师队伍中双向选取适合、愿意办理未成年人案件的优秀律师，建立未成年人法律援助律师人才库，规范各诉讼环节法律援助工作衔接不断层，确保涉案未成年人在诉讼各个环节的辩护权与法律帮助权。

（2）法定代理人、合适成年人到场制度。各地联合关工委、团委、妇联和居委会等基层组织、社会公益人士建立起在场合适成年人数据库，确保每次讯（询）问未成年人均有法定代理人或者合适成年人在场。

（3）社会调查和犯罪记录封存制度。全市各地建立起以侦查机关调查为主，检察机关调查为补充的社会调查制度。仪陇县检察院还联合公安机关、人民法院建立起未成年人犯罪酌定情节评定机制，实行“一站式”社会调查模式，侦查机关提供的“未成年人犯罪酌定情节评定表”经检察、审判机关确认后，在判决书上载明作为量刑的依据。全市严格落实对判处五年有期徒刑以下的未成年人犯罪记录封存制度，并设立专柜保存。

（4）亲情会见和心理测评、心理疏导制度。全市检察机关在办理案件中，根据个案情况，适时安排未成年人法定代理人与其亲情会见。通过购买社会力量，并邀请心理医生对未成年人进行心理测评和疏导，及时为涉案未成年人开展心理矫正。帮营山县检察院还招募社会心理医生 6 名，组建未成年人心理矫正团队，提供长期的专业化心理矫正，帮助犯罪未成年人尽快回归社会。

3. 以抗诉为抓手，强化诉讼监督

南充市检察院不仅对未成年人犯罪案件在侦查活动与审判活动中的程序性违法提出书面纠正意见，更加注重对未成年人案件实体的监督，近 3 年来全市共对 12 名量刑畸重的未成年人犯罪一审判决提出抗诉，有效维护了涉罪未成年人的合法权益。例如，何某某等六人系未成年人，因无生活来源结伙作案，于 2014 年 8 月至 12 月期间，多次持刀、持械进行抢劫。一审法院以抢劫罪对六名被告人作出了有期徒刑三年二个月至九年不等的有期徒刑判决。检察机关审查后认为，该判决适用法律不均衡，一审法院对本案参与四次抢劫的未成年被告人均作出减轻处罚，却对参与抢劫两次的一名未成年人只作出从轻处罚决定。另外，涉案未成年人均系留守儿童，父母长期疏于管教，其犯罪有一定的社会与家庭原因，一审法院对其减轻幅度过小。为贯彻对犯罪未成年人教育、感化、挽救的方针，切实保障未成年人的合法权益，遂提出抗诉。二审法院采纳全部抗诉意见，对六名未成年被告人减轻刑罚并作出了四个月至一年零六个月不等的终审判决。

（三）对未成年人开展司法综合救助

2017 年市检察院出台《南充市检察机关未成年人国家司法救助工作办法》，积极开展未成年人国家司法救助工作。对未成年被害人和不予逮捕、不起诉（附条件不起诉）的未成年犯罪嫌疑人以及其他困境未成年人，积极采取有效措施，联合多方力量进行帮教，助其走出困境。

1. 对未成年被害人的救助

全市两级检察机关注重对未成年被害人的救助工作，邀请心理专家开展心理疏导、发放司法救助金、帮助就业上学等。近三年共对 36 名未成年被害人联合心理咨询师进行心理疏导，帮助 22 名未成年被害人转学就读，对 25 名未成年人发放救助金三十余万元。仪陇县检察院还引入公益资金，创新设立“刑事被害人救助基金”，得到中央政法委、最高人民检察院肯定推广。

2. 对未成年犯罪嫌疑人的救助

对未成年犯罪嫌疑人除开展心理干预矫正外，办案中高度重视家庭教育的重要作用，有针对性开展“亲职教育”[①] 工作。各院还创新开展帮教观护，切实帮助涉法未成年人尽快走出犯罪阴影、正常回归社会。顺庆区检察

① 对因监护失职或者失误导致被监护的未成年人违法犯罪或者遭受犯罪侵害的父母或者其他监护人，依职权对其教授一定时间关于监护义务履行、子女教养技巧等方面的亲职教育课程，督促和引导其正确履行监护教育职责。

院为未成年犯罪嫌疑人搭建四个平台，创建“检察机关+公益组织+爱心企业”帮教模式，取得良好效果。一是搭建工作技能培训平台。该检察院和四家爱心企业正式签约设立全市首批未成年人观护（关爱）基地，采用“检察机关+社会团体”两方联动模式，对符合帮教条件（特别是在南充市无固定住所）的多名涉罪未成年人，按照平等、自愿、尊重、保密的原则，综合考虑其人格特点、成长经历、技能特长等方面，将其安排到最适宜的观护基地工作，由企业提供就业岗位、食宿条件，让其学习工作技能和培养融入社会的能力，定期对其工作表现进行评估。该项工作开展以来共有18名涉罪未成年人在观护基地工作，其中16名工作期满，分别顺利重返学校、社会。二是搭建德育教育培训平台。顺庆区检察院和四川省十佳志愿者服务组织南充市金彩虹公益协会签订协议，采用“检察机关+公益组织”两方联动模式，定期开展对涉罪未成年人的德育教育活动，发挥金彩虹公益协会中明星公益人物的示范、引领和榜样作用，定期参与各类固定公益活动，让涉罪孩子接受心灵洗礼，点燃其内心向善的火苗，促使其蜕化转变。该院与南充市的福利院商定了合作意向，由检察官组织涉罪孩子定期到福利院开展关爱儿童、老人的活动。三是搭建文化知识培训平台。涉罪未成年人文化程度偏低，普遍具有厌学、弃学情绪，为帮助这些孩子重拾书本、感受知识的力量，该院创设一月一次的“守望·读书会”栏目，以“陪你读书、伴你成长”为活动宗旨，每月选定“亲情”“改变”“奉献”“选择”等主题词，在检察官们的带领下，让涉罪孩子读经典、谈心得、讲体会。四是搭建亲职教育培训平台。该院引入社会化帮教力量，探索亲职教育帮教模式。与“心海阳光”心理咨询师团队、中宏保险公益团队合作，通过为监护人、涉罪孩子提供辅导、开展多方会议、带动参与活动等方式，教授监护人亲子沟通等技能，并建立了“想为你做更多　只为你点滴进步”微信群，随时向家长通报、交流孩子们在观护矫正活动中的表现、思想变化情况，帮助多名涉罪未成年人回归家庭。

3. 对事实孤儿等困难儿童的救助

事实孤儿，指事实上无人抚养的儿童。一种是儿童父母一方死亡，另一方失踪或再嫁造成他们事实上无人抚养；另一种是捡养的孩子，因为捡养人在捡养他们时未报警也未办理捡养手续，捡养人死后，他们无人照管，因时过境迁，取证困难，他们也不能被及时认定为孤儿。事实孤儿事实上无人抚养，享受不到国家福利保障，处境比留守儿童和孤儿更艰难，更易被忽视。南充市仪陇县检察院在全市率先探索开展事实孤儿司法救助，尝试通过司法途径解决事实孤儿身份问题，帮助他们顺利获取国家福利保障。一是争取支持，形成合力。事实孤儿司法救助工作开展之初，该院及时将前期摸排情况向县委、县政府主要领导做了汇报，得到大力支持。之后及时牵头、组织县法院、县司法局、民政局召开协调会，联合会签《关于联合开展事实孤儿救助活动的协作机制》，明确职责分工。该院与县民政局抽调专门人员负责事实孤儿家庭情况的前期摸排、筛查工作，形成失踪或死亡父母的人口基本信息；县司法局法律援助中心组织法律工作者、律师针对形成的人口基本信息逐一开展调查取证、诉讼代理工作；县法院组织专人做好宣告失踪诉讼的诉前审查、案件审理工作；县民政局通过司法程序将认定为孤儿身份的人员纳入救助范围并发放救助金。二是分类救助，确保实效。该院运用检察职能帮助他们走出困境。对符合诉讼条件的事实孤儿，支持他们向法院提起诉讼，通过法院依法宣告其父或母失踪，确认其孤儿身份获得救助；对不符合诉讼条件又确有生活困难的，促请民政、教育、卫生、扶贫、住建等部门履行社会救助职责。三是紧跟时局，持续发力。建立跟踪随访机制，对查明的事实孤儿建议乡镇按照国家政策及时办理有关救助手续，确保每个事实孤儿的补助及时到位；成立司法救助志愿者服务队，在特殊节日开展慰问活动；推进事实孤儿司法救助与脱贫攻坚工作深度融合，对既是事实孤儿且家中又属贫困户的儿童给予特别关照和爱护。

目前，事实孤儿及困境儿童司法综合救助已全市推广展开，并作为专项工作开展。

三　整合社会力量，构建保护未成年人的社会支持体系

未成年人保护工作需要全社会力量共同参与，检察机关围绕办理未成年

人案件展开保护和预防，仅是关心保护未成年人社会力量的一小部分，全社会应形成党委领导、政府支持、社会协同、公众参与的未成年人综合司法观护社会化体系，共同做好未成年人犯罪预防和教育挽救工作。

（一）主动汇报、争取支持，全面展现未成年人检察工作

全市检察机关通过《未成年人检察工作白皮书》，积极向地方党委、人大汇报，争取当地党委政府、人大等机构的支持。2018 年市依法治市办公室将保护未成年人的综合工作纳入全市的依法治市工作要点和任务中，并细化落实各部门职责。2017 年、2018 年连续两年开展以未成年人检察工作为主题的检察开放日活动，充分展现未成年人检察工作情况，各界代表对南充市两级检察院近年来未成年人刑事检察工作取得的成绩给予了充分肯定。2018 年营山县检察院“知心姐姐”团队排练的舞台剧《春雨》代表南充市在最高人民检察院第 24 个检察开放日上现场表演，感动在场的全国人大代表和政协委员，得到最高人民检察院的充分肯定，也充分调动了各基层组织、人民群众开展未成年人帮教救助、权益保护和犯罪预防工作的积极性。

（二）推动完善未成年人司法制度

1. 推动公安、法院未成年人刑事案件专门办案机构建设

2018 年 5 月，阆中市检察院与法院、公安局、司法局共同会签《规范未成年人刑事案件办理的具体规定》，督促公安局设立“少年 110”警务室、法院设立未成年人刑事案件专门办案组，积极推动本地公安、法院成立未成年人刑事案件专门办案机构。

2. 进一步完善未成年人司法制度

通过制定《规范未成年人刑事案件办理的具体规定》，进一步完善未成年人司法制度。切实有效落实未成年犯罪嫌疑人（被害人）的分案侦查、分案起诉、分案审理机制。对未成年被害人推行一站式询问和询问同步录音录像制度，提升司法办案技巧，做好人身检查等工作，力求一次性完成对被性侵未成年人的调查取证，尽量避免因办案造成对未成年人被害人的“二次伤害”。

（三）开展形式多样的法治教育，深化检校合作机制

1. 法治进校园

全市检察机关落实"谁司法谁普法"责任制，以"法治进校园"巡讲活动为载体，采取集中开办法治讲座、分散到班级开展法治宣讲、开设模拟法庭、举行法律与安全知识竞赛、展示专题展板、播放微电影以及发放法治宣传手册等方式，到辖区中小学进行宣讲，为师生送去法治"大餐"，取得良好的法律效果和社会效果。近三年来法治巡讲覆盖辖区80%的学校，向近30万在校师生宣讲法治课，赠送法治教育书籍3万余册。2018年5月在全国助残日前，南充市首次开展"特别的爱给特殊的您"法治巡讲活动，进入特殊教育学校，设立工作站，对在校聋、盲、弱智青少年给予特殊关爱，弥补了对特殊学生法治关爱的空白。2018年，全市两级检察院检察长亲自挂帅担任学校法治副校长，检察干警到学校担任法治辅导员，逐步对接辖区全部中小学校，不遗漏一名同学，全力引导在校学生从小树立起知法、学法、守法、用法的法治意识和遵规守纪的规矩意识。

2. 现场教育，强化法治教育亲历性

将学生们请出校园，到法治教育基地、监狱、检察院、法庭进行现场观摩学习，强化法治教育亲历性。市检察院联合市政法系统关工委、市监狱，定期组织师生走进市监狱，听取服刑人员现身说法阐述违法犯罪的惨痛后果。利用检察开放日将同学们请进检察院了解检察工作，利用庭审观摩达到警示教育目的。各地建立青少年法治教育基地，让同学们在寓教于乐中得到教育。蓬安县检察院牵头在该县建立起立足县域、面向全市的法治教育基地——"相如青春驿站"，该基地面积540平方米，共设置心理健康教育区、反校园暴力教育区等12个区域。开馆以来共有3万余名学生参与体验教育，该基地被评为2017年全省法治教育优秀基地。

3. 借力影视新媒体开展教育预防

影视、动漫等新媒体不仅受青少年喜爱，而且印象深刻、影响深远。抓

住这一特性，全市检察机关根据办理的真实案例和事件编辑，拍摄公益广告、专题片、微电影以及舞台剧，通过电视台播放、学校社区放映、舞台表演以及微信公众号推送等方式予以宣传，不仅对未成年人开展了警示教育，还引起了全社会关爱未成年人的共鸣。仪陇县检察院拍摄的微电影《长大后我就成了你》、营山县检察院的微电影《知心姐姐》和舞台剧《春雨》、蓬安县检察院拍摄的微电影《我的“儿子”我的“妈”》等获得国家级、省级奖项。

（四）利用“互联网+”探索未成年人犯罪预防、观护工作新路径

南充市检察院、仪陇县检察院借助大数据平台优势，探索研发“未成年人犯罪预警、观护综合系统”，该系统通过建立量化考察、监测预警、检察官直通车、家长App等七大功能，使用“大数据+云预警+社会综合矫正”模式成功破解了未成年人犯罪临界预防中难以解决的五大难题，实现未成年人犯罪趋势早发现、早预警、早矫正。

1. 平台运行模式

系统以记录未成年人不良行为数据为基础进行评分预警，通过对不良行为的观测、矫治，达到预防未成年人犯罪的目的。监测行为范围主要涵盖了未成年人的社交情况、不良嗜好、遵守学校等规章制度、轻微违法行为、其他行为五个方面，并对这五类不良行为作出具体分类，实现对未成年人不良行为的全面监测。

2. 平台实用功能

一是大数据监测破解预防、观护难题。通过学校、网格管理员对单位辖区未成年人全面覆盖、动态监测，做到对在册未成年人不良行为全方位、无死角覆盖和精准掌控。二是云分析研判破解精准预警难题。根据各种不良行为对未成年人产生的影响以及与违法犯罪行为的关联性等，设置不同分值，并以此作为基础数据。系统根据不良行为实际情况进行动态运算和综合评判，当不良行为分值达到一定程度，将自动触发橙色、红色预警。系统的量化考查功能和监测、预警功能精准、及时、有效地

预防和观护预警未成年人。三是智能分工破解职能部门协作难题。系统将学校、教育局、公安局、食药局、关工委、文广局等单位作为预警处理机构纳入预警系统，在预警产生后，后台通过短信或邮件方式预警到专责人员或职责部门，职能部门在权责范围内及时处理，并将处置结果及时予以反馈。后台管理者对预警或有关问题的处理进度全程监督。系统的责任细化功能、检察官直通车功能、监督引导功能确保了各职能部门各司其职、资源合理配置、检察监督高效便捷。2017 年 12 月下旬，仪陇县检察院的未成年人犯罪预警系统连续预警，马鞍中学有学生在该镇某些网吧连续几天上网，系统自动将该信息推送至县文广局、马鞍派出所等相关单位，随后，县文广局执法大队、马鞍派出所对马鞍镇所有网吧进行逐一检查，在多家网吧当场发现容纳未成年人上网，县文广局随即对涉事网吧进行了查处。四是家长 App 破解高危未成年人家庭监管缺位难题。家长 App 的开发应用为留守孩子与家长架起了一座爱心桥梁。家长只需下载该 App，即可随时观测孩子学习、生活状况，便于实时沟通、及时干预、适时教育，有效弥补了因家长外出务工造成家庭监管缺失的弊端。五是对接公益组织、社会矫正机构破解矫正教育难题。系统对接中华少年儿童慈善救助基金会等公益组织、爱心人士和专业矫正机构，引入专业力量参与预警学生的心理矫治和跟踪帮教，确保了及时有效处理预警青少年的问题。

3. 平台运行成效

该系统在仪陇县试运行期间实现了对全县 8 ~ 18 岁所有未成年人不良行为的全覆盖动态监测，共收到 13437 卷 763012 条信息，其中不良行为信息 2018 条，侵害未成年人权益问题信息 31 条。系统运行以来，共发出橙色预警 58 次，红色预警 39 次，对 58 名橙色预警对象以抽取部分学生的方式，组织他们到检察院接受心理教育和辅导，邀请心理咨询专家对 39 名红色预警对象进行了专业心理辅导，制定了个性化长期帮教矫正计划，成功实现了覆盖范围内未成年人犯罪、安全事故的“零发生”，一举扭转了未成年人犯罪预防和观护的被动局面。

四　目前未成年人综合司法观护面临的困难及建议

（一）面临的困难

当前，全市未成年人综合司法观护工作虽然取得了一定成绩，但很多工作还处于探索和初步实践阶段，需要进一步开拓和完善。

1. 理论研究不足

当前学术界对于未成年人犯罪研究多集中在犯罪现状、犯罪原因分析、矫治制度分析等。未成年人综合司法观护涉及社会力量介入，属于社会学范畴，学者研究涉及较少。市县检察机关层面重实务轻理论研究，南充在未成年人综合司法观护方面虽开展了很多创新性工作，但难有学术价值的理论研究成果。

2. 全市未成年人综合司法观护工作制度化、规范化、社会化程度有待进一步提高

法院、公安部门还没有系统性成立专门的未成年人办案机构，没有建设未成年人专门羁押场所。现有各未成年人权益保护部门职责又有交叉，在开展未成年人保护工作时难免有所重复或疏漏，且部门之间缺乏有效的资源整合，信息不通，协作不畅，导致出现未成年人权益保护工作在一些方面渠道狭窄、各自为阵、资源浪费的困局。

3. 缺少专业化观护帮教队伍

《预防未成年人犯罪法》规定，“社会、学校、家庭各方对罪错青少年需热情帮助、不得歧视”，这一规定过于笼统，没有明确具体实施帮教的机构与部门，缺少可操作性，相关责任难以落到实处。现实中承担帮教、观护职责的人员均由政法机关和学校、社区等工作人员兼任，实际投入的时间和精力有限，对留守儿童、辍学失业青少年、流动青少年帮教观护困难，推动心理矫正、“亲职教育”等工作也缺乏心理知识专业人员。

4. 对未成年人综合保护措施在科技化、信息化上需进一步提高

南充市探索研发的“未成年人犯罪预警、观护综合系统”虽已在全市推广，但该系统对各职能部门数据收集还存在盲区，特别是农村未成年人信息、流动未成年人信息难以齐全，系统评判标准还需进一步提高。

（二）几点建议

1. 坚持党委政府主导，各职能部门认真履责，社会各界共同参与

党委政府充分发挥核心主导作用，建立有效的未成年人综合观护工作体系，从人、财、物上给予支持。领导小组及办公室主动作为、履行到位，定期进行监督和指导；公、检、法、司等部门应当结合办案、普法等职能，切实落实对未成年人的关爱和保护措施；教育、民政、人社、财政等部门，应当在未成年人受教育、困难救助、就业等领域做好自己工作职责范围内的未成年人观护工作，积极营造家庭、社区对未成年人的观护教育氛围，有效开展“亲职教育”。同时，购买社会专业力量，积极引导民营企业、社会组织、社会志愿者队伍等各方面资源和力量参与未成年人关爱工作全过程，充分发挥社会人才资源在未成年人关爱中的专业优势，最终形成政府负责、社会协同的大格局。

2. 细化评价考核体系，将司法观护工作制度化、规范化、社会化

未成年人开展综合观护工作，不仅要维护合法权益不受侵害，也要预防未成年人犯罪，是各地社会治安综合治理的重要内容，将以关爱、预防、帮教为主要内容的未成年人综合观护工作纳入各地依法治理、各部门社会治安综合治理目标考核，利用这一直接手段推动未成年人综合关爱工作，实现常态化、稳定化发展。法院、公安部门成立系统性的未成年人办案机构，建设未成年人专门羁押场所。各未成年人权益保护部门建立有序的工作联系，整合资源，畅通信息，完善协助机制，进一步提高未成年人综合司法观护工作制度化、规范化、社会化水平。

3. 坚持科技创新推动社会管理创新

借助未成年人保护信息网络平台、网络帮教预防等平台的升级建设，推

动人工智能手段、大数据等与未成年人综合观护工作深度融合，提高办案、帮教、预防和救助智能化程度，实现未成年人综合观护方面的信息共享、资源共享。通过对未成年人犯罪预防和权益保护的大数据分析、运用，及时掌握动态趋势，分析背后成因，研究对策措施，推动完善未成年人多维度全方位综合司法观护的机制、制度和政策。

五 结语

未成年人在漫长的成长经历中，会出现许多问题，甚至在懵懂间违法犯罪，受到法律的严厉制裁。有的未成年人成为违法犯罪行为的受害者，稚嫩的身心受到深深伤害。加强对青少年的关爱保护，关系到青少年的健康成长，关系到千万家庭幸福和国家长治久安。我们有责任有义务关爱保护广大未成年人，更应当给予他们和谐宽松的社会环境，帮助他们，教育他们。随着社会发展，有效完善现有工作机制预防未成年人犯罪，并保障未成年人的合法权益不受恣意侵犯，这是衡量一个地方社会治理成效的重要标准。可以肯定，在全社会各方力量倾力、倾情、倾身参与下，多方力量共同参与未成年人关爱保护与犯罪预防，未成年人综合司法观护社会体系会不断完善壮大。

B.14
高危未成年人临界预防工作调研报告

——以资阳市检察机关司法实践为样本

资阳市依法治市领导小组办公室课题组*

摘　要： 未达刑事责任年龄涉罪等高危未成年人在司法实践中存在“发现难、处理难、监管难”的“三难”问题，因其长期缺乏有效监管，成为社会不安定因素，严重影响人民群众生命财产安全和社会治安稳定。近年来资阳市检察机关在深入调研的基础上，从依法治市和平安创建的迫切需要出发，从信息化、社会化和网格化预防帮教着手，联合相关部门探索具有资阳特色的高危未成年人临界预防工作新模式，通过多种途径实现高危未成年人的顺利帮教复归。

关键词： 高危未成年人　临界预防　三色预警

中国目前对未成年人的犯罪预防主要包括一般预防、再犯预防和临界预防三种主要形式①。一般预防针对学生等普通未成年人群体；再犯预防针对已经犯罪且判处刑罚的未成年犯，其中判处实刑的在少管所进行教育矫治，判处缓刑的开展社区矫正和跟踪帮教；临界预防则主要是

---

* 课题组负责人：秦后权，中共资阳市委副秘书长、市依法治市领导小组办公室主任。课题组成员：曹联、李成伟、陈王莉、钟图、魏航、周加强。执笔人：魏航，资阳市人民检察院未成年人检察处处长。

① 宋英辉、苑宁宁：《完善我国未成年人法律体系研究》，《国家检察官学院学报》2017 年第 4 期。

针对有触犯刑法行为、治安违法行为、未成年人不良行为的未成年人。而在临界预防中，涉嫌犯罪但未达刑事责任年龄的未成年人最难处理和监管，也是现实危险性最大的一类特殊群体，我们将其称为高危未成年人。

对未达刑事责任年龄涉嫌犯罪的高危未成年人，现行法律法规的规定有收容教养、赔偿经济损失、训诫、具结悔过、赔礼道歉、责令监护人严加管教等处罚措施①。但以上几种处理方法由于缺乏具体的帮教处罚措施和执行责任机关的规定，导致实践中缺乏可操作性、放任不管的情况严重，引发了社会各界对处置这类罪错少年的不满，还有不少声音呼吁应当通过降低刑事责任年龄来加大惩罚力度。但未成年人犯罪问题是典型的社会问题，不能简单地将社会问题法律化，降低刑事责任年龄并不能解决因“留守”“失学”“单亲”“城镇化”等现象所导致的未成年人犯罪问题。破解未成年人犯罪预防难题，要从法律、社会、学校、家庭及个体等多个维度进行分析，寻求系统性的解决方法，逐步形成政府主导、职能部门牵头、各部门协作、社会力量和专业力量参与的未成年人保护工作大格局。

一　现状和特点

资阳市检察机关对近 3 年全市受理的未成年人审查起诉案件和公安机关办理的未成年人治安处罚案件进行统计后发现，共有 71 名未达刑事责任年龄的未成年人涉嫌犯罪（见表 1）。而同期资阳市检察机关受理的公安机关移送审查起诉未成年人犯罪案件为 173 件 287 人，未达刑事责任年龄未成年人涉罪人数已达刑事责任年龄涉罪未成年人数的近 1/4，未达刑事责任年龄未成年人涉嫌犯罪问题较为突出。

① 高铭暄、张杰：《中国刑法中未成年人犯罪处罚措施的完善》，《法学论坛》2008 年第 1 期。

表 1 资阳市未达刑事责任年龄高危未成年人涉嫌犯罪统计

单位：人

年龄	雁江区					安岳县					乐至县					合计
	抢劫	盗窃	滋事斗殴	故意伤害	抢夺	抢劫	盗窃	滋事斗殴	故意伤害	故意杀人	抢劫	盗窃	故意伤害	滋事斗殴	抢夺	
15 岁		13		1			14	6	4			1	1	2		42
14 岁		3					3	1				1		2	1	11
13 岁	2	2				1				1	2	2	1	3		14
12 岁												3				3
11 岁												1				1
合计	21					30					20					71

通过对以上 71 名未达刑事责任年龄涉罪未成年人进行统计分析，发现未达刑事责任年龄未成年人犯罪呈以下特点。

（一）犯罪年龄主要集中在13～15周岁

71 名未达刑事责任年龄涉罪未成年人中年龄为 13 岁的有 14 人，占 19.7%；14 岁的有 11 人，占 15.5%；15 岁的有 42 人，占 59.2%（见图 1）。

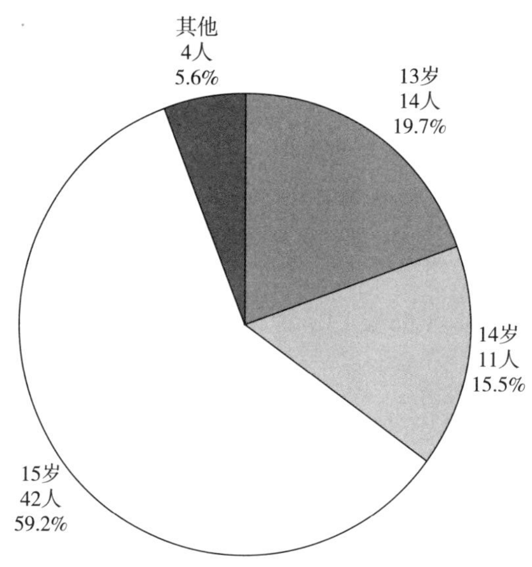

图 1 涉嫌犯罪年龄段

主要原因是13～15周岁的未成年人正处于初中阶段和青春期，心理不够成熟，处于易冲动的叛逆期，一旦发现自己升学无望后往往会自暴自弃，选择逃学或辍学，过早步入社会，因缺乏社会经验，又充满好奇喜欢冒险，很容易受他人引诱走向犯罪。

（二）以盗窃、抢劫侵财性犯罪为主

因未成年人缺乏稳定收入来源，一旦沾染上抽烟、喝酒、上网等不良习好，为满足个人消费欲望，容易滋生侵财性犯罪。71名未达刑事责任年龄犯罪未成年人中有43人涉嫌盗窃，有5人涉嫌抢劫，有3人涉嫌多次强拿硬要类寻衅滋事，有1人涉嫌抢夺（见图2）。

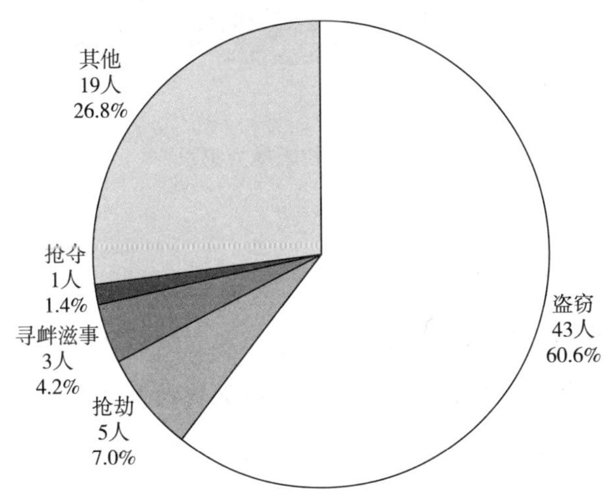

图2　涉嫌犯罪种类

（三）校园暴力犯罪问题突出

71名未达刑事责任年龄犯罪未成年人中有5人涉嫌对在校学生实施故意伤害，有3人涉嫌对学生多次拦路抢劫强拿硬要；有5人涉嫌对学生随意殴打侮辱；有 3 人涉嫌直接以持刀威胁方式抢劫学生财物，校园暴力类犯罪占比为 22.5%（见图 3）。

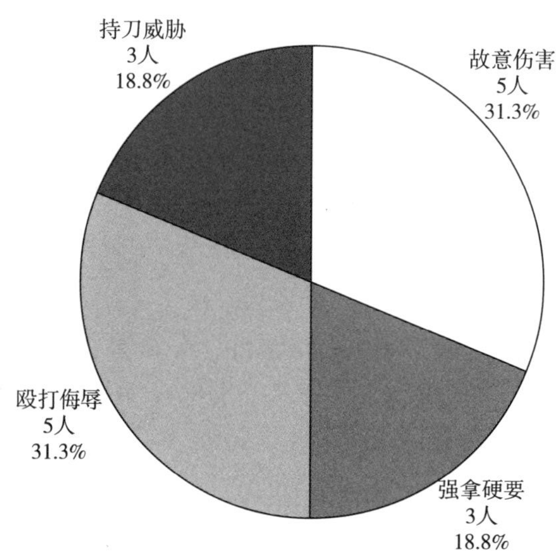

图 3　涉及校园暴力犯罪

（四）再犯罪问题突出

由于未达刑事责任年龄人在犯罪后缺乏相应的强制处罚措施，办案机关只能建议其家长予以严加管教，一旦其家庭无管教能力或疏于管教，这些高危未成年人往往会再次犯罪。在 71 名未达刑事责任年龄犯罪未成年人中有 12 人曾多次参与违法犯罪行为，占总人数的16.9%（见图 4）。

（五）共同犯罪案件比例高

由于未成年人身心发展尚未完全成熟，单独作案存在力量不足的问题，加之未成年人自我控制力差等原因极易结伙作案。在 71 名未达刑事责任年龄犯罪未成年人中有 62 人系共同犯罪，占总人数的 87.3%（见图 5）。

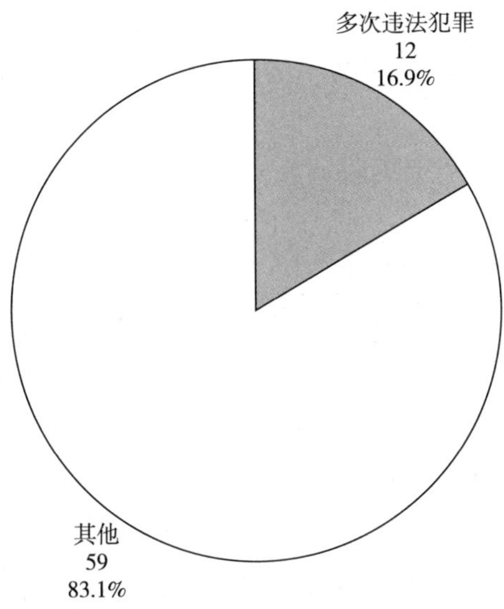

图4　多次违法犯罪情况

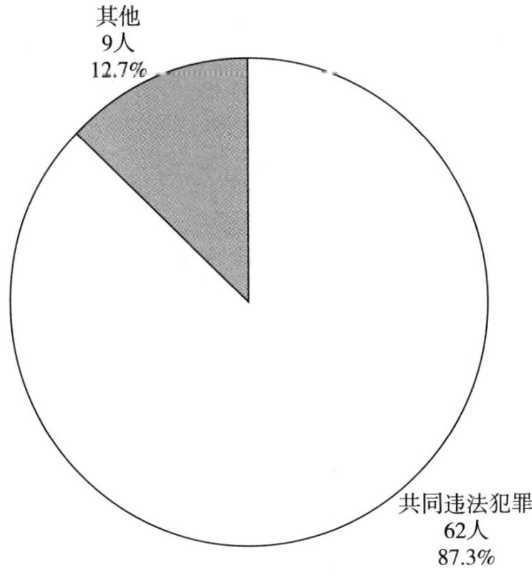

图5　共同违法犯罪情况

二　未达刑事责任年龄高危未成年人犯罪后的处理困境

（一）《刑法》规定的收容教养制度在四川省无法得到落实

《刑法》第 17 条第 4 款明确规定："因不满 16 周岁不予刑事处罚的，责令他的家长或者监护人加以管教；在必要的时候，也可以由政府收容教养。"但在现实中该条规定因无具体操作细则、审批程序烦琐复杂、无专门关押场所且须征得其监护人同意等，导致收容教养制度无法得到有效贯彻落实。同时，由于劳动教养制度的废除，收容教养制度是否有必要继续存在已成为许多学者热议的话题，一些地区对收容教养制度的适用也在逐步减少或缺失，四川省的状况亦是如此。例如，资阳市安岳县发生的一起少年故意杀人案，13 岁的曾某到其邻居家中盗窃时被回家的徐某（女，14 岁）发现，曾某因担心徐某将其盗窃行为告诉他人，便跑到徐某家中厨房拿了两把菜刀，向徐某颈部、头部等乱砍，将徐某砍了 20 余刀直至被害人倒地后逃离现场。案发后安岳县公安机关向上级建议对曾某收容教养，但至今未能落实。经调查发现，资阳市近 3 年来都没有对未成年人适用过收容教养措施。

（二）送工读学校受各种条件限制没有在全省推行

除政府收容教养以外，未达刑事责任年龄未成年人违法犯罪时，也可以送至工读学校进行"半军事化"封闭式管理，对问题少年进行学历教育和心理辅导。"湖南邵东杀师案"中 3 名未满 14 周岁的未成年人就被送至工读学校，但四川建有工读学校的市（州）不多，且管理模式不一，容纳能力有限。部分工读学校带有浓厚的半监狱性质，文化教育课程设置和普通学校差别较大，导致监护人往往不愿意将孩子送工读学校。根据调研，其余未建工读学校的地区，基本没有将本地有送学需求的未成年人送往工读学校就读，工读学校亦很少有跨区域接收其他市（州）未成年人的情况。究其原因，主要是工读学校往往由当地政法委或教育部门牵头主管，学生大部分有不良行为，管理存在一定风险，因此不愿意接收其他地方家长或公安机关送读的学生。

（三）行政拘留强制措施不能执行容易导致怠于处罚

从保护未成年人的角度出发，《治安管理处罚法》第21条明确规定："违反治安管理行为人有下列情形之一，依照本法应当给予行政拘留处罚的，不执行行政拘留处罚：一是已满14周岁不满16周岁的；二是已满16周岁不满18周岁，初次违反治安管理的。"不满16周岁的未成年人，即使出现盗窃、聚众斗殴、寻衅滋事、抢夺等违法行为，因为不够刑事责任年龄无法进行刑事处罚，而行政处罚中对不满16周岁的未成年人"处罚不执行"的保护政策，也使相应的行政处罚措施对未成年人形同虚设。因行政拘留的强制措施无法得到执行，公安机关在抓到涉嫌犯罪但未达追究刑事责任年龄的未成年人后往往选择简单地批评教育后一放了之，或由家长加强管教。但简单的告诫模式，导致他们对违法犯罪行为的严重性和危害性缺乏有效认知，释放后往往会继续作案危害社会。资阳市检察机关受理的公安机关移送审查起诉未成年人犯罪案件中有21件牵涉30名未达刑事责任年龄涉罪未成年人，而这30人中仅有4人被公安机关处以行政拘留（因未满16周岁均是不予执行），仅1人被建议收容教养（未能批准），剩余的25人未经任何处罚或仅仅被批评教育后便予以释放。

（四）非强制措施的处罚方式无法起到应有的威慑和惩戒作用

除收容教养、行政拘留等强制措施外，中国现行法律对未达刑事责任年龄犯罪未成年人还规定有训诫、具结悔过、赔礼道歉、责令家长严加管教等措施，但以上几种非强制措施的方法形式过于单一，缺乏强制性，效果不显著[①]。例如，训诫、责令具结悔过和赔礼道歉这三种措施教育时间短，未成年人内心感受不会太深切，教育效果自然不佳，导致这些责任转移到了其父

① 盛长富、郝正天：《论保护处分及对我国的借鉴》，《法律适用》2015年第4期。

母或监护人身上，未成年人自己没有体会到切肤之痛。责令父母或监护人严加管教这种措施由于监护人本身即缺乏管教能力或管教方式不当，且缺乏社会和有关机构监督，往往起不到任何效果，个别未成年人在得知自己不会被处罚后，反而会变本加厉地实施犯罪行为。资阳市雁江区检察院办理的一起汽车盗窃案中有1名未满16周岁的未成年人刘某（父亲在内蒙古打工对其不管不问，母亲改嫁），其先后伙同他人盗窃了20余辆汽车、10余次电缆、店铺等，价值上百万元，而且在盗窃过程中系主犯，是盗窃车辆的骨干。公安机关曾多次将其抓获，但因未满16周岁无法处罚，其父母没有管教监护能力，公安机关只能批评教育后将其释放，待刘某没钱用后又会继续选择作案。这种“抓了放、放了抓”的情况让人无可奈何。

（五）很少有社会和专业力量介入进行教育帮助和行为疏导

四川省未成年人司法保护工作起步较晚，较之北京、上海等地差距较大，究其原因，在于缺乏社会化支持体系。对于公安机关发现的这些涉罪而又未达刑事责任年龄的未成年人，缺乏有效干预手段，也未转介给有专业力量的社会组织采取专业措施予以帮教。资阳市未达刑事责任年龄涉罪的71名未成年人中，仅有30人因同案犯进入了刑事司法程序，而被检察机关批评教育。其余41人，均是公安机关行政处罚（免予执行）或批评教育后一放了之，没有社会力量或专业力量介入对这些未成年人进行跟踪帮教。

三　主要做法和成效

（一）出台专门意见，引入社会力量，建立高危未成年人预防帮教工作大格局

资阳市委市政府高度重视和大力支持未成人临界预防工作，出台《资阳市加强高危未成年人临界预防工作的实施意见》，将高危未成年人的范围由未达刑事责任年龄涉罪未成年人单一群体，扩大为未达刑事责任年龄涉

罪，检察机关作出不捕、不诉、附条件不起诉决定，违法治安管理规定或受到行政处罚，以及其他有严重不良行为的高危未成年人等四类群体。将高危未成年人临界预防帮教工作纳入依法治市和平安创建的重要内容，进一步明确各相关部门的具体职责，将该项工作纳入全市综合目标考核，通过目标考核督促相关职能部门和县（区）切实履职。与资阳市公益组织签订合作协议书，引入资阳本地的社工、志愿者和心理咨询师等社会力量和专业力量，对高危未成年人开展社会调查、亲职教育、心理疏导、观护帮教等预防帮教工作，提升预防帮教专业化水平。

（二）建立共享数据库，实施“三色预警”，实现信息化预防帮教

针对未达刑事责任年龄涉罪等高危未成年人数据难以掌握的情况，资阳市检察机关联合当地公安机关，运用信息技术的大数据平台，建立了由未达刑事责任年龄涉罪未成年人户籍、家庭成员、涉案情况等详细信息组成的数据库，安排专人定期更新，实现信息共享。为分类处遇、精准帮教，对纳入数据库的人员，根据违法犯罪的情况和个性特征，以黄色、橙色和红色三个预警等级，开展差异性帮教。对黄色预警的，普通关注；对橙色预警的，重点关注，视情况派专人跟踪帮教；对红色预警的，确定一个职能部门安排1～2人进行跟踪帮教，其他相关部门视情况进行协助。

（三）整合多部门力量，细化帮教职责，实现社会化预防帮教

资阳市检察机关联合团市委等13家单位制定《资阳市加强未达刑事责任年龄涉罪未成年人帮教工作的意见（试行）》，成立未达刑事责任年龄涉罪未成年人工作领导小组及办公室，细化和明确相关部门职责：对数据库中未达刑事责任年龄的涉罪未成年人，团委、关工委等群团组织依托青年志愿者、五老志愿者等开展有针对性的帮教；教育部门对已辍学又有上学意愿并符合相应条件的，负责联系办理就学事宜；人力资源和社会保障部门对有就业意愿并符合就业条件的，提供就业培训和就业信息服务，帮助其就业；民政部门对符合城乡低保、孤儿、城市“三无”人员等民政救助条件的，按

程序解决其基本生活保障；对有监护人的，责令其监护人严加管教；对没有监护人或家庭已经丧失管教能力的，其住所地的村委会、居委会履行相应的管教职责，帮教小组协助村委会、居委会进行犯罪预防和帮教工作。上述各部门履行职责情况纳入全市预防青少年违法犯罪工作年度考核。通过各部门齐抓共管，目前全市累计帮助 11 名辍学少年重返校园，组织就业培训 13 次，帮助 17 名未成年人成功就业，民政救助困境未成年人 5 名，对监护失职的监护人开展训诫 19 人次，集中开展亲职教育 8 次，初步构建起资阳市对高危未成年人预防帮教的社会化体系。

（四）引入社区网格员，借助网格化管理，实现网格化预防帮教

资阳市检察机关联合市综治办等 13 家单位出台《资阳市对未达刑事责任年龄涉罪未成年人开展社会化和网格化帮教工作的实施办法（试行）》，将“三色预警”工作法融入社会治安综合治理的网格化管理，利用社区相对自由、友爱的开放式环境，社区网格员多为帮教对象的邻居，了解他们的成长经历、家庭情况，熟悉帮教对象，可最大限度精准实现对帮教对象的个别化处遇，引入社区网格员进行监管帮教。截至目前，全市共有 40 名红色预警和橙色预警的未达刑事责任年龄涉罪未成年人，按照他们的户籍地或实际居住地，落实了对应的社区网格员进行监管帮教。目前，网格化帮教工作进展顺利，效果初显。

（五）运用大数据和人工智能，建设网格化预防帮教平台

为确保网格员对高危未成年人预防帮教的信息化、智能化，资阳市检察机关在现有的网格化服务管理信息系统内积极建设高危未成年人网格化预防帮教平台。该平台主要分为数据收集、智能评估、分流帮教、检察监督四个功能。在数据收集方面，主要由公安、社区、村社及网格员等相关部门和人员，将在办案和工作中发现的未达刑事责任年龄涉罪等高危未成年人基本数据录入网格化预防帮教平台。在智能评估方面，预防帮教平台根据未成年人涉嫌犯罪的罪名、是否属于留守儿童、未成年人父母是否离异、家庭是否具

备监管条件、之前是否受过治安处罚等，按照事先设定的标准进行自动综合打分评估，并进行黄、橙、红三色预警，必要时引入第三方机构进行综合评估，并提出加强家庭监管、纳入网格化监管、送工读学校、进行收容教养等不同处理意见。在分流帮教方面，根据打分和评估的情况，将符合条件的未成年人纳入实际居住地的网格化监管，由网格员定期对其进行了解走访、协助监管帮教，发现异常情况及时反馈。在检察监督方面，检察机关作为法律监督机关，通过网格化预防帮教平台，对数据录入、打分评估、监管帮教的情况进行全程监督，对不及时准确录入相关数据，或不按照规定进行监管的，向综治办或相关部门提出整改措施或检察建议。

四　主要问题与困惑

（一）强制监护人履行家庭监管职责的措施乏力

资阳市是劳动力输出大市，外出务工人员占全市劳动力的1/3，农村留守儿童占全市16周岁以下农村户籍未成年人的11.1%。高危未成年人中相当部分是留守儿童，他们因长期缺乏父母关爱与管教才走上违法犯罪的道路。因此父母的监管缺失是造成未成年人犯罪的一个重要原因，加强家庭父母的监管责任，是完善未成年人犯罪预防的重要举措。目前《民法通则》《刑法》《刑事诉讼法》对涉罪未成年人的父母责任虽有一些规定，但因缺乏操作细则和强制手段，在对高危未成年人监管帮教的过程中，司法机关和相关部门督促高危未成年人父母有效履职办法不多、效果不佳。部分农村家长在接受亲职教育或者训诫后，照样外出务工，把孩子留给年迈的爷爷奶奶看管。

（二）对高危未成年人的监管存在“九龙治水”现象

在父母监管缺失或家庭失去管教能力后，按照“国家亲权”理论和“儿童利益最大化”的原则，国家成为未成年人的第二监护人，由国家的有关部门履行相应的监管职责。司法机关，教育、公安、民政、司法行政等政府部门，团委、妇联、关工委等群团组织，对未成年人都有相应的监管或预防帮教职责，但正因为单位多，“责任分散”，缺乏一个明确和有力的牵头部门协调统筹未成年人犯罪预防和帮教工作，反成“九龙治水”，造成“人人都在管，谁也没管好”的尴尬境地。

（三）网格化帮教内涵有待进一步深化和丰富

目前资阳市网格员的帮教工作主要为：一是定期会面、走访了解、普法宣传、行为引导、情况记录与反馈等，帮教形式相对传统和单一；二是网格员知识水平参差不齐，特别是法律、心理、教育等专业知识水平不高，帮教多停留在动态掌握和亲友式的关心关爱上，对高危未成年人的心理和行为矫正精准着力“心有余而力不足”；三是一些被帮教对象在复归社会过程中，如想参军或者报考公务员等，还有法律和政策瓶颈。

（四）工读学校建设推进迟缓

资阳市检察机关作为法律监督机关，一直联合相关部门积极推动和呼吁市工读学校建设，但进展缓慢。究其原因：一是一些部门和社会人士认为，工读学校带有“标签化性质”，一旦高危未成年人进去，就会被打上不良标签，容易产生“标签化效应”，对建工读学校存疑；二是建工读学校涉及学校选址、师资配备、安全保障、财政资金等诸多要素，无任何单位愿意牵头；三是部分高危未成年人家长对送孩子去工读学校也持反对态度。

（五）企业观护帮教存有政策瓶颈

观护基地是对情节轻微的高危未成年人进行监管帮教的有效场所。资阳市 3 个县（区）检察院均在辖区内学校建有观护基地，安岳县检察院还在企业建立了观护基地，并对部分涉罪未成年人进行了观护帮教，效果较好。但在帮教过程中，有部分 12 ~ 16 周岁的高危未成年人送至学校观护帮教本人坚决不愿去，送至企业观护帮教，又因不符合国家劳动法的相关规定，有使用“童工”之嫌。这些都需要我们在实践中不断探索、深化和完善。

五　对策及建议

（一）强化家庭监管责任，完善少年犯罪父母责任制度

“生不养，养不教，教不妥”，未成年人犯罪与父母疏于管教或管教不当存在相当的关联性。特别是四川作为劳动力输出大省，父母外出务工导致农村留守儿童现象严重，父母的监管缺失是造成未成年人犯罪的重要原因之一。因此，加强家庭监管责任，是完善未成年人犯罪预防的重要举措。中国监护人责任制度缺乏操作细则及监督措施，需要进一步完善少年犯罪监护人责任制度，强制监护人的监管和陪伴义务。一是对于出现不良行为的未成年人，对其父母应当增加亲职教育培训和硬性规定出席令，从而使相关制度不再虚置，让未成年人父母切实承担其监护责任。二是在村舍、街道、学校发现有不良行为、公安机关发现有违法犯罪行为但未达刑事责任年龄的未成年人，均可向当地未成年人保护组织建议对其父母引入亲职教育。三是未成年人系留守儿童，经专业机构评估有加强家庭监护的必要，应当强制其父母必须一方返回原籍对未成年人进行陪伴和教育，强化家庭的第一监管责任。

（二）强化社会管理职责，多部门联动建立高危未成年人预防、监管和帮教机制

当一个家庭已经失去对未成年子女的管教能力后，国家作为未成年人的第二监护人，应当对未成年人履行相应的监护职能。作为代表国家行使监护职权的学校、民政、司法、社区等社会机构，应当将未达刑事责任年龄等高危未成年人的预防和监管纳入社会综合治理工作的范畴，多部门联动建立对高危未成年人的预防、监管和帮教机制，各相关部门在工作中各司其职、各

尽其责，对高危未成年人进行重点教育、感化、挽救，防止其再次违法，最终形成多部门齐抓共管的局面。一是政府相关职能部门牵头。目前对未成年人具有保护职能的机构、部门和组织较多，但这极容易造成“责任稀释”，形成“人人都喊管，人人都不管”的尴尬局面。因此，政府须设立或明确一个专门的未成年人保护机构或职能部门，全面统筹未成年人保护工作。二是各部门协同配合。未成年人保护是一项社会工程，需要全社会的通力协作和配合。目前，各部门对未成年人保护参与积极性不高，各项工作落实存在相当困难，缺乏未成年人保护的联动机制。因此，政府应落实一个牵头部门，引导和建立各方广泛参与的联动机制，履行好国家监护职能。

（三）深化完善网格化帮教机制，形成全社会齐抓共管的良好格局

目前覆盖全国的网格化管理普遍开展，网格化的触角已延伸至城区、乡镇、村社等各个角落，仅四川省的网格员就达到20多万人，覆盖省、市、县、乡、村多个层级。在我国地广人多、地区差异大的现实条件下，由网格员对高危未成年人进行协助监管帮教，是对重点人群实现社会治安综合治理的一个有效途径。针对网格员帮教形式比较单一、能力素质有待提高等问题，应采取以下措施：一是定期对网格员开展专题培训，增强网格员法律、教育、心理等方面知识，提升网格员对高危未成年人亲情替代中的帮教水平；二是通过补助等形式适当提高网格员的工资待遇，提升其对高危未成年人监管帮教的积极主动性；三是在网格中引入专业社会化力量对其进行帮教，通过购买社会服务，积极引入司法社工、律师、心理咨询师等专业力量，在网格员帮教的同时，对高危未成年人开展社会调查、亲职教育、心理疏导、观护帮教，大力提升高危未成年人临界预防帮教工作的精准度和专业化水平。

（四）建立观护基地，整合工读学校资源，落实对无家庭监护能力未成年人的平等保护

对于有严重不良行为或犯罪情节较为轻微的未达刑事责任年龄涉罪未成年人，根据法律规定，可责令家长严加管教，但家庭监管往往难以落实，学

校、社区更是无力监管。一是建立观护基地。通过在爱心企业、职能技术学校等建立观护基地，确定观护员，对未成年人实施一对一的帮教，通过劳动技能培训，培养其自食其力的能力，戒除其因好逸恶劳养成的不良行为。政府对于建立观护基地的企业和学校予以政策支持，对于建立观护基地的企业给予税收等优惠政策，对于建立观护基地的职业技术学校，通过政策扶持拓宽就业的出口，拉动企业、学校参与的积极性和主动性。二是整合工读学校资源。实践证明，工读学校对有不良行为的未成年人具有良好的帮教、预防效果。但目前全省各地工读学校数量有限，应鼓励各地建立工读学校，并统一工读学校的运行模式和管理方式，确保各地工读学校规范化运行。同时，整合各地工读学校资源，对于建立了工读学校地区，可接收周边没有建立工读学校地区有送读需求的未成年人。由省财政统一预算，按学生人头划拨相应费用；省委政法委统一管理，统筹协调各地工读学校的资源；教育部门统筹师资，充实工读学校的师资力量并适当提高教师待遇。

（五）进一步完善落实收容教养制度，确保相关法律规定落到实处

《刑法》第 17 条对收容教养有明确的法律规定，但司法实践中，因无具体操作规范和场所等无法得到有效落实。收容教养制度，其实质是对未成年人自身的一种司法保护和矫治措施，不应认定为变相羁押[①]。一是明确收容教养制度的保护性、福利性和非惩罚性，且要以保护和挽救未成年人为首要目的。二是明确收容教养的条件。将不具备家庭监护条件，且多次犯罪或严重暴力犯罪的未达刑事责任年龄等高危未成年人明确纳入收容教养范畴。三是专业保护机构进行审查并出具相关意见。由于未成年人保护工作专业性较强，应当由未成年人专门保护机构予以审查，通过心理测评和社会调查等手段，进行行为分析、社会危险性分析、再犯可能性分析等，评估是否应当纳入政府收容教养并出具相关意见提交给有权机关决定。四是将收容教养制度纳入司法审查程序，避免目前“行政化”决定的弊端。目前政府收容教

① 周雄：《收容教养制度研究》，《预防青少年犯罪研究》2015 年第 2 期。

养由公安机关直接决定，脱离了“司法化”属性，也缺乏必要监督。建议法律予以细化，由公安机关查明案件事实报送检察机关或法院进行审查，审查机关在充分听取未成年人、法定监护人、指定辩护人相关意见后决定是否适用收容教养。五是明确收容教养的场所。可将少管所确定为收容教养场所，开辟专区并制定专门的管理办法，建立相关配套设施，以区别于刑罚执行手段。对于缺乏家庭监管条件、情节较为轻微的未成年人，可决定送工读学校或观护基地进行收容教养。

B.15
沱江流域生态环境资源保护的检察屏障

内江市人民检察院课题组*

摘　要： 本文围绕服务内江生态建设、绿色发展大局，以内江沱江流域综合治理现状为切入点，通过对近年来内江检察机关“四位一体”服务保障沱江流域综合治理工作情况的审视，分析当前沱江流域绿色生态发展中亟待解决的问题，提出了依法治理沱江流域“四个三”的检察思路。重点就公益诉讼、联合执法、区域协作、行政执法与刑事司法衔接、黑名单制度等方面提出了对策建议，以期引起相关部门重视，为更好地推进沱江流域综合治理提供参考。

关键词： 沱江流域　生态环境　依法治理

党的十八大以来，以习近平同志为核心的党中央高度重视生态文明建设，提出了“绿水青山就是金山银山”“保护生态环境就是保护生产力、改善生态环境就是发展生产力”等系列新思想新论断，作出系列重大决策部署，将生态建设、绿色发展提高到前所未有的高度，为全面推进生态文明建设指明了方向。

---

* 课题组负责人：王疆立，内江市人民检察院党组书记、检察长。课题组成员：肖书云、王传玉、周测琦、周康。执笔人：周测琦，威远县人民检察院检察委员会委员、法律政策研究室主任。

沱江是内江的根脉，是内江的母亲河。加强沱江流域综合治理和绿色生态系统建设，是贯彻落实习近平新时代中国特色社会主义思想、习近平总书记在深入推动长江经济带发展座谈会上的讲话精神、省委十一届三次全会精神、市委七届七次全会精神以及省委、市委加快生态文明建设决策部署的重要举措，对于推动内江绿色发展，推动治蜀兴川内江实践再上新台阶，建设幸福美丽内江具有重要意义。沱江干流内江河段上自资中县球溪河入沱江口，下至内江市市中区龙门镇龚家渡，属沱江上游中段，流域面积5185平方千米，占全市面积的96.27%。沱江流域综合治理是事关内江经济社会发展全局的重大课题。但近年来，沱江流域生态环境资源保护形势严峻。在全面依法治国的大背景下，加强内江沱江流域综合治理应当把依法治理摆在重要位置，运用法治思维和法治方式推动沱江流域综合治理法治化，才能更好地守护内江沱江流域的绿水青山。

一 服务保障内江沱江流域综合治理的检察工作情况

服务和保障生态文明建设，是检察机关的职责所在、使命所系。近年来，内江市检察机关围绕全市经济社会发展大局，牢固树立绿色发展理念，充分发挥检察机关在生态环境资源保护中的打击、监督、修复、教育、引导等职能作用，逐步形成了“精准化打击+专业化监督+社会化治理+制度化保障”四位一体的内江检察生态环境资源保护工作模式，用“检察蓝”守护“生态绿”，构筑起内江沱江流域生态环境资源保护的“检察屏障”，为推动内江绿色发展提供了强有力的司法保障。

（一）紧抓沱江流域治理重点，精准化打击各类犯罪

围绕市委、市政府关于生态环境资源保护重要决策部署，立足内江沱江流域生态环境资源现状，突出治理重点，对污染环境、破坏资源等犯罪行为保持高压打击态势，有效运用检察机关批捕、起诉等职能作用，依法办理了一批具有重大社会影响的案件，有力地打击了犯罪，为内江沱江流域绿色发

展营造了良好的社会环境。

2015 年以来，全市检察机关共批准逮捕破坏环境资源犯罪 5 件 8 人，非法经营危险废物 1 件 1 人，非法倾倒建筑弃土 6 件 11 人；提起公诉 32 件 42 人；依法查办侵吞、骗取、挤占、挪用“淘汰落后产能”和“关闭小企业”专项资金以及背后存在的权力寻租、渎职、贪贿犯罪 12 件 19 人。查办违法发放林木采伐许可证渎职犯罪 1 件 2 人。查办农林、国土部门工作人员不履行监管职责玩忽职守犯罪 4 件 5 人。2017 年 6 月，依法起诉罗某等 31 人非法倾倒龙湾半岛建筑弃土 130 余万立方米故意毁坏财物案，及时回应了人民群众关切。

（二）紧盯沱江流域执法环节，专业化开展法律监督

作为国家环境治理体系中的重要环节，检察机关在推进生态文明建设中具有不可替代的重要作用。加强对环境保护法律监督是在更高层次上实现经济社会发展与环境优美和谐共存的可持续发展[①]。内江市检察机关充分发挥法律监督职能，紧紧抓住人民群众反映强烈的执法不严、司法不公等突出问题，突出发挥侦查监督“一体两翼”的作用，有效运用“两法衔接”工作机制，开展破坏生态环境资源犯罪专项法律监督工作，为内江沱江流域绿色发展营造良好的法治环境。

2015 年以来，全市检察机关共监督公安机关立案侦查破坏矿产资源犯罪案件 1 件 1 人；成功抗诉非法出售珍贵濒危野生动物制品犯罪案件 1 件 1 人；监督行政执法机关移送涉嫌破坏生态环境资源犯罪案件 24 件 28 人，行政执法机关移送 22 件 26 人，公安机关立案侦查 22 件 26 人。2017 年 4 月，通过“两法衔接”信息共享平台发现线索，依法建议隆昌市国土部门移送一起案值 110 余万元的非法采矿案，及时监督公安机关立案，并深挖细查渎职犯罪案件线索，立案查处了 2 名国家工作人员玩忽职守案，并于 2018 年

① 蔡守秋、万劲波、刘澄：《环境法的伦理基础：可持续发展观——兼论“人与自然和谐共处”的思想》，《武汉大学学报》（社会科学版）2001 年第 7 期。

4 月对曾某非法采矿案提起公益诉讼，在全省范围内形成了较大影响，取得良好的法律效果、社会效果。

（三）紧贴沱江流域共建共治，社会化推进综合治理

主动融入沱江流域综合治理工作格局，加强与相关职能部门的协作配合，以专项活动为重点，积极参与中央环保督查反馈问题整改、打击涉林违法犯罪专项行动、扫黑除恶专项斗争、打击破坏生态环境资源违法犯罪专项活动，促进形成沱江流域共治格局；以公益诉讼为抓手，积极推进生态环境资源公益保护，促进形成沱江流域共建格局；以法律“七进”为载体，采取以案释法、集中法制宣传、法治讲座等形式，积极开展生态环境资源保护法律宣传活动，增强人民群众生态环保法治意识，促进形成沱江流域生态环境资源保护社会化氛围。结合“大学习、大讨论、大调研”活动，形成 7 项调研成果，为内江沱江流域综合治理建言献策。

2015 年以来，开展生态环境资源保护专项行动 20 余项。主动走访行政执法单位、企业 300 余次，与相关职能部门召开联席会议 80 余次，开展联合执法 60 余次。开展生态环境保护法治宣传讲座和宣传活动 30 余次，发放宣传资料 2000 余份。将生态环境与资源保护类公益保护作为公益诉讼的主要方向，把打击犯罪与修复受损环境结合起来，办理生态环境与资源保护类公益诉讼案件 76 件，发出诉前检察建议 54 件，提起刑事附带民事公益诉讼 8 件，督促修复国有林地 1552 亩、复垦耕地 240 亩，挽回资源损失 210 万元，督促清理垃圾 1200 吨。

（四）紧扣检察职能以案建制，制度化提供司法保障

近年来，内江市检察机关立足执法办案，以问题为导向，积极探索服务和保障沱江流域综合治理工作机制，逐步形成了“以案建制”的工作思路，通过对个案的有效办理，推动形成类案的有效防治，为沱江流域综合治理提供制度化保障。

坚持打击与保护并重，丰富修复性司法实践。2015 年与市林业局、市

森林公安局共同会签《打击涉林犯罪与生态资源修复“两结合”工作机制》，督促犯罪嫌疑人补种林木树苗8000余株，该项创新做法得到了省委、市委的肯定，被省检察院和最高人民检察院转发推广。加强行政执法机关与司法机关协作配合，2016年修订完善《内江市行政执法与刑事司法衔接工作规程》，推动形成执法机关依法行政、检察机关依法监督、行政执法与刑事司法有效衔接的工作格局。通过办理危险废物经营企业从业人员环境污染犯罪案件，2017年制定并出台《内江市加强危险废物规范管理的意见》，促进危险废物“五联单”转移制度落实，成为全省首个危险废物综合治理机制，受到省检察院和市委的高度肯定。根据市委《关于内江沱江流域综合治理和绿色生态系统建设与保护若干重大问题的决定》，2017年制定并出台《内江市检察机关关于充分发挥检察职能　服务和保障内江绿色发展的实施意见》，提出21条具体服务保障措施，为全市检察机关生态检察工作提供了有效遵循和有力指导。

二　内江沱江流域依法治理存在的问题

通过检察办案实践，发现内江沱江流域依法治理中尚存在以下问题亟待解决。

（一）行政执法监督管理难度较大

1. 流域面积广，执法监管范围难以全覆盖

内江沱江流域面积5185平方千米，包括河流、分支及辐射区域等。沱江流域具有岸线长、水域广、辐射面大、流域内生态环境状况复杂等特点，仅依靠某一或某些行政执法部门进行日常巡查监管或突击检查，难以实现全覆盖、高时效发现和处置违法犯罪行为。在行政执法事务日益增多的情况下，监管执法点多量大、人少事多、问题复杂的现象较为突出。

2. 破坏因素复杂，执法监管力度相对薄弱

内江是典型的西部老工业城市，境内城镇和工业企业沿沱江干流密集分

布，经济开发强度大，农业化肥农药使用量大，沿线生活污水直排、生态用地占用以及无序采砂等问题突出；排污企业私设“暗管”、偷排、偷放、深夜排污等行为难以发现；上游成都、德阳等地涉磷企业众多，给内江沱江流域生态环境综合治理增加了域外因素。面对众多复杂因素，行政执法机关监管技术较为落后、执法设备较为简单、处罚方式较为单一、强制措施较为缺乏，执法监管工作力度还不适应流域综合治理的迫切需要。

3. 管理职责重叠，执法监管力量整合不足

多个管理部门，在流域管理活动中不可避免地会产生相互争权或相互扯皮、各行其是的现象①。实践中，国土、环保、水务、林业、渔业、卫生等多个行政执法部门的职能职责划分不够清晰，管理越位、管理交叉、管理缺位等“九龙治水”问题突出。各部门在联合协作开展沱江流域执法专项活动中，协作意识不够、主动性不足，合力不明显，影响了沱江流域综合治理的效果。

（二）刑事司法震慑效果不够明显

1. 信息衔接不畅，刑事打击难

行政执法机关与司法机关信息对接不畅，进入司法环节受到刑事追究的案件较少，违法成本低的现象长期存在。从2015年以来内江沱江流域及相关支流水域污染违法犯罪情况看，全市行政执法机关对污染水域违法行为共作出行政处罚129件，其中85%的案件处罚方式仅为罚款，罚款总额达472.96万元。同时期全市检察机关受理审查逮捕污染水域犯罪案件2件3人，仅占行政处罚案件的2%左右。

2. 专业要求高，证据采信难

生态环境类案件具有特殊性，受自然环境因素影响较大，专业属性强，部分行政执法人员收集、固定和保全证据意识和能力不强，对证据标准把握

① 王宏巍、王树义：《〈长江法〉的构建与流域管理体制改革》，《河海大学学报》（哲学社会科学版）2011年第2期。

不准，相关部门鉴定技术有限、鉴定费用较高，一些案件难以准确划分罪与非罪，导致部分案件因证据原因不能得到刑事追诉。例如，2015 年办理的陈某、刘某重大责任事故案，由于行政执法机关在前期调查时未及时固定保全证据，经过检察机关多次退回公安机关补充侦查仍无法补证，导致案件最终撤案。

3. 刑罚轻刑化，震慑力度弱

现行法律对破坏生态环境资源类犯罪刑期设置较低，犯罪构成标准特别是因果关系证明的要求较高，导致司法实践中大部分破坏生态环境资源犯罪被判处缓刑、拘役或管制，轻刑化现象较为突出。例如，李某、梁某倾倒危险废物案中，当地居民 13 口水井被污染，为修复环境花费 60 余万元，由于污染后果难以确定，损害结果难以直接与倾倒危险废物的犯罪行为相关联，该案被告人最终被判处缓刑。

（三）生态环境资源公益保护不够显著

1. 公益保护社会参与度不够高

社会公众和行政执法机关对生态环境资源公益保护特别是检察机关开展公益诉讼的认知度不够高，重要性认识不足，参与度低，公益诉讼案件线索的来源渠道较窄。部分行政机关领导和执法人员存在被认定为怠于履职或违法履职的顾虑，对检察机关公益诉讼具有抵触情绪，不愿积极提供线索，公益保护工作局面尚未全面形成。

2. 提起生态环境资源公益诉讼外部阻力较大

检察机关提起公益诉讼在具体的实践操作中，面临着案件范围确定难、诉前程序实施难、调查取证难、强制执行难等诸多难题和阻力，对拒绝配合的行为缺乏强制手段，工作开展难度大。例如，由于环境信息的不透明、不通畅，检察机关在公益诉讼工作中不能充分获取损害生态环境资源公共利益的违法信息，有的企业和行政机关甚至故意干扰调查取证，开展环境公益诉讼工作困难重重。

3. 生态环境资源公益诉讼资金保障不足

根据公益诉讼有关规定，检察机关提起公益诉讼案件免收诉讼费。但公益诉讼案件的办理还存在技术装备、评估、鉴定、取证等多项费用的支出，不同个案产生的费用差异较大，具体数额难以预估，不能纳入年度预算予以保障。而环境污染和生态保护类案件，往往需要借助外部鉴定机构进行评估鉴定，且费用较高。例如，隆昌曾某非法采矿案，鉴定费用高达8万余元。

（四）沱江流域跨区域综合治理协作不足

1. 协作机制不够健全

内江积极加强与沱江沿线城市的对接，与成都、资阳、自贡、泸州、眉山等地签订了《越溪河、沱江、隆昌河流域综合治理合作协议》《全面推行河长制工作管理保护合作框架协议》等合作框架协议，跨出了沱江流域区域协作的步伐。但这些协议具有行业性、原则性，尚未形成全面、统一、具体的机制措施，无法统揽沱江流域上下游之间的综合治理。

2. 资源共享深度不够

内江与沱江沿线部分城市建立了流域水环境保护联防联控、信息共享、应急协作、技术交流等机制，但资源共享深度远远不够。常态化联席会议特别是高层次联席会议开展较少；区域综合治理资源共享不足，管理协作、资金协作、技术协作、人才协作等方面尚未完全形成互补共享的工作格局，难以解决当前区域流域治理中复杂多变的问题。

3. 联合执法、司法协作不足

目前沱江流域跨区域行政执法部门联动尚未全覆盖，仅有环保、林业等部分行政执法机关开展了区域执法联动协作；跨区域司法机关对沱江流域依法治理尚未形成合作机制。当沱江流域综合治理发生跨区域纠纷时，行政执法部门和司法机关作为打击违法犯罪、处理解决纠纷等问题的直接主体，可能选择性执法和司法，影响跨区域流域治理的效果。

三　推进沱江流域依法治理的“四个三”检察思路

结合对近年来检察机关服务保障沱江流域综合治理工作情况的审视，针对当前存在的亟待解决的问题，建议从以下四个方面做好沱江流域依法治理工作。

（一）发挥检察职能作用，开展三大“护域”专项行动

1. 开展“利剑行动”，依法严厉打击破坏生态环境资源的刑事犯罪

发挥批捕、起诉“利剑”整治作用，全力打好大气、水、土壤污染防治“三大战役”。一是重点打击污染水域犯罪。严厉打击污染破坏濛溪河头滩坝水源地等划入全省生态保护红线保护地的犯罪行为。二是突出打击污染大气犯罪行为。加强对超标排放氮氧化物、工业烟粉尘等污染大气犯罪行为的刑事打击力度。三是严厉打击污染土壤犯罪行为。重点打击非法排放、倾倒、填埋有毒有害物质等污染土壤的刑事犯罪行为。四是依法打击破坏资源类犯罪行为。坚决惩治非法采矿、盗伐、滥伐林木等多发性破坏生态资源的刑事犯罪。

2. 开展“亮剑行动”，强化对破坏生态环境资源案件的法律监督

对人民群众反映强烈的执法不严、司法不公等突出问题进行集中“亮剑”，整合监督力量，形成民事、行政、刑事监督“三监合一”工作格局。一是加大刑事侦查活动监督力度。重点开展对有案不立、另案处理、以罚代刑以及群众反映强烈、影响社会稳定的破坏环境资源案件的监督。二是加大刑事审判监督力度。依法纠正定罪错误、量刑不当、程序严重违法等判决、裁定错误，重点监督重罪轻判、违法适用缓刑、免予刑事处罚等轻刑化问题。三是加大民事行政检察监督力度。综合利用抗诉、提请抗诉、检察建议等多元化监督手段，促进行政机关依法履职。

3. 开展“护剑行动”，依托公益诉讼构建生态环境资源公共利益的坚实蓝盾

牢牢抓住公益保护这个核心，通过检察公益诉讼集中开展“护剑”行

动。主动加强与环保、国土、林业等行政机关在线索摸排、调查取证、法律政策理解与适用等方面的沟通协作，对破坏生态环境资源违法行为，依法向人民法院提起民事公益诉讼或支持起诉；对负有监管职责的行政机关违法行使职权或者不作为，致使国家利益或者社会公共利益受到侵害的，依法提出检察建议、提起行政公益诉讼。

（二）整合执法办案力量，搭建三个“护域”联动平台

1. 搭建跨行业协作平台，解决专业性不强问题

建议建立生态环境资源专家人才库，纳入各行业、各部门、各领域的业务骨干、办案能手、专业技术人才，为具体案件涉及的技术问题、专业问题、法律问题、生态问题等提供指导意见。加强环境司法专门队伍建设，公安机关建立环保警察部门，专门开展沱江流域环保执法工作；检察机关设置公益诉讼检察部门，专门负责环保案件的批捕、起诉、公益诉讼、维权申诉等职责；审判机关进一步强化环境资源审判法庭建设，促进环保案件审判专业化。

2. 搭建跨部门协作平台，解决联动性不足问题

实行跨部门综合执法，让各职能部门从非合作性博弈向合作性博弈方向转变，有利于为公众提供更加舒适的法治环境①。当前沱江流域依法治理中，也急需推动跨部门协作，推动形成齐心协力、齐抓共管的执法体系。建议建立沱江流域生态环境资源违法犯罪打击联动平台，加大对重点排污企业、地带的监管和网络巡查力度，加强环保、水利、公安、检察机关等部门的协作配合，形成“实时监测、联合研判、分类处置、及时查办”工作模式，切实防范化解生态环境资源领域重大案件可能引发的重大风险。

3. 搭建跨区域协作平台，解决分散性治理问题

流域地方政府协作治理机制，是在新的历史时期提升政府治理能力现代化的一个重要举措②。跨区域协作已成为当前全流域治理的基本方向。建议

① 胡皇印：《推进跨部门综合执法正当时》，《人民法治》2015 年第 7 期。

② 马存利：《流域跨界水污染视野下区域合作行政的法制保障——以长三角为例》，《山西农业大学学报》（社会科学版）2016 年第 3 期。

深挖河长制在区域协作中的牵头功能，充分发挥河长自上而下推动、平行协调便捷的优势，在政府间通过协议治理、生态利益补偿、产权交易、行政许可联合审批、司法调节等推动建立跨区域协作治理机制，如广东省最初就是以河长制推动跨界河流的污染治理问题①。积极推进跨区域公安、检察、法院以及行政执法部门之间的联动，采取联合执法、区域执法、交叉执法等方式，发挥双方在共同治理、共同打击、共同保护等方面作用，为沱江实现全流域治理提供跨区域执法司法保障。

（三）推动共建共享共治，实施三项“护域”保护工程

1. 实施生态环境资源保护依法治理“引领”工程

生态法治的理念贯彻在具体的立法、执法、司法等制度机制中，统摄着生态文明法律建设②。建议在立法层面加快地方立法，尽快拓展和完善沱江流域依法治理的法规体系，保障有法可依。在行政执法层面，充实一线执法力量，加强执法业务素能培训，改进执法手段，提升执法综合能力。在司法层面，集中开展生态环境资源违法犯罪专项整治活动，统一办案思想和证据标准。在守法层面，以“法律七进”为载体，采取观摩庭审、以案释法、新闻发布会、法制讲座等形式，提升全社会生态环保法治意识。

2. 实施行政执法与刑事司法无缝“衔接”工程

深化“两法衔接”信息平台建设，将信息共享平台与公安机关警情研判平台、环保部门移动执法系统连通共享。进一步细化完善证据标准，针对污染环境类犯罪事实认定难、法律适用难、证据采信难等问题，加强公检法之间的沟通协调，就环境类刑事案件在证据收集、证明标准、定罪量刑等方面统一执法尺度。健全信息共享、线索移送备案、证据转换、联席会议、提前介入、案件咨询等衔接机制，推动实现行政执法与刑事司法的无缝衔接。

---

① 刘长兴：《广东省河长制的实践经验与法制思考》，《环境保护》2017 年第 9 期。

② 张乾元、苏俐晖：《生态文明建设要理念先行》，《中国社会科学报》2015 年 11 月 10 日。

3. 实施沱江流域生态环境资源“修复”工程

对环境问题的刑事法律解决应更加注重被污染、破坏的环境的修复[①]。检察机关作为公共利益的代表，在依法打击犯罪的同时，应当秉持修复性司法理念，做好生态“修复”工作。一是在推动林业生态“补植复绿”修复工作的基础上，继续延伸范围，推进水域、土壤等方面的修复工作。二是依托公益诉讼职能完善生态损害救济制度。明确修复补偿标准，充分考虑替代性修复措施，开展符合经济发展和地区功能定位的治理项目。建立公益诉讼联动机制，在诉前程序中，加强与环保、国土、水务等行政机关及环保公益组织的衔接配合，督促相关责任主体履行环境修复责任；在诉讼程序中，探索生态损害先予执行措施，及时修复受损生态；在环境公益基金来源上，建议由财政拨款、环境损害赔偿金以及社会公众募捐等多种渠道募集专项资金，对环境公益基金使用实行专项管理，接受专门审计和社会公众监督，确保专款专用。三是加强检察机关与行政机关、法院和评估鉴定机构、专项资金管理机构、社会组织特别是环保公益组织的协调配合，建立健全生态环境资源损害司法评估鉴定机制和损害赔偿资金管理机制。

（四）完善综合治理体系，健全三项“护域”工作机制

1. 建立健全常态化流域执法监管责任机制

一是建立健全常态化执法监管工作机制。完善行政执法监管相关制度，将执法“关口”前移，实现由“事后查处”向“事前监管”转变。二是建立健全执法监管保障机制。从人力、物力、财力等方面全力支持执法监管工作。建议设立沱江流域执法监管专项基金，纳入财政统筹。三是完善流域治理责任考核机制和评价机制。健全内江沱江流域综合治理中各部门责任体系和依法治理标准体系，对排放方式、开采数量等由各行业或各部门明确统一标准，确保内江沱江流域依法治理工作有序推进。

---

① 雷鑫、张永青《环境犯罪刑事和解的证成与价值——以恢复性正义为视角》，《湘潭大学学报》（哲学社会科学版）2010 年第 1 期。

2. 建立生态环境资源违法犯罪“黑名单”惩戒制度

黑名单制度是指对个人或企业的违法违规行为进行惩罚性信息强制披露制度[①]。目前，“黑名单”制度在食品药品、旅游、民航、税收等领域广泛使用。建议建立生态环境资源违法犯罪行为“黑名单”制度，通过行政许可限制、申报财政资金限制、列为重点检查对象、实施重点监督管控以及将企业和个人在生态环境资源保护方面的违法犯罪行为纳入全国企业信用信息公示系统和人民银行征信系统等惩戒措施，增加企业和个人的注意义务和社会责任，倒逼企业和个人实行绿色生产，实现被动保护向主动保护的转变。

3. 完善公众依法有序参与沱江流域治理公开工作机制

公众参与是环境保护的重要原则，也是符合环境管理特点、富有成效的制度[②]。流域管理的善治，强调公民的积极参与，最终形成融合行政手段、市场力量和公民参与的多元共治模式[③]。完善公众依法规范参与工作机制，是依法治理沱江流域的一个重要抓手。建议建立信息公开一体化机制，设置专门官方网站，定期发布政策法规、环境质量、项目审批、案件处理、重点污染区域等信息。对于重大项目许可、项目审批等，实施公开听证制度，邀请人大代表、环境专家、基层干部、普通群众等参与项目听证、决策。建立举报奖励和意见办理机制，畅通生态环保举报热线等举报渠道，提高公众参与沱江流域综合治理的积极性。

① 高文珊：《黑名单公示制度的实证研究》，《法治与社会》2016 年第 35 期。

② 吕忠梅：《环境法新视野》，中国政法大学出版社，2007，第 258 页。

③ 黄锡生、王国萍：《流域管理的善治逻辑与制度安排》，《学海》2014 年第 4 期。

B.16 多维度服务保障地方经济社会发展的探索与实践

攀枝花市中级人民法院课题组*

摘　要： 攀枝花法院坚持大局观，以执法办案为抓手，加强司法跟踪服务措施研究，全面发挥司法的调节指引作用，以有限的司法资源“桥接”广泛的社会经济发展需求，让司法工作更好地适应经济社会发展新常态，为辖区经济高质量发展提供公正、高效、便捷的司法服务。本文重在介绍攀枝花法院司法服务大局的具体实践，通过分析问题，对今后工作提出构想和规划。

关键词： 司法服务　多维度　发展大局

四川省委十一届三次全会顺应新时代发展要求，提出了构建“一干多支、五区协同”区域发展新格局、形成“四向拓展、全域开放”立体全面开放新态势等战略部署。攀枝花市委围绕“建设国家战略资源创新开发试验区、现代农业示范基地和国际阳光康养旅游目的地”定位，确定了强化工业主导地位、竞相发展县域经济、做好“钒钛”“阳光”两篇文章，促进新兴产业发展等发展战略。

---

* 课题组负责人：杜新，攀枝花市中级人民法院党组成员、副院长。课题组成员：邓天玲、米拴学、杨绍文。执笔人：邓天玲，攀枝花市中级人民法院研究室主任；米拴学，攀枝花市中级人民法院审判管理办公室副主任。

“树立正确的大局观，坚持围绕大局履职尽责，想中央所想，急中央所急，坚持一切工作必须围绕党中央决策部署来进行，自觉融入大局、服务大局、保障大局。”这是最高人民法院院长对法院“大局观”的释义。面对新时代、新形势、新要求，攀枝花法院以“立足审判、强化保障、精准服务”为理念，紧跟党委决策部署，聚焦辖区经济社会发展特点和发展之需，及时出台工作指导意见，精准推出工作举措，服务保障地方经济有序发展，多项举措受到省法院和地方党委、政府主要领导批示肯定，攀枝花中院工作报告连续两年以超过98%的赞成率通过人代会审议，司法服务社会经济发展的做法多次被市依法治市办宣传报道，加强知识产权保护服务地方经济发展的做法被省依法治市专刊采用，在维护社会安全稳定、服务经济发展、保障人民权益、推进依法治理中交出了一份人民满意的答卷。

一　具体实践

近年来，攀枝花法院聚焦供给侧结构改革、聚焦三大攻坚战、聚焦“钒钛”“阳光”两个发展重点，多维度找准、用实司法举措，积极构建与经济社会发展新态势相匹配的司法服务保障体系。

（一）加强统筹指导，提高服务保障实效

司法改革实施法官员额制后，新的审判权运行机制正朝着“让审理者裁判，由裁判者负责”方向迈进。审判权“下放”给了法官，需要引导法官增强服务大局、服务发展的意识，避免出现只讲法律不注重社会效果而机械办案、就案办案的现象。

攀枝花市法院党组一方面从思想政治建设入手，引导法官增强对党委中心工作的思想认同、政治认同、情感认同。另一方面，根据国家重大发展战略，结合地方实际，开展司法大数据研究和统计分析，有针对性地出台服务保障经济社会发展的系列文件，确定具体工作举措，指引法官在司法实践中

为地方经济发展、社会稳定贡献力量。2018 年 2 月，中央一号文件《中共中央 国务院关于实施乡村振兴战略的意见》出台。两个月后，攀枝花法院即印发《关于充分发挥职能作用 服务和保障全市乡村振兴战略的意见》，从加大涉农产权司法保护力度优化乡村营商环境、加大涉农产业案件办理力度推进乡村供给侧结构性改革、加强乡村环境资源案件审判推进美丽乡村建设、加强司法个案指引推进乡风文明建设等 6 个方面推出 14 项举措，为攀枝花“康养 + 农业”特色乡村振兴道路提供司法服务。2018 年 6 月，省委、省政府出台《关于营造企业家健康成长环境 弘扬优秀企业家精神更好发挥企业家作用的实施意见》后，攀枝花法院立即响应，与 50 家工商企业代表召开恳谈会，围绕产权保护、涉企案件审判执行等问题听取意见，综合企业意见及攀枝花战略资源创新开发试验区建设需求，制定《关于充分发挥审判职能作用 为企业家创新创业营造良好法治环境的实施意见》，聚焦全市产业转型升级，围绕企业家财产权益保护等 5 个方面，推出 18 条措施为企业创新发展营造良好的法治环境。2018 年 2 月，攀枝花市委作出创建全国文明城市的动员部署，攀枝花法院迅速出台《关于充分发挥司法职能 服务保障攀枝花创建全国文明城市的实施意见》，通过打造全民法治教育课、结对共建法治社区、弘扬司法文明等具体举措，综合运用法治手段，为辖区创建全国文明城市营造安全稳定、法治诚信的优质环境。2016 年以来，攀枝花法院先后制定出台司法服务“康养 +”产业、绿色发展、企业家创新创业等工作意见 14 个，调研形成房地产案件、金融案件、毒品犯罪案件、生态环境案件、物业合同纠纷案件等专项司法统计报告 13 份，探索推出府院协同处置涉企案件、涉煤案件等工作机制，对法官开展审判执行工作的方向予以明确指引，将法官个体凝聚形成合力，增强司法服务大局的整体成效，又让法官在为大局工作中获得职业自豪感，更加积极主动地参与司法服务保障工作。

（二）加强专项审判，打好三大攻坚战

——开展金融审判执行专项活动，防范化解重大风险。习近平总书记指

出，防范化解金融风险，事关国家安全、发展全局、人民财产安全，是实现高质量发展必须跨越的重大关口。攀枝花法院以服务实体经济为出发点和落脚点，突出抓好金融商事审判这个关键，着力防范化解金融风险，促进经济高质量发展。2017 年 8 月，制定《关于加强涉银行金融案件审判执行工作的意见》，市政府、市法院与攀枝花市金融机构召开涉金融案件协同处置工作会议并出台会议纪要。在法院与金融机构间建立起四项工作机制，促进有效协调沟通。一是建立联席会议制度，定期召开座谈会，共同研讨防范化解风险的举措。二是建立信息共享机制，金融管理部门向法院通报相关金融监管立法及政策变化情况，以及信贷等金融活动中出现的新情况、新特点，保障法院审判执行工作有序开展。同时，法院向金融管理部门通报辖区内涉及涉金融案件的审理和执行情况，针对涉金融案件办理过程中发现的金融管理漏洞提出司法建议。三是建立特案协调机制。法院与金融管理部门共同协助经信委、工业园区管委会等相关部门，按照“去产能”发展要求，对涉案企业是否属于“僵尸企业”，是否符合产业结构调整方向进行研判。对涉及地方发展稳定，符合产业政策、市场前景好，仅因资金断裂或经营管理不善而陷于金融债务的企业的案件，充分发挥多方职能作用，最大限度帮助企业渡过难关，既有效化解金融风险，又保障了地方经济社会稳定有序。四是建立失信企业联合惩戒机制。加强全市失信企业信息资源平台建设，共享失信被执行人名单信息，银行业金融机构依法在融资信贷等金融服务领域对失信被执行人等采取限制贷款、限制办理信用卡等措施，从源头预防金融风险发生。截至 2018 年 7 月，全市法院依法审理非法吸收公众存款、集资诈骗等刑事案件 59 件，涉金融借款、民间借贷纠纷等民商事案件 1448 件，涉金融执行案件 710 件，执行到位标的 42433. 08 万元。召开全市金融类执行案件座谈会、金融生态环境建设座谈会等联席会 4 次，向相关单位及金融机构发送司法建议 27 份，进一步规范了金融秩序、防范化解金融风险，维护辖区经济市场稳定。

——开展环境资源专项审判，筑牢环境保护屏障。攀枝花是长江上游生态屏障，环保要求高、任务重，且随着全市康养旅游业快速发展，对生态环境提出了更高要求。为守护生态文明，保护青山绿水，攀枝花两级法院自觉承担起保护生态环境的司法重担。一是建立健全环境司法机构体系。紧紧围绕十九大报告提出的建设“美丽中国”四项任务，制定《加强环境资源审判工作　服务绿色发展的指导意见》，市中院设立环境资源审判庭，在工矿业集中的西区设立绿色法庭，实行涉环境资源刑事、民事、行政案件“三合一”审理。二是切实履行生态环境司法保护职责。严厉打击严重污染环境、破坏资源的刑事犯罪，妥善处理污水排放、光电污染等环境资源民事案件，加大对环境资源行政行为的司法审查力度。从严惩处在山水林田湖草系统治理和攀西战略资源创新开发区试验区建设中的环境污染违法犯罪行为，保障金沙江河谷生态治理等重大环保工程顺利推进。出台《全市法院力保环境突出问题整改攻坚战的八条措施》，组织精干力量快速办理环保督察期间发生的各类纠纷。截至 2018 年 8 月，共办结涉环境污染、破坏性开采、毁坏林地等案件 138 件。其中，涉环境资源刑事生效案件 35 件，涉案人数 42 人，1 人免予刑事处罚，25 人单处缓刑，9 人被判处三年以下有期徒刑、拘役，7 人被判处三年以上有期徒刑。通过案件审理，为打好污染防治攻坚战筑牢警示“堤坝”。三是注重落实环境修复责任。针对同一个污染环境行为往往造成不同损害后果的特征，在环境资源类刑事案件的办理中，高度重视生态环境的修复工作，并将被告承担环境修复的意愿、行动和环境修复实际效果作为量刑的重要考虑因素。对涉生态案件开展判后回访，关注污染企业整改情况，以及破坏生态责任人“补种复绿”情况，促进生态环境可持续发展。四是主动延伸司法服务职能。加大环保执法指导力度，向 3 个部门发出司法建议，促进环境执法水平提高。强化典型案例教育作用，发布环境资源典型案例 4 个，其中一个案例被中国教育电视台《法治天下》栏目选播。通过典型案例的引导，提升群众对环境资源类违法或犯罪的认知，增强全社会生态环境保护意识，构建起司法、行政、公众参与的立体生态保护网。

——开展涉农案件专项办理，打好精准脱贫攻坚战。坚持以人民为中心的新发展理念，将司法服务延伸到田间地头，增强群众司法获得感。2018 年 4 月，出台《关于充分发挥职能作用　服务和保障全市乡村振兴战略的意见》，从产业兴农、美丽乡村建设等多方面为攀枝花特色“康养+农业”乡村振兴保驾护航。一是聚焦乡村营商环境优化，加大涉农产权司法保护力度。妥善审理农产品品牌权益保护案件，突出对“攀枝花杧果”“攀枝花枇杷”等区域公用品牌和企业自主打造品牌的司法保护力度，提升特色农产品附加值。通过办理“互联网+农业”新业态案件，妥善处理新矛盾，推进农村电子商务等新型农业业态健康发展。制度出台后，严厉惩治辖区脱贫领域职务犯罪案件20件，判处刑罚22人次，依法审理涉假冒伪劣农资农药、涉林涉农案件107件，服务保障脱贫攻坚。二是聚焦美丽乡村建设，加大乡村环境资源案件审判力度。搭建“花城法官”党员志愿服务工作站，投入帮扶物品、资金，举办法治、脱贫攻坚等专题讲座。协调处理农村垃圾处理、污水处理、“厕所革命”及花园农家等重点工程建设过程中的案件纠纷，保障阿署达、红格、撒莲等特色小镇风貌打造工程顺利推进。通过行政、刑事审判，严格审查环境执法合法性，发送司法建议督促职能部门加强管理，推动农村环境资源多方共治体系形成，从源头上预防和减少环境污染事件。三是聚焦乡风文明建设，加大司法个案指引力度。盐边县红格人民法庭作为省法院确定的家事审判改革试点法庭，积极探索新型农村家事审判方式。建成集案件审理、心理调适、多元调解等于一体的“家庭式”审理场所，聘请彝语、苗语、傈僳族语翻译人员，选聘少数民族“族长”为特邀调解员，破解“语言障碍与习俗之别”的困境，有效化解纠纷。2018年1~8月，红格法庭通过此方式调判案件21件。同时，寻求辖区司法所、调委会、妇联、村委会等部门的支持配合，通过多元化纠纷解决机制处理家事纠纷32件。选取家事案件和农村邻里纠纷案件巡回审判86次，充分发挥司法指引作用，通过司法裁判指引群众弘扬和睦文明的家德家风和守望相助的乡邻美德，形成尊法、守法乡村新风尚。

（三）延伸审判职能，全面服务经济社会发展

党的十九大精神、习近平总书记来川视察重要讲话精神和省委书记关于“十个指明”的实践要求，对新时代法院工作发挥审判职能服务保障高质量

发展提出了新的要求，指明了前进方向。攀枝花两级法院深刻认识法治使命与国家发展目标的一致性，站位全局谋划工作，用足、用活各种法治举措，主动适应和服务经济社会发展新常态。

——为党委决策提供法治参谋。努力形成“提前介入、深度融入、主动服务”的工作机制，既化解多发的矛盾纠纷，又为党委当好法治参谋，以法治方式服务保障全市发展大局。结合审判实践分析研判在“三去一降一补”改革、经济结构转型调整、乡村振兴战略中产生的各类矛盾纠纷，每年底发布三大司法白皮书、年度十大典型案例，日常工作中及时发送司法建议。2016年以来，发布司法白皮书9期，典型案例43个，发出司法建议128份，成为党委、政府决策的法治参谋。

——助推经济结构转型升级。攀枝花是典型的资源型工业城市，曾依托丰富的矿产资源建成闻名全国的“百里钢城”。但近年来受产能过剩和生态红线双重挤压，产业结构转型迫在眉睫。针对攀枝花独特的产业结构，在全省法院首创与政府建立涉企案件协同处置机制，市中院会同市政府、市级相关部门和区（县）政府就企业甄别、资产处置、风险防控等问题达成共识，全市抓住“涉‘僵尸’企业、涉政策性关闭煤矿和涉房地产”三大类进行重点突破。提出《煤矿整顿关闭司法应对》《国有集体土地征收补偿法律建议》等专题报告28份，涉煤执行案件方式创新、成效良好，受到省法院充分肯定。妥善审理涉及工业园区、涉重点招商企业、重大项目等商事纠纷案件107件。富邦、菲德勒等公司破产重整系列案件得以稳妥推进，以司法方式有效促进了稳增长、去产能、调结构。针对攀枝花近年重点发展的“康养+”产业，攀枝花中院制定《服务保障康养产业发展的指导意见》，妥善办理涉旅游服务、医疗养老等案件47件。围绕新型城镇建设需求，加强司法政策研究，妥善化解涉“棚改”纠纷569件。依法审理涉攀大高速、成昆铁路复线扩能改造等案件216件，服务保障攀枝花“南向门户”建设。加强与住建、国土等部门沟通，妥善审理涉房地产案件2869件，就预售资金监管、“烂尾楼”处置等工作提出司法建议，促进房地产行业健康稳定发展。

——创建平安诚信营商环境。扎实开展扫黑除恶专项斗争，依法审结盗窃、危险驾驶、故意伤害、涉毒等区域多发、易发犯罪案件517件。加大对商业贿赂、逃税漏税、制假贩假等不法行为惩处力度，旗帜鲜明地保护企业诚信经营、公平竞争，保障投资安全和发展环境。加大执行工作力度，坚持每月一次集中行动，每季度集中曝光，持续开展“执行大会战”“花城烈阳打击拒执”等专项行动。“基本解决执行难”工作开展以来，攀枝花两级法院共公开曝光3128人，向相关部门推送失信名单3234人，联合惩戒1593人，建立起失信被执行人信用监督、警示和惩戒机制。通过依法惩戒“老赖”，为经济高质量发展营造公平诚信的环境。

（四）创新依法治理方式，助力法治社会建设

——推行第三方调解新模式，多元化解矛盾纠纷。攀枝花米易县法院在矛盾纠纷多元化解方面进行探索实践，在法院诉讼服务大厅设立矛盾纠纷第三方调解中心，由政法委牵头，以政府购买服务的方式整合劳动争议、道路交通事故、医疗事故等方面的调解资源共同开展矛盾纠纷化解工作。第三方调解中心现有11名专职调解人员、84名来自不同行业的专家入驻，分为专职调解员、行政调解员、物业调解员等九大板块，对物业纠纷、医患矛盾等多发性纠纷实现一站式调解服务。首批在该院设立调解室4个，覆盖了院机关和所有派出法庭。2016年以来，第三方调解中心驻院调解工作室共受理各类调解案件902件，调结860件，调解率为95.34%。通过调解，每年到法院诉讼的纠纷减少1000件，相当于5个员额法官的办案数量。该项工作被纳入全省创新示范项目，取得了良好成效，获得最高人民法院领导的批示肯定。

——深入推进普法工作，增强全民法治观念。加大法治宣传力度，着力打造“以案说法”品牌，与地方电视台、日报社、电台等媒体联合创办了《现在开庭》《法庭聚焦》《每周一案》《法官在线》等四个栏目，荣获全国法院新闻宣传优秀策划奖。其中，《现在开庭》属全省法院首创庭审纪实栏目，现已开播10年，栏目覆盖凉山、丽江、楚雄等地，被群众誉为攀枝花的“今日说法”，获得第十三届四川电视节“金熊猫”奖。攀枝花两级法院与基层社区、中小学校结对共创法治社区、法治学校，与20多所学校联合

开展“新学期第一堂法治课”，47名法官兼任中小学校法制辅导员，设立“法官便民工作室”12个、“法官便民工作岗”132个，既为社会治理体系建设贡献法院智慧，又拉近了群众与司法工作的距离，对提升司法公信力起到了积极作用。

——创新开展行政审判，助推法治政府建设。推进在全省法院率先以两办名义出台《被诉行政机关负责人出庭应诉工作办法》，引导行政机关负责人出庭又出声，行政案件机关负责人出庭率大幅提高，盐边县法院达到100%出庭。邀请行政机关负责人每季度旁听一次典型行政案件庭审，坚持行政机关败诉案件“一案一建议”制度，促进行政争议实质化解决，助推法治政府建设。

——探索“互联网+诉讼”，升级司法服务水平。建成服务大厅、网上诉讼服务中心、12368热线、微信平台和移动App“五位一体”的智慧服务体系，为当事人提供网上立案、信息查询、远程接访等便捷诉讼服务，实现刑事案件远程开庭，让信息多跑路、群众少跑腿。建成审判流程、庭审活动、裁判文书、执行信息四大公开平台，强力推进全程全域公开，2016年以来，年均公开裁判文书11000余份，占依法应当公开文书的100%，切实提升司法透明度和司法公信力。推进“阳光、效能、服务”三型人民法庭建设，年均开展巡回审判200余场次，对符合法律规定的当事人缓减免诉讼费300余万元，最大限度地减轻当事人的诉讼负担，增强群众司法获得感。

三 问题和不足

攀枝花法院服务大局工作虽然取得了一定成效，但仍存在一些问题和困难，主要有以下几个方面。

（一）社会矛盾纠纷高发与司法资源配置不够的矛盾未能缓解

攀枝花市近三年司法案件数连年高位增长，年均增长10.93%，司法改革后法官人数由232人减少为157人。2018年度全市法院法官人均办结案件101.54件，同比上升2.99%，而未结案件数仍同比上升15.7%，案多人少矛盾更加突出。加之随着我国社会主要矛盾的变化，高质量司法社会需求与现有司法能力和资源之间的矛盾浮出水面，司法信息化建设尚不完善，法官尚不能灵活应用智慧法院建设成果提升办案质量和效率，审判辅助人员远没有达到1∶1∶1配置，书记员记录速度和质量不能完全适应庭审规范化要求，案件上诉率和改判率仍有反弹。以上问题表明，改革后个别法院干警的司法能力与新要求不相适应，案多人少的问题仍然不同程度存在。

（二）司法职能的有限性不能满足社会对司法参与社会治理的高期待

随着我国经济社会发展，人民群众法治意识不断增强，对司法工作的依赖度、重视度大幅提升。公众期望司法能挽救一切损失、化解一切纠纷、扫除一切有碍经济发展的矛盾，甚至要求提前介入、主动介入、全程跟踪。司法本身的被动、中立、终裁等属性，决定了司法职能不可能无限扩张，不可能超越法律规定去化解社会矛盾。如若法院脱离司法职能，不恰当地过分介入，将有违司法被动性和终局性原则，最终有损国家司法权威；特别是在解决一些非纠纷类事务中，法院的参与可能会影响专业机关职能的发挥，反而不利于工作开展。而现阶段，一旦司法不能满足社会的期待，社会公众对司法的认可度必然降低，成为困扰司法工作健康发展的重要因素之一。

（三）个别司法人员还不能正确处理有限司法与主动服务大局的关系

部分法官认为法院讲主动服务发展和大局，有违司法被动属性，基于法院的被动性、中立性要求，法院只需办好个案即是依法履职，于是不关注经济社会发展新要求，不关注国家发展大势，不能全面掌握法律条文背景和内涵，机械套用法条，简单地就案办案，致使案结事未了，法律效果与社会效果不能有效统一。

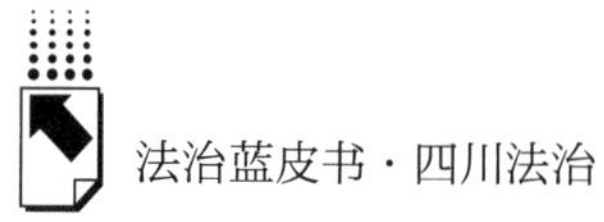

（四）个别司法人员不能灵活处理专项活动与常态化保障的关系

法院针对某一时期重大发展战略开展专项审判执行活动，旨在适应形势发展抓关键，解决这一时期的重难点问题。但个别基层法院个别干警或基于人力、时间限制，或只抓专项活动，放松了对其他案件的办理；或无视专项活动部署，仍按部就班常规工作；或误解为专项活动期间，审判的天平应偏向一方，如在金融案件专项审判中，个别法官误解为要突出保护金融机构，而忽视了对企业转型发展和金融秩序的保护。

四　对策建议

习近平总书记强调："必须牢固树立高度自觉的大局意识，自觉从大局看问题，把工作放到大局中去思考、定位、摆布，做到正确认识大局、自觉服从大局、坚决维护大局。"下一步，人民法院更需站位担当，勇担使命，为决胜全面建成小康社会履好法院应有之职。

（一）严格落实司法责任制，更好地服务大局发展

继续加强改革后队伍思想建设工作，强化形势政策学习，引导干警理解"保增长、保民生、保稳定"的重要性，深刻认识法官的职责不仅仅是办案，服务大局是当然的责任，自觉把履行司法责任与保障服务发展的责任统一起来。科学管理新型审判团队，完善人员分类管理机制，优化审判资源配置，积极应对案件持续增长与有限司法资源的矛盾。完善审判权运行机制建设，探索院庭长管理新模式。加快智慧法院建设，完善司法大数据管理平台、网络诉讼服务平台，提升司法质效。通过落实各项司法改革任务，实现法院自身创新发展，为更好地服务保障大局奠定思想保障和能力基础。

（二）探索符合司法规律的服务保障大局新路径

准确定位法院职能，通过走访调研，收集、梳理对人民法院服务保障经

济社会发展的需求、建议，找准人民法院主动适应高质量发展新常态的结合点和着力点。积极研判案件背后的方向性、规律性、趋势性问题，推出行之有效的“菜单式”“订单式”法律服务，及时为党委政府决策提供法治参谋，有效维护经济发展秩序，切实保障改善民生，深度参与社会治理，努力实现司法服务保障举措的精准高效，发挥有限司法资源的最大效力，顺应社会经济发展和人民群众的司法新期待。

（三）建立服务经济社会发展常态化机制

坚持党的领导，主动服务大局是法院工作的政治方向。攀枝花法院将结合地方长期发展战略，制定法院服务经济社会发展中长期规划，突出服务高质量发展、保障社会公平正义、促进社会和谐等重点。同时，将已经实践检验行之有效的司法服务举措纳入规划，固化为常态性开展的工作，增强工作的延续性和实效性，防止“见子打子”、顾此失彼，确保司法服务保障工作系统性、整体性、长期性推进。对此，攀枝花法院将持续围绕发展战略，做好“钒钛”“阳光”两篇文章，保障“三大攻坚战”，聚焦全市产业转型升级，营造稳定、公平、透明和可预期的法治营商环境，服务实体经济发展；聚焦乡村振兴战略、文明城市创建和绿色发展，开展扫黑除恶专项斗争，加强环境资源审判，创新开展特色普法工作，提升诉讼服务质量，为建设攀西战略资源创新、开发法治示范区提供有力的司法保障。

在下一步工作中，攀枝花法院将始终坚持党的领导，积极适应新时代新要求，更新司法服务理念，积极参与全面依法治国战略实施，推动法治政府、法治社会、法治国家建设。紧紧抓住人民群众日益增长的司法需求与审判工作发展不平衡不充分的矛盾，统筹做好、协调发展各领域的审判工作，更好地维护社会大局稳定、促进社会公平正义、保障人民安居乐业。

基层治理

Grassroots Governance

B.17

以“三治融合”实现乡村有效治理

——自贡市荣县探索基层治理的“双石实践”

自贡市荣县依法治县领导小组办公室课题组*

摘　要： 治理有效是实施乡村振兴战略的重要目标与内在保障。乡村治理是社会治理的起点和支点，也是社会治理的重点和难点，推进乡村治理有效，既是国家治理体系的重要组成部分，也是实现乡村全面振兴的基石。荣县针对乡村治理中面临的痛点、难点问题，通过统筹整合组织、行政、司法、社会和制度五类资源，把好多元普法、矛盾防治、纠纷化解三大环节，积极探索了一条法治、自治、德治“三治融合”的乡村治理道路。

* 课题组组长：韩明祝，中共荣县县委书记。课题组成员：彭长林、廖祖君、辜林、刘峰齐、刘光荣、郝春梅、程斌、牟小玲、张译。执笔人：郝春梅，荣县老年大学副校长；程斌，荣县依法治县办干部。

关键词： 乡村治理　法治　自治　德治

党的十九大提出乡村振兴战略，并明确“产业兴旺、生态宜居、乡风文明、治理有效、生活富裕”的总要求。荣县紧紧抓住乡村治理这一重点领域，坚持把实现乡村治理有效作为出发点和落脚点，在双石镇长期实践探索的基础上，总结出可供复制推广的乡村治理“五三三”工作机制。

一　工作背景

（一）荣县双石镇基本情况

荣县位于四川省南部，毗邻内江、宜宾、乐山、眉山四市，地处长江上游沱江、岷江水系的低山丘陵腹心地带，辖区面积1609平方千米，辖27个乡镇、296个行政村、51个社区，总人口约70万人。荣县历史悠久，古为黄帝之子青阳玄嚣的封地，晋末置县，建县历史1600余年。荣县人杰地灵，是陆游笔下的“诗书之乡”，辛亥革命的“首义之地”，先后涌现了赵熙、吴玉章、张锦秋、邱勇等名人。荣县发展基础牢固，是四川首个国家农业可持续发展试验示范区，是四川省农产品主产区、扩权强县试点县、农村改革综合试验区、“三农”工作先进县、环境优美示范县、绿化模范县，是四川丘陵地区典型的农业大县。

双石镇辖区距荣县县城10公里，距自贡市市区22公里，国道G348贯穿全镇，双龙路、乐自高速公路穿境而过。全镇辖区面积56.4平方千米，辖12个行政村、245个村民小组、2个社区居委会、10个居民小组。2015年末总人口3.9万人，其中非农业人口0.6万人。辖区内政法基层单位齐全，驻有双石法庭、双石检察室、双石派出所、双石司法所。

（二）当前乡村治理的痛点和难点

1. 在自治方面，群众参与少

一是制度不完善。涉及党务政务公开、村民参与民主监督、村委会自身建设等制度不健全，村党支部和村民委员会遇矛盾时推诿扯皮，认为群众自己的事情自己办，不管不问任其发展。二是认识不清。目前农村“空心化”现象严重，“三留守”人群占比较大，部分干部群众对“自治”概念认识不清，甚至认为“自治”就可以不要党的领导，形成“各唱各的调、各吹各的号”混乱的自治局面。三是积极性不高。群众认为村级事务无关自身利益，遇事持一种“事不关己高高挂起”的态度，对自己的权利和义务不明晰。大多忙于生计，对参与村级事务不积极不主动，随大流思想突出。

2. 在法治方面，运行成本高

一是用法执法成本高。一方面，用法程序多、耗时长、费用高，群众无法及时获取有效的法律帮助，形成“有法难用”的困局；另一方面，违规执法、随意执法、机械执法、腐败执法现象的存在，降低了法律的权威。二是资源整合水平低。因公、检、法、司等部门职能职责不同，派驻乡镇机构由对应的县级部门主管，乡镇统筹协调力度较弱，乡镇人权、财权、事权的分离，造成基层治理体系的不配套，与派驻机构“两张皮”的问题仍然存在，难以形成工作合力。三是矛盾化解效果差。乡村社会治理点多、线长、面广，在征地拆迁、土地流转、劳动社保、医疗卫生、环境保护、道路交通等领域的问题不断增多，直接运用法律手段可能因缺乏“自治”配合和“德治”缓冲而导致群体性事件，矛盾纠纷化解效果不佳。

3. 在德治方面，作用发挥差

一是文化传承不力。对优秀传统文化的集成和发扬重视不够，方式方法较为单一，导致传统文化中蕴含的孝老爱亲、爱国爱家、勤劳朴实、甘于奉献等道德内涵没有得到有效传承，道德文化根基不牢。二是精神生活匮乏。随着生活水平的提高，农村群众娱乐方式和接触信息的途径增多，但精神生活相对滞后，农民的价值观趋向功利化，过于追求经济利益，而不重视精神生活的丰富，赌博、酗酒等恶习盛行，婚丧宴席大操大办，封建迷信活动泛滥等现象仍然存在。三是道德标准下降。社会转型发展对农村群众的是非观、荣辱观、得失观、义利观造成负面影响，家庭伦理观念弱化、邻里关系紧张、不讲诚信、集体观念淡薄等现象普遍存在。

二　荣县“双石实践”的主要做法

（一）整合“五类资源”

1. 整合组织资源，推进治理体系核心化

坚持党的领导，以党建为引领推动基层治理创新，着力构建以基层党支部为核心的“一核多元”治理体系。深入开展“支部评先、干部评优、党员评星”活动，鼓励广大党员、村组干部积极参与矛盾纠纷调解、困难群众帮扶、环境卫生治理、公共服务运行等村级事务。近两年来，双石镇先后评选“先进党支部”6 个，“优秀党务工作者”5 名，“星级党员”33 名，有效发挥党员先锋模范作用，增强党组织凝聚力，不断巩固党组织在基层治理中的领导核心地位。

2. 整合制度资源，推进民主决策科学化

针对乡村治理用法难、监督难等问题，建立退休老干部、地方年轻学者、法律顾问等列席镇党委会、村民大会制度，提升科学决策、依法决策水平。坚持重大决策“四会四到位”制度，引导群众有序参与村级事务，提升群众自我决策、自我管理水平。创新开展村（社区）干部“歇职”管理，构建起歇职、教育、复职、退出四位一体工作机制，破解基层监管盲区，推进村干部依法依规履职。

3. 整合行政资源，推进治理模式规范化

针对镇政府部门、村（居）委会职能分散、群众办事难等问题，规范设立镇、村两级便民服务中心 15 个，整合业务部门、村（居）委会人员、场地等资源，集中办理群众常用、需求量大的行政许可、审批、证明等事项。对长期外出、行动不便的群众，建立“全程代办”“上门服务”机制，努力实现群众办事“少跑路、不跑路”的目标。

4. 整合司法资源，推进治理程序专业化

针对镇村干部法律知识薄弱、专业力量不足等问题，设立镇村两级综治中心，整合基层法庭、驻镇检察室、公安派出所、司法所等人员入驻办公，建立行政行为预警、涉法涉诉联合介入、合法权益保障联动等机制，有效防范政府行政风险，规范行政行为，处置无法用行政手段解决的“症结”。

5. 整合社会资源，推进治理主体多元化

由镇依法治理领导小组牵头，整合驻镇单位、企业业主、爱心人士、退休老同志等社会资源参与社会治理，不断丰富社会治理主体。根据社会治理重点领域，分类组建成立环境卫生巡查、治安巡逻“红袖标”、邻里纠纷调解、文艺歌舞演出、党风政风监督等10余个社会志愿者服务队伍，针对性开展社会治理各项事务，有效弥补行政、司法资源不足。

（二）把好“三个环节”

1. 推进多元普法，把好“法律入脑环节”

围绕提升干部群众法治素养，培育法治思维目标，建立多元普法机制。一是壮大普法队伍。组建镇村干部、第一书记、法律服务讲师团等普法队伍，积极推动法官、检察官、律师等专业法律工作者走进乡村、社区提供法律服务，实现“一村一法律顾问，一组一法律明白人”。二是创新普法载体。依托法治讲座、农民夜校、农民学习日、“村村响”广播等普法平台，做精本土“龙香”法治漫画、文艺演出、法治电影等贴近群众生活的普法载体，开展立体式、全方位宣传教育活动。三是强化考评机制。将普法宣传工作纳入镇政府各部门、各村（居）综合目标考核体系，建立宣传教育考核评估台账，动态掌握情况、分析进展、评估效果，督促各单位、各村（居）积极发挥在普法教育中的职能作用。

2. 主动分析预判，把好“源头防治环节”

围绕从源头预防、及时发现矛盾纠纷发生的目标，建立矛盾纠纷多渠道排查机制。一是多方收集。坚持定期召开院坝会、夜话会、优秀青年农民工座谈会、返乡民工座谈会等收集矛盾纠纷。二是主动发现。坚持按月排查，敏感时期按日排查分析，规范矛盾滚动排查、集中排查和专项排查机制。三是深入剖析。多层次研判矛盾纠纷，各村居每周研判一次，镇大调解办每半月研判一次，镇大调解中心每月形成会议纪要并报县调解办备案，确保镇域矛盾纠纷发现得了、控制得住、有人（组织）化解、案结事了。

3. 实行分类处置，把好“矛盾治理环节”

围绕将矛盾纠纷化解在萌芽状态的目标，统筹整合各类资源，做到“三个到位”。一是统筹渠道，符合政策解决到位。以镇综治中心为平台，作为社情民意“集散中心”，由专职党委副书记牵头，落实 2 ~ 3 名专职人员，统一汇总收集各中心、站所、办公室及各村组收集到的群众诉求，完善“三本台账”。按职责分工落实领导“走访包案化解”制度，由分管领导牵头，对符合法律政策规定的诉求限时办结、对账销号。二是兼顾乡俗，不合法理说服到位。针对不符合法律政策但合乎乡俗的群众诉求，由领导干部、“五老”社会志愿者、网格员等组成工作小组，开展“敲门”行动，从法律政策、村规民约、乡风乡俗等多个方面向群众作疏导解释，避免矛盾激化。三是结合实际，确有困难的要帮扶到位。对诉求不合法、不合情、不合理，但确实存在生活困难的群众，创新“153N2”结对帮扶机制，整合脱贫攻坚“五个一”帮扶、民政救助救济等帮扶资源，常态化开展帮扶工作。实行镇纪委季度抽查、村监督委员会组织群众年度评议 2 项制度，对帮扶结果进行评估，确保帮扶实效。

（三）实现乡村“三治融合”

1. 创新网格化管理，夯实“自治”基石作用

双石镇创新设置“格长制”，充分发挥群众自治的积极性和能动性，搭建起群众“自我服务，自我监督，自我管理”为一体的自治体系，为乡村治理

发挥基石作用。一是建立“镇村组户四级联动”网格化管理工作总平台，成立一个镇指挥分中心、14 个网格化服务管理工作站，招募专兼职网格员 255 名。二是充分激发“格长”的工作积极性，以 10～15 户居民为“一格”，群众自愿自主推选出身体健康、办事公正、热心为群众服务的“格长”826 名，由政府给予适当补贴，履行民情收集、法律宣传、政策讲解、纠纷劝调、民生服务、民情监督等职能，做到精准服务、精细治村。三是建立格长“轮班制”，鼓励广大群众争当格长，主动参与村组、社区事务管理，热心为居民、邻里服务，树立基层治理主人翁意识，共建自治良序，共享自治成果。

2. 搭建恳谈机制，强化“法治”根本作用

搭建“当事双方摆问题、镇村干部讲政策、法律明白人和律师讲法理、老同志抓协调、调解员促和解、网格员说情理”的“八方恳谈”机制平台，在法治轨道上一站式集中化解基层突出矛盾问题。一是摸清情况找准问题。与诉求双方全方位沟通，掌握当事双方的真实诉求。通过查阅资料，走访知情人、当事人，掌握翔实的第一手资料，找准问题的症结。邀请律师、法律明白人和有威望的老同志、相关职能部门（镇村干部、调解员、网格员）对处理预案从法律、政策上严格把关，进行可行性论证，优化预案。二是“八方恳谈”说清事理。组织镇干部、律师、调解员、网格员、法律明白人、有威望的老同志、诉求争议双方当事人等八方代表共同参与恳谈会，让各方讲法律、讲政策、讲道理、谈诉求，由代表们说事拉理，改变过去干部唱“包场”的化解模式。三是疏导关怀化解矛盾。坚持有错纠错的原则，直面问题症结，安排专人联系，了解当事人的心理动态，通过喝茶聊天、拉家常等方式，进行心理疏导，提高矛盾化解的针对性和有效性。

3. 树立村风民风，提升“德治”教化作用

积极引导群众传承吴玉章精神，养成良好的行为习惯，形成质朴的村风民风。一是学乡贤先进。结合“农民夜校”培训学习，创新开办“玉章讲坛”，广泛弘扬“立德树人，治学报国”的玉章精神，引导群众革除陋习、树立新风，实现乡风文明。二是讲红色德孝。充分发挥“玉章故里·漫画小镇”AAAA 级景区优势，深入挖掘传统文化、红色文化中蕴含的思想精华和道德精

髓，将红色文化、德孝文化等以乡村旅游、特色漫画形式广泛传播。三是传家风礼序。深入开展“传承优良家风，争做时代好人”系列模范典型评比活动，引导广大党员干部群众从自身做起、从家庭做起，讲道德、守规矩、重家风，铸就乡村德治礼序。

三　主要成效

近年来，双石镇通过实行“五三三”机制，2017 年，全镇排查矛盾纠纷数下降为 86 件，纠纷发生率同比下降 43 个百分点，调处成功率上升 7 个百分点。荣县自 2017 年初在全县 27 个乡镇全面推广“五三三”机制，按照“属地管理”和“谁主管、谁负责”，县每月、乡镇（部门）每半月、村（社区）每周开展矛盾纠纷排查化解工作，有效防范应对环保、劳资、婚姻家庭、扶贫（移民）等领域矛盾纠纷，2018 年 1～10 月，全县共排查矛盾纠纷 4239 件，调处 4208 件，化解成功 4088 件，化解成功率 97. 15%。“和为贵、不争讼”成为一种风尚。

（一）变“单打独斗”为齐抓共管是乡村治理有效的基础

乡村治理是一项综合全面的系统工程，需要各方力量的共同参与和支持。双石“五三三”机制运行的关键在于建立了由党委领导，综治牵头，基层司法力量、自治组织和德治资源参与的“一元多核”社会治理体系，原来各自为政、衔接不畅的分散化治理资源在党委领导下有机整合起来，共同推动乡村治理工作。

（二）变被动维稳为主动预防是乡村治理有效的关键

双石镇通过干部法治责任、多元化解、联系帮扶等机制的建立，变被动管理为主动服务，变末端维稳为源头治理，有效遏制了各类矛盾纠纷的发生、激化、升级。通过普法预防、村民公约等基层法治制度的实施，推动广大群众逐步形成法治思维方式，从“信访不信法”转向“信法不信访”。

2017 年，全镇信访案件从 2015 年的 93 件下降到 71 件，同比下降 23.66%。全县在重点人员增多、信访问题复杂的形势下，信访案件从 2015 年的 5464 件下降到 5134 件，诉访分离进一步走入正轨，依法规范信访秩序得到有效推进。

（三）变治理无序为“三治”良序是乡村治理有效的遵循

双石镇通过法治、自治、德治一体化建设，乡镇治理能力得到有效提升，基本形成办事依法、遇事找法、化解矛盾用法、解决问题靠法的社会治理良序。例如，随着农村低保惠民项目的增加，一些不符合低保政策的群众想出各种理由，试图纳入低保范畴，双石镇“透过现象看本质”，充分利用村民自治，创新了“四到位”（宣传到位、核实到位、评议到位、公示到位）民主评议农村低保机制，使利益诉求阳光透明，群众心服口服。

四　经验启示

法治建设是推进国家治理体系和治理能力现代化建设的重要途径。荣县是西南地区典型的农业大县，县委、县政府根据新时代乡村振兴战略的要求，把农村基层社会治理有效作为全面推进依法治县工作的突破口，坚持问题导向，因地制宜，总结探索，把法治、德治、自治的基层治理方式进行有机融合，为全县乡村振兴营造了良好的发展环境。

（一）实现治理有效，要把准问题关键

创新基层治理方式，目的是破除制约经济社会发展的瓶颈，筑牢和改善发展根基，营造稳定有序的发展环境。通过整合政府部门、政法单位、基层党组织、社会组织和民主制度等资源，解决了执法成本高、司法效率低、用法难度大的具体问题，保障乡村法治体系平稳运行。紧紧盯住普法宣传、纠纷研判、源头化解等重点环节，进一步提高群众法治意识，把矛盾纠纷消除在萌芽状态，促进基层社会和谐稳定。将德治、法治、自治方式深度融合，

有效提升了群众道德素养，增强参与村级事务的主动性和积极性，构建起“共建、共治、共享”的基层治理格局。

（二）实现治理有效，要弘扬地域文化

地域文化是一个地区经过悠久历史传承的宝贵财富，是群众精神寄托的表现方式。继承和发扬民间文化资源，充分发挥民间文化的独特性和娱乐性，引导社会力量主动参与，深入开展以贴近群众生产生活实际为题材的文艺作品创作，将法治观念、德治礼序、民主意识等内容通俗化、形象化、生动化地植入广大群众内心。荣县把握“红色文化”和“佛文化”两大地方特色主题，运用农民漫画、麒麟灯舞、花船等民间艺术形式，把革命精神、德孝礼序与民间文化相结合，丰富和发展了具有地方特色的本土文化，使优秀传统文化得到传承、民间艺术得到普及，探索出一套乡村治理新途径。

（三）实现治理有效，要发挥群众主动性

党的十九大指出，要建立人民当家作主的法治制度，深化依法治国实践。要做到人民平等参与，保障和改善民生，打造共建共治共享的社会治理格局。荣县推行“四会四到位”“格长制”等村民自治管理制度，探索形成群众对村级重大事项决议、重点事项参与、重要环节监督、结果成效评议的基层治理模式，充分发挥群众的主体作用，充分调动群众的积极性，凝聚群众集体的智慧和力量，让群众自己定，由群众自己管，借助群众了解群众，让群众自己信任的人解决群众自己的事，群众自发自愿、服从管理，形成全社会共同参与治理的良好氛围。

B.18
朝天区村民“积分制”管理的探索与实践

广元市朝天区依法治区领导小组办公室课题组*

摘　要： 朝天区积极创新探索，在乡村治理中运用“积分制”管理制度，形成融自治、法治、德治“三治”有机结合，围绕遵规守纪、公益美德、村务管理、权益保护、乡村建设等方面开展综合评价，通过正向激励，形成评价结果与奖惩机制挂钩的乡村治理新模式。积分制管理遵循了基层自治的客观规律，激发了村民内生动力，调动了村民参与乡村治理的主动性、积极性和责任感，成为培育文明乡风、良好家风、淳朴民风的重要抓手，为和谐幸福美丽新村建设奠定牢固基石。

关键词： 乡村治理　“三治”结合　积分制

“积分制”是指把自治、法治、德治的具体要求分项赋分，村民通过自己的行为表现累计积分，并把积分多少与物质奖励和精神奖励挂钩，通过积分制度促成“三治”协同发力，用于村民管理，以积分来衡量村民的自我

* 课题组顾问：罗凌云，朝天区委副书记、区依法治区领导小组常务副组长；李绍兵，区委常委、政法委书记、区依法治区领导小组副组长。课题组负责人：何登华，朝天区委办副主任、区依法治区办公室主任。课题组成员：夏登平、王玉清、谈松柏。执笔人：夏登平，依法治区办干部。

价值，反映和考核村民的综合表现，然后再把各种物质奖励、福利待遇与积分挂钩，并向积分高的村民倾斜，从而调动村民的主观能动性、积极性，实现乡村治理方式的转变。近年来，朝天区结合区情实际，积极探索贫困地区基层治理新方式，创新将自治、法治、德治“三治”结合，并通过积分的方式进行乡村治理，形成了以“自治为核心、法治为保障、德治为支撑”的“积分制”，探索出了一条贫困地区基层治理的新路子。

一　基本情况

朝天区为四川省广元市市辖区，因“安史之乱”朝见天子而得名，地处秦岭南麓，位于川、陕、甘三省接合部，下辖 25 个乡镇，总人口 21 万，辖区面积 1620 平方千米，耕地面积 26 万亩，是国家级贫困山区。党的十八届四中全会以来，广元市朝天区把推进“依法治区、建设法治朝天”作为“加快跨越发展、决战决胜脱贫奔康、奋力建设更高水平的生态文明繁荣和谐新朝天”的重大战略举措，切实将经济社会发展各项事务全面纳入法治化轨道。在依法治区的强力保障下，全区呈现经济稳健增长、民生持续改善、民族团结和睦、社会和谐稳定的大好局面。全区地方生产总值一直保持 10% 以上的增速；经济结构持续优化，产业结构调整为 18.8∶51.3∶29.9。截至 2019 年初，城镇居民人均可支配收入 14875 元，同比增长 8.8%，农村居民人均可支配收入 4960 元，同比增长 10.1%，增速居全市县区前列。

二　实施背景

一直以来，朝天由于经济落后，地处偏僻，与两省地界接壤，村民受教育程度普遍偏低，外来人口流动频繁、治安形势复杂，村级组织堡垒作用发挥不突出等问题较为明显，一度成为制约社会治理的“瓶颈”，阻碍了全区“稳中求进、跨越发展”的步伐。如何创新载体，激发村民内生动力，如何提升基层党员干部治理水平，发挥先锋模范作用，如何转变乡村治理方式，有效构建多元化治理格局，成为摆在朝天区委区政府面前的一道难题，经过数年不断的探索与实践，趟出了一条“积分制”乡村治理新路径。

（一）推动大政方针落地生根的需要

党的十九大报告指出，“加强农村基层基础工作，健全自治、法治、德治相结合的乡村治理体系”。朝天区紧跟时代脉搏，把握时代趋势，响应国家政策，结合本地实际，着力健全自治、法治、德治“三治”结合的乡村治理体系，积极开拓创新，实施村民“积分制”乡村综合治理模式，充分发挥村民的能动性和创造性，最大限度激发社会活力，着力推动大政方针在基层落地开花，全面建成和谐、幸福、美丽新农村。

（二）化解乡村治理突出问题的需要

自改革开放以来，由于国家经济发展迅猛，村民个人收入也“水涨船高”，导致村民对村集体的依附不断减弱，集体观念逐渐淡化，对社会公益事业参与不积极，以自我为中心，自行其是的现象日渐突出。与此同时，随着农村社会结构加速转型，农民利益诉求多元化，“等靠要”、“慵懒散”、“对着干”、违法违纪等不良习气日益凸显，农村“新四害”现象不断涌现。加之部分基层干部思想观念落后，理解政策能力差，发展经济能力弱，运用法治手段解决问题的能力不足，造成基层组织号召力、凝聚力和执行力趋弱，严重阻碍了农村发展的步伐。

（三）创新基层治理工作方法的需要

近年来，朝天区着力于创新基层治理，通过开展“川陕边际地区联创共建”“家事法庭”试点，实行乡镇权力清单、责任清单、服务清单“权责三单”，落实“三重一大”决策机制，创新开展“靶向式、订单式、互动式”普法，在法治乡村建设方面取得明显实效。但依法治理永远在路上，治理方式“升级换代”、治理手段不断翻新，是构建共建共治共享的新时代基层社会治理新格局，实现基层治理能力和治理体系现代化，开辟基层治理新路径的必然需求。

三　主要做法

近年来，朝天区紧紧围绕建设社会主义新农村和深入实施乡村振兴战略，以村民“积分制”管理为抓手，构建“自治为核心、法治为保障、德治为支撑”的“三治”结合乡村治理体系，探索出“12345”村民“积分制”管理新路径，推动基层治理再上新台阶。

（一）达成“一个约定”，强化“积分制”执行

村规民约是村民共同认可的“公约”，是实施村民自治的基本依据。但村规民约普遍存在内容空洞、针对性弱、操作性差、群众参与度和认同度不高等问题，导致其形同虚设，不能真正发挥应有的作用。针对以上问题，朝天区在宣河镇竹坝村开展试点，村“两委”以问题为导向，主动把脉问诊寻良方，通过普遍访、重点访、反复访和开展座谈等方式，将村民反映集中的大操大办、不孝不敬、摆阔攀比等突出问题，纳入村规民约，以村民“积分”的方式进行治理。为确保“积分”管理行之有效，村“两委”及时组织村民代表大会制定《积分管理实施细则》，明确积分内容，界定积分主体，制定积分规程，确定激励措施。经群众主动承诺、自愿履行、全员签约后，由村“两委”组织实施，确保村民有参照，积分有根据，治理有方向，实施有保障。

（二）实施“两大举措”，促成“积分制”见效

通过正向激励和重点帮扶两大举措，推动积分成果转化。正向激励主要包括精神荣誉、经济福利、政治优待三个方面。精神荣誉主要是对积分靠前的村民家庭进行评星定级、发旗授牌、表扬表彰、荣誉墙公示等精神激励，同时将其作为评定“好婆婆”“好媳妇”“守法好村民”“勤劳致

富能手”“星级文明户”“诚实守信户”“最美家庭”等荣誉的基础标准，为村民树模范，让榜样当标杆，弘扬正能量。经济福利主要是用集体经济提留的部分和乡村道德基金，对积分靠前的家庭户进行物质资金奖励，积分越高者，奖励越多，也可用积分换取一定的生产生活物资；同时，对诚实守信的星级户，在发展产业、基础建设、生产生活等方面，可凭借星级评定结果提高授信等级，积分越高授信额度越高，信用贷款额度最高可达10万元，还可在利率、服务等方面享受更多更好的优惠待遇。政治优待是在同等条件下，积分靠前的家庭户成员可优先推荐为“两委员一代表”、村班子后备人选、参军、入党积极分子等。重点帮扶主要针对积分未达到要求的家庭户，得分结果通过会议、宣传栏、广播等形式进行公示公开，积极开展“党员帮、群众带”活动，加强帮扶转化，确保每位村民不掉队、不落伍。

（三）细化“三类积分”，明确“积分制”标准

村民积分由基础积分、民主评议积分、贡献积分三类积分构成。各乡村普遍做法是将基础积分和民主评议积分两部分作为基本分，贡献积分则作为加分项，其中基础积分80分，民主评议积分20分，贡献积分20分。基础积分主要包括学习培训、勤劳致富、孝老爱亲、遵纪守法、诚实守信、环境卫生、团结和睦、参与公益8个方面内容，每项满分为10分，以此来反映村民在日常生活中的行为表现。民主评议积分由村民进行民主测评，主要体现村民对村级事务的参与度、在群众中的影响力及群众认可度。贡献积分主要包括创先争优、见义勇为、志愿服务等内容，鼓励村民勇当先进、争当模范。各类积分以家庭为单位计算，基础积分、民主评议积分、贡献积分，采取加减相结合原则，计算出总积分。

（四）确定“四个主体”，界定“积分制”范围

村民是“积分制”的参与主体，具有本村村民资格的村民平等参与，既能自己挣积分，也能评议他人积分，还能享受积分成果。在本村长期居住的非本

村村民，经群众代表大会同意后也可参与积分，享受积分激励待遇。村支部是“积分制”领导主体，揽全局把方向。村民委员会是“积分制”牵头主体，负责“积分制”工作推进、组织评议、核实积分等日常工作。村民代表大会是“积分制”执行主体，审定村民积分、确定积分结果，决定结果的运用等。各主体之间明确分工，相互配合，共同推进“积分制”落地落实。

（五）明确“五个步骤”，规范“积分制”考评

通过申报、审核、评议、公示、运用等五个步骤对村民“积分”进行考评和量化。村民根据积分申请表主动如实申报，自我打分，体现村民主动自愿。村委会对村民的积分进行逐一核实，并提出奖励加分的建议，报村民代表大会进行审定，形成基础积分和奖励加分。申报积分属实予以确认，若不实，村民须重新申报，奖励加分需要提出详细事实依据，以确保积分客观真实。申报积分和核实审定积分每季度举行一次。村委会召开全体村民大会，组织村民进行互相评议、相互打分，形成评议积分，评议积分充分尊重村民个人意志，确保积分的公正民主。互相评议每半年或全年举行一次。年终村委会对各阶段各类积分进行汇总，汇总积分经村民代表大会审定后进行公开公示。经公示无异议后，提出积分结果的奖励、激励、帮扶等方案，经村民大会讨论决定后付诸实施。积分运用结果须张榜公示并同时报乡镇纪委，接受群众的监督和组织的监督。

四　初步成效

实施“积分制”新模式破解了村民主体缺位、民主管理水平不高、村级组织号召力趋弱等问题，各村呈现争积分、比着干，做贡献、抢着干、兴产业、自觉干的可喜局面，展现了自治、法治、德治“三治”结合乡村治理新模式带来的新变化新成效。

（一）治理水平显著提升

通过“积分制”的实施，基层领导干部思想观念、工作方式和工作质

效都得到了不同程度的转变和提高。村“两委”在基层治理中找到了新抓手和新平台，能自觉运用法治思维和法治方式推动工作、解决问题，基本能做到注重教育、道德感化、法治教化三者有机结合，干群关系得到有效改善，村“两委”凝聚力和向心力大幅增强，涌现出大批优秀基层干部，2017 年评选优秀村干部 21 人，表彰优秀基层党员干部 132 人。“阳光问政”“百姓问廉”等全媒体直播栏目反映的干部作风问题越来越少。平安建设群众满意度测评在全省名列前茅，走在全市前列，有效保证了党的领导落实到基层。

（二）内生动力全面激发

通过“积分制”的实施，村民勤劳致富、自力更生、争先创优等意识显著提升，干事创业、脱贫致富的积极性与主观能动性明显提高，“争先进、当模范、重荣誉”的思想意识不断增强。仅中子镇印坪村就培育各类新型农业经营主体 36 家，贫困户发展产业增收占比达 62%，家家有产业、户户是样板。涌现出赵联平、王兴乾等一批积极发展产业、带头脱贫致富的先进典型和技术能手。大批集体经济空壳村实现了零的突破，朝天区村集体经济增收速度超过 10 个百分点，个别村集体经济总额 2018 年突破“百万元大关”，蒿地、新山、罗圈岩等村人均分红可达 300 多元。在农村环境卫生整治中，仅减少保洁员一项，每年就可节约费用 140 多万元。

（三）村风村貌焕然一新

通过“积分制”的实施，大大改变了农村赌博懒惰等不良现象，有效遏制了“大操大办”等不良风气，切实改善了农村环境脏乱差的不良现状，“街巷硬化、村庄绿化、环境净化、路灯亮化”的农村“四化建设”全面完成，“住上好房子、过上好日子、养成好习惯、形成好风气”的目标基本实现。全区共创建民主法治示范村 52 个，桃树村成功创建为全国“民主法治示范村”，新创建国家级文明村 1 个，市级文明村 7 个，平溪乡大竹村荣获

“第五届全国文明村镇”称号，清泉村、菜籽坝村等33个村顺利通过省市“四好村”检查验收。

（四）参与村务热情高涨

“积分制”充分激发村民自我治理的激情与热情，“主人翁”意识明显增强，由懒于参与村级事务转变为主动献智献策，实现了从“旁观者”向“参与者”的角色转换，形成了全民参与、共治共享的社会治理新格局，推动基层治理向纵深发展。全区推行村级“民主质询”“百姓问廉”等活动得到村民的积极响应，“一事一议”“农民夜校”等活动的群众参与率达到90%以上。“能人回乡”逐渐增多，2017年村“两委”换届选举时，创业能人、退休干部、致富能手回乡竞选村“两委”干部的比例占参选村干部总人选的47%。以前村里开各种会议时，有些村民找各种理由推脱，有些村民即使参加也不准时到会。而现在，村里的会风有了很大转变，不管大会小会，村民们都积极参加，准时到会，争相建言。

五 几点启示

“积分制”的本质是通过积分量化激发村民的内生动力，促使村民主动参与村级事务、参加乡村治理，推动乡村治理向纵深发展。在实施“积分制”过程中必须把握好以下几点。

（一）坚持党的领导是核心

十九大报告明确指出：“党政军民学，东西南北中，党是领导一切的。”村党支部作为党的一线组织和前沿阵地，是建设中国特色社会主义新农村的战斗堡垒，在乡村治理过程中要发挥核心作用，加强对“积分制”工作的绝对领导，总揽全局、把握方向、协调各方，确保“积分制”的顺利实施。但也要处理好与村民主体之间的关系，尊重村民的主体地位，以村民为中心，总揽而不包揽，充分发挥村民的主体作用，成为“积分制”实施细则的服务者与引导者，引导“积分制”向正确的方向发展，确保“积分制”的实施不变调、不走样、不变味。

（二）遵循农村发展客观规律是根本

事物是发展变化的，也是客观的。在“积分制”实施过程中，始终遵循事物发展的客观规律，特别是农村的发展规律，坚持与时俱进，用发展的观点分析问题解决问题。当前，中国社会主要矛盾已经转化为人民日益增长的美好生活需要和不平衡不充分的发展之间的矛盾，村民的内在需求也发生改变，群众不仅要求生活质量改善，而且注重自我价值实现，只有顺应时代发展，把握群众需求，积极回应群众呼声，着力解决群众的“急难盼”问题，基层治理才能真正取得实效。“积分制”正是注重顺应农村发展的客观规律，把村民行为进行“积分”量化，并与激励利益挂钩，充分尊重村民意愿，着力解决村民需求，注重激发村民荣辱感，开创了乡村治理的良好局面。

（三）激发内生动力是关键

内因是事物变化的根据，外因是条件，外因通过内因起作用。在“积分制”治理中，村民“想改变、愿改变”是内因，“积分与奖惩”是外因和手段，务必要重视内因的保障作用，也要重视外因的构建和推动作用，促使两者相互作用，相互促进。在外因的构建中，要以精神激励为主，物质激励为辅，重在引导村民树立正确的人生观和价值观，而不宜注重物质刺激，否则“积分制”将偏离初衷，背道而驰。

（四）创新乡村治理机制是重点

乡村治理是一个复杂、综合、渐进的过程，在基层治理中既要注重传统的治理方式，又要顺应发展需求，积极开拓创新，与时俱进；既要充分发挥自治、法治、德治在治理过程中各自的重要作用，还要注重三者的结合，构建“自治为核心、法治为保障、德治为支撑”的多元共治、协同发力的治理格局；既要着力于细微处，从小事抓起，循序渐进，又要着眼于长远，构建机制，健全制度，形成长治久安的治理体系。

六　前景展望

村民“积分制”管理的本质是通过量化管理对人的行为进行引导与激励，广泛应用于农村基层治理。从2017年起，朝天区开始探索将村民积分制管理引入基层社会治理，2018年初，全区将《关于全面推行积分制管理创新基层社会治理的实施意见》纳入依法治区工作要点，提出通过2~3年的努力，实现基层社会治理“积分制”管理全覆盖。目前，全区“积分制”管理试点已取得明显成效。如何将这一有效的管理方式更好地融入农村基层治理，加快“盆景”变“风景”？我们认为在全面推广过程中应注重“六宜六不宜”。

第一，宜试点先行，不宜一哄而上。2017年6月，朝天区在贫困程度较深的竹坝村、印坪村进行试点，开始边探索边积累经验；2018年2月，将积分制管理引入村（社区）社会治理，并纳入2018年全区改革创新“四个十”项目清单；2018年4月，出台《朝天区社会治理积分制管理工作实施方案》，在全区64个贫困村全面推行“积分制”管理，并在各乡镇选取部分非贫困村（社区）开展试点；2018年7月，召开现场推进会，决定逐步扩大试点范围，用三年的时间实现全覆盖。从概念引入、局部试点到总结提升、全面推广，前后约13个月时间，基本形成了一套可复制、可借鉴、可推广的经验做法，为全面推广打下了坚实基础。实践证明，改革既要重点突破，也要循序渐进，试点示范、由点及面是一个有效方法。在全面推广中，各地也应结合本地实际，分阶段、分步骤逐步扩大试点范围。

第二，宜量身施策，不宜照搬照套。任何一项改革措施，都没有现成的模式可以现抄现用，即便是已经有了较为成熟的外地经验，在本地推行中也有个磨合适应的过程。在前期试点中，朝天区一些村（社区）经过探索，形成了自己的特色做法，提供了可以借鉴的样本。但值得注意的是，对社会治理领域的改革而言，试点地区尤其是农村地区，在资源禀赋、经济发展、社会状况、风俗文化以及基层组织治理能力方面，都存在较大差异，任何照搬照套的改革方式都可能行不通。比如，在经济发展比较好的村，对因好人好事获得的积分，可以用真金白银进行奖励，但不适合“家底薄”的村。在城郊村可凭“书香家庭”“腰鼓队”等活动获得积分，但这不适合以留守老人和儿童为主要群体的偏远乡村。

第三，宜精细设计，不宜大而化之。基层社会治理积分制管理无疑是一项社会“细胞工程”，在制度体系的设计上必须紧密结合当地实际，做到细而又细，实而又实，实行精细化、精准化管理。精细精准，主要体现在积分项目设计的三个方面。一是紧扣中心。村级积分项目应紧贴县（市、区）、乡（镇、街道）中心工作，重点围绕经济发展、精神文明、生态文明、平安创建、遵纪守法、移风易俗等方面进行设计，唱响主旋律、弘扬正能量，不能偏离中心“眉毛胡子一把抓”。二是问题导向。项目设计着眼于解决本村在社会治理方面亟须解决的实际问题。比如，环境脏乱差、邻里不和睦、治安隐患多、防范邪教压力大等等，把最应突出解决的矛盾和问题列入积分项目，并调高分值。三是动态调整。积分项目不是一成不变，根据形势和阶段性工作需要，定期进行调整。

第四，宜精神激励，不宜偏重物质。精神激励和物质激励是两种不同的激励方式，各有长短。精神激励易于让人产生认同感和成就感，激励效果好，维持时间长；物质激励则效果直接，可以更快激发人的积极性，但激励深度不够，维持时间短，而且使用不当会使少数人产生功利思想。农村社会治理积分制管理的对象，主要是农民群众。随着近年群众生活水平的不断提高，在追求物质需求的同时，越来越多的人开始追求精神需求，包括群体认可和社会荣誉。因此，积分激励应坚持精神激励为主、物质激励为辅的原则，且物质激励不宜与金钱奖励直接挂钩。坚持不懈地进行精神激励，有利于在广大农村基层唱响“正气歌”、弘扬“正能量”、画好“同心圆”，激发群众参与积分管理的热情。

第五，宜公开公正，不宜闭门弹琴。在农村推行“积分制”管理能否成功，最终由群众说了算。群众的眼睛是雪亮的，如果在管理中夹杂优亲厚友、暗箱操作等情形，改革就会失去群众的信任，无法推行下去。阳光是最好的防腐剂，监督是最好的信任。在“积分制”管理实施中，应始终坚持“三个公开”。一是实施方案公开。在广泛征求村民意见后，对实施方案进行公示，由村民代表大会审议通过。二是评分过程公开。每期积分公布之前，由计分员向村评审委员会汇报，公开讨论后进行公示，无异议后公开结果。三是兑现奖励公开。通过三个公开，确保积分过程公平公正，真正达到激励先进、鞭策后进的治理效果。

第六，宜协同共治，不宜过多包揽。基层社会治理“积分制”管理是一项社会系统工程，需要全社会的共同参与。在前期探索阶段，试点地方的党委政府做了大量工作，取得明显效果。在推广普及阶段，党委、政府应本着“总揽”而不“包揽”的原则，更多地扮演“引导者”“规范者”的角色，在统筹协调、推广经验的同时，注重将“积分制”管理纳入村民自治管理范畴，发挥村民“自我教育、自我管理、自我监督、自我服务”作用。通过政府以奖代补、购买服务等方式，大力扶持和培育互助类、公益类、服务类等社会组织，充分发挥在基层自治中的作用，促进“积分制”管理在农村扩面提质。

B.19
宝兴县创新“村官”代办制破解乡村治理难题

——宝兴县深化乡村依法治理的探索与实践

雅安市宝兴县依法治县领导小组办公室课题组*

摘　要： 宝兴县针对边远山区县地广人稀，“群众办事难、微权监管难、政策落地难”等乡村治理的“老大难”问题，创新推行“群众张嘴、干部跑腿”村官代办乡村治理机制，以乡村组三级干部为“村官代办员”，突出“阳光晒权、无偿代办、一站服务”，让群众“看图办事、不走弯路”、让干部“照单履责、接受监督”，打通了服务乡村群众和惠民政策落实的“最后一公里”，实现了基层“微权”的阳光运行和规范监管，形成了具有地方特色的乡村依法治理新模式。

关键词： 依法治县　村官代办　乡村治理

宝兴县位于四川盆地西部边缘、雅安市最北部，是成都平原通往川西高原的咽喉、西部重要的民族走廊和长江上游的重要生态屏障，县城距成都市区200公里，全县辖区面积3114平方公里，辖3镇6乡55个村2个社区，

---

* 课题组负责人：戴华强，中共雅安市委常委、政法委书记。课题组成员：王亚文、孟国辉、樊伟。执笔：陈宣华，宝兴县依法治县办副主任；舒国聪，宝兴县依法治县办副主任；张恒铭，宝兴县政管办主任。

总人口5.8万余人。2018年，全县实现地区生产总值34.21亿元，增长8.5%；地方财政一般公共预算收入2.14亿元，同口径增长9.2%；完成全社会固定资产投资25.96亿元；社会消费品零售总额增长11.6%；城乡居民人均可支配收入分别增长8.6%、9%。在2018年度经济综合评价在全省33个山区县中排名第九。

宝兴县是“5·12”汶川特大地震、“4·20”芦山强烈地震重灾县，移民库区县和少数民族待遇县，是连接汉藏的重要战略通道和维护藏区稳定的前沿阵地，是民族团结的重要区域和民族关系的敏感地区，面临的各类矛盾问题多且复杂。2017年以来，宝兴县委县政府坚持以习近平新时代中国特色社会主义思想为指引，深入贯彻全面依法治国基本方略，深刻把握新时代治蜀兴川的法治保障，强化机制抓落实、务实为民抓创新，不断深化依法治县工作实践。在探索实践过程中，牢固树立执政为民理念，坚持以人民为中心、以法治为保障，聚焦乡村依法治理难点问题，创新推行“群众张嘴、干部跑腿”村官代办制，“小刀口”切入，以点带面、综合施策根治“群众办事难、微权监管难、政策落地难”顽疾病根，打通了服务乡村群众和惠民政策落实的“最后一公里”，实现了基层“微权”的阳光运行和规范监管，有效预防了基层“微腐败”。

一　村官代办制建立背景

党的十八大以来，社会治理的体制机制创新被放在突出重要的地位。党的十九大报告再次强调，“要加强和创新社会治理”。习近平同志指出：“加强和创新社会治理，关键在体制创新。”村官代办制的产生有深刻的时代背景和现实原因，是在社会转型和政府职能转变的时代背景下，边远山区县为更好地服务群众和破解边远乡村依法治理难题而开展的探索实践，其形成和建立有着迫切的现实需求，其深化推进对于创新边远乡村依法治理有积极的示范效应。

（一）破解乡村群众办事难的迫切需要

近年来，宝兴县委县政府聚焦群众反映突出的办事难、办事慢，多头跑、来回跑等问题，探索了许多行之有效的措施办法，在方便群众办事创业等方面取得了明显成效。但偏远乡村群众受交通条件、文化素质、汉藏语言不通等因素影响，办事难问题仍然是深化乡村治理迫切需要解决的重点难题。一是乡村道路通行条件差。宝兴是典型的边远山区县，地广人稀、村落分布散，人口密度仅为 19 人/平方千米，有 4.5 万余人分散居住在偏远乡村。全县乡村道路山高路险、通行条件差，均未开通客运线路，群众出行和办事极为不便。二是农村群众文化水平低。由于经济社会快速发展，群众办理涉及切实利益的事项多，需要办理的卡证多、资料多、证明多，有的事项审批程序烦琐、流程复杂，而乡村留守人员多为中老年人，普遍存在“政策学不懂、办理流程理不清、手续资料备不齐”等问题，在办事过程中经常出现“错过时间、找不对地方、来回跑、空跑路”等情况。三是语言交流不畅通。宝兴是少数民族待遇县，有 1 个藏族乡和 5 个民族聚居村，少数民族人口达到 1.1 万余人，有的少数民族群众汉语水平较低，有很大一部分少数民族群众完全不懂汉语，在日常生活中语言交流沟通不畅，很大程度上增加了办事难度，影响了办事效率。

（二）深化乡村依法治理的现实需要

依法治国之基在于依法治村。习近平同志指出，“社会治理的重心必须落到城乡社区”。当前，在深化边远山区乡村依法治理工作中还存在很多薄弱环节。一是乡村群众法治意识不强。由于大多数有文化、有能力、有素质的年轻人选择外出务工就业，留守农村的大多为“老弱病残幼”，文化程度普遍不高，对各项法律法规和惠民政策的学习了解不全面、不及时，主动参与村级事务监督管理的积极性不高。有的群众学法守法用法意识差，在解决个人利益和邻里纠纷时信“访”不信“法”的情况也时有发生，是乡村依法治理的重点难点问题。近三年来，宝兴县乡镇一般信访件每年 1100 余件，重点信访案件每年约40件。二是乡村干部年龄结构偏大，基层组织活力不强。当前基层村干部普遍年龄结构老化、文化素质偏低，部分偏远乡村干部平均年龄在50岁左右，“工作无劲头、待遇无想头、政治无盼头”心态日趋凸显，干事创业热情、为民服务的情怀淡化。三是基层微腐败时有发生。基层村干部为官“不作为、慢作为”、村级党组织凝聚力不强、村务公开不全面不透明等，基层党建和党风廉政建设任务仍然艰巨。四是农村传统良俗淡化丢失。随着经济社会的发展，偏远山村群众价值观念、生活方式发生改变，一些良好乡村习俗和传统文化逐渐淡化甚至丢失，群众道德素质、文明素质没有随着经济发展提升，基层社会治理难度加大。

（三）实现乡村振兴发展的形势需要

党的十九大报告指出实施乡村振兴战略。乡村振兴战略是一项系统工程，乡村依法治理是其中的基础一环，关系乡村振兴的成败。宝兴是典型的边远山区县，底子薄、基础条件差，要实现乡村振兴，更需要立足县情，寻找实践突破、突出实践重点、找准实践载体，积极创新乡村依法治理方式，健全完善自治、法治、德治相结合的乡村治理体系。村官代办制坚持以人民为中心、践行党的群众路线，以解决群众日常生活中的“小事、难事、烦心事”为抓手，切实提高实施乡村振兴过程中群众的参与感和幸福感，符合“产业兴旺、生态宜居、乡风文明、治理有效、生活富裕”的乡村振兴战略总体要求，是破解乡村依法治理难题、实现乡村振兴发展的形势需要。

二　村官代办制的主要做法

2017年，宝兴县在大溪乡率先试点探索村官代办制，2018年在全县深化推行。村官代办以乡村组三级干部为“村官代办员”，突出“阳光晒权、无偿代办、一站服务”，让群众“看图办事、不走弯路”，让干部“照单履责、接受监督”，打通了服务乡村群众和惠民政策落实的“最后一公里”，实现了基层“微权”的阳光运行和规范监管，有效预防了基层“微腐败”。

（一）建立“代办制度”，“一个主体 + 六大原则”明确权责

1. 明确代办主体

印发《宝兴县深化推行村官代办制办法》，明确村官代办制度的主体是村官代办员，将乡、村、组“三类”干部全部明确作为村官代办员，以偏远乡村群众和特殊困难群众为重点，履行为群众“代办业务”职责。通过建立工作制度，实现村官代办的常态化、长效化，把主动为基层群众服务办事转变成广大乡村干部的分内职责。目前，村官代办制已在全县54个村全面深化推行，全县村官代办员已达到300余人，其中，硗碛藏族乡确定了20名汉藏“双语”代办员，构建完善了村官代办基层服务体系。

2. 明确代办原则

村官代办制度坚持六大代办原则。一是自愿原则，充分尊重群众的意愿，尊重群众的自主选择，代办事项必须由群众委托，群众不愿代办或涉及个人隐私的不代办；二是便民原则，以方便群众为中心，全程代办、协办群众提出的各项事情，对行动不便的村民实行上门代办；三是公开原则，对代办项目、办事程序、完成时限、代办人员等信息全面公开，实行阳光服务，接受群众监督；四是依法原则，坚持依法办事，在符合法律法规和政策允许的条件下进行代办，做到既合法合规又让群众满意；五是无偿原则，村民事务代办实行无偿服务，不收取任何手续费、代办费，群众只需缴纳按政策规定收取的费用，如工本费等；六是高效原则，坚持快捷高效，对群众申请或委托办理的事项，即时受理，快捷承办，限时办结，及时反馈。

（二）晒出“代办清单”，明确30条重点代办事项

1. 精心制定“代办清单”

按照“精简程序、优化服务、方便群众”要求，结合宝兴实际制定出台《村官代办三十条手册》，梳理明确八大类30条重点代办事项，并以“流程图”的形式，简单明了地列出办理流程和所需材料，让群众“看图办事、不走弯路”。一是民政和社会保障类。主要是“五保”对象入住敬老

院、申报“五保”、申报优抚、申报残疾人护理费用补贴、申办残疾证、大病医疗救助、困难群众临时生活救助、城乡最低生活保障、就业援助。二是计生服务类。主要是流动人口婚育证明、生育服务、病残儿医学鉴定。三是村民建房及商品林采伐申请类。主要是农村宅基地审批、商品林采伐。四是矛盾纠纷类。主要是申请民间纠纷调处、法律援助。五是兵役登记类。主要是协助开展兵役登记。六是灵活就业类。主要是代办劳动者从事个体经营或灵活就业登记手续。七是社会保障参保类。主要是代办征地农转非人员社会保险、城乡居民养老保险、新型农村合作医疗保险、社保年审。八是服务村民其他事项。主要是代办党组织关系接转、村委会印章使用、户口迁入、户口迁出、分户证明及其他申请事项。

2. 阳光公开“代办清单”

一是印制并发放《村官代办三十条手册》8000 余册，群众知晓面和参与度广泛提升，对日常事务办理程序更加了解，形成了“遇到困难找村官”的良好氛围。二是建立“政务村务公开微信公众号”，将《宝兴县深化推行村官代办制办法》《村官代办三十条手册》和村官代办运行办理情况作为重点内容，全面及时地进行公开公示。广大群众通过手机关注，便可完成村官代办“政策咨询、结果查询”。目前，全县 9 个乡（镇）均已建立“政务村务公开微信公众号”，村官代办制度、“三十条”手册公开公示实现全覆盖，已累计推送村官代办信息 5000 件次。

（三）严控“代办程序”，全程监管实现阳光代办

村官代办制度严格按照“问事、受理、代办、回复、建档”五个程序步骤进行。一是问事环节。深入农户走访，及时了解村民诉求、需要代办事项。二是受理环节。村官代办员接受申请后，进行受理登记，填写“村官代办员代办”服务委托单，备齐相关材料，登记于村官代办员代办工作台账。三是代办环节。汇总需要待办事项，经村官代办员梳理后，按照即办件、限时件、承诺件、特办件四种类型分门别类送至职能部门办理，并做好登记。四是回复环节。村官代办员将代办事务办结并向委托人予以回复。对未能办结的，

解释清楚原因，在条件成熟后再受理代办，委托人对办理结果是否满意进行评价。同时，填写“村官代办办理结果告知单”。五是建档环节。群众事务代办结束后，由村官代办员建立工作台账，经审查后存档备查。

（四）强化“代办管理”，健全机制提升便民实效

按照“因地制宜，量力而行，先易后难，循序渐进”的原则，深化推行村官代办制，扎实有序地深入开展。一是健全领导工作机制。由县政管办牵头负责深化推行，各乡（镇）成立村官代办工作领导小组，定期召开工作例会，通报工作情况，及时解决代办工作中出现的困难和问题。二是建立村官下访工作机制。按照“三必访、四必问”要求（即困难户、上访户、老党员老干部“必访”，有关上级政策落实情况、生产生活情况、存在的困难问题和工作建议意见情况“必问”），每月确定2~3天为干部下访日，除下访日外乡、村、组三级干部要及时深入村组，调查了解情况，对村官代办事项进行摸底，并及时受理。三是完善监督检查机制。乡（镇）村官代办工作领导小组要负责对村组代办业务工作的指导，乡（镇）纪委负责对村官代办工作的监督检查，对不按规定办理或不按规定收取费用的，无正当理由导致代办事项不能正常办结的，乡（镇）纪委将按照有关规定追究责任。四是建立长效管理机制。建立“群众动嘴、干部跑腿，办事找村官”的村官代办长效管理机制，真正把解决群众办事难的问题落到实处，为宝兴经济社会的又好又快发展作出贡献。五是建立考核机制。将代办情况及群众满意度作为村官代办员工作考核的重要内容，考核结果与评先树优挂钩。建立代办员星级评定制度，对优秀代办员进行表彰奖励。

（五）拓展“代办外延”，综合施策破解乡村治理难题

1. 创新政务村务公开方式

全县9个乡（镇）54个村均建立了“政务村务公开微信公众号”，将村官代办工作作为重点内容全面公示公开。广大群众通过手机关注，便可以足不出户及时了解代办事务进度和结果，极大地方便了在外务工的群众，杜

绝了村官“代而不办、拖办”和群众“来回跑、多次跑”等情况，有力提升了代办效率，有效调动了群众参与村务管理的积极性。2018 年，已累计推送政务村务信息 6000 余件次。

2. 创新微权力公示评议机制

在深化推行村官代办制基础上，出台《宝兴县微权力公示暨评议暂行办法》《宝兴县村级公共权力运行清单（42 条）》，将村官代办和微权力公示运行情况纳入村级两委班子的年度考评，让群众“看图办事、不走弯路”，让干部“照单履责、接受监督”，实现了村级微权力的阳光公示和规范高效运行，有效预防基层“微腐败”，进一步夯实了乡村法治基础。试点工作开展以来，全县发放“微权力”公示暨评议各类宣传资料 30000 份，通过村务公开微信公众号公开村级权力清单、办理流程图、规章制度、村级权力运行情况等 5000 余条，全面完成 9 个乡（镇）试点村评议工作，满意率达 95% 以上。

3. 创新精准脱贫“一站式”医疗救助机制

坚持问题导向，针对困难群众和偏远山区群众就医“报账慢、报账难”问题，分类实施“一站式”服务。一是在县内医疗机构设立医疗救助“一站式”结算窗口，统一实行先诊疗后结算，实现了县内住院医疗结算“零跑腿”。二是在县政务服务中心设立“一站式”医疗救助并联审批服务窗口，集中民政、卫生、人社等部门医疗救助服务，对困难群众县外就医后涉及的各种医疗救助政策，实行一站式审批，实现了困难群众医疗救助“只进一扇门，只跑一趟路”。三是开展“车载医院”送医下乡，实现偏远乡村群众小病不出村和现场就医、现场报账。2018 年 5 ~ 9 月，县乡两级医院一窗结算建档立卡贫困户 428 人次，救助金额 161.84 万元，实现了应报尽报；村官代办员在县政务中心“一站式”代办医疗救助 122 人次，医疗总费用 42.61 万元，完成民政医疗救助、大病保险救助和卫生扶贫救助基金兜底救助资金 40.09 万元。

4. 深入实施农村党建先锋工程

以深化推行村官代办制为抓手，着力打造服务型基层党组织，广大乡村党员干部“亮身份、抓代办、作表率”，争当群众“代办员”。结合网格化管理经验，采取“网格化管理、组团式服务”模式，探索建立了“支部＋党员＋网格农户”基层治理网络。

三 “村官代办”制的成效

党的十九大报告强调，“要加强和创新社会治理”“健全自治、法治、德治相结合的乡村治理体系”。宝兴县坚持问题导向，创新推行村官代办破解边远乡村“群众办事难、微权监管难、政策落地难”问题，抓住了农业农村工作的“牛鼻子”，切中了乡村治理的要害和关键，并以点带面、综合施策，系统推进乡村依法治理成效明显，做法发人深思、给人启发，值得学习借鉴。

（一）群众张嘴、干部跑腿，方便群众凝聚民心

乡村干部与基层群众的关系最紧密、最直接，在日常工作和生活中为群众帮忙办事，由来已久，并不新鲜。宝兴县通过建立推行村官代办制，把干部为群众“帮忙办事、凭感情”转变为“照单履责、主动办”，把“群众跑”变成了“干部跑”，既是对“心系群众、为民服务”优良传统的继承发扬，更是在深入贯彻依法治国方略新形势下，深化基层依法治理工作的一种改革创新。通过推行“群众张嘴、干部跑腿”村官代办制，基层乡村群众办事“不再跑、不再难”，享受到了便捷实在的服务，基层党员干部更赢得了广大群众的尊重和信任，基层党组织战斗力、凝聚力明显增强。2017 年“村官代办”制度实施以来，全县累计为群众代办服务事项 16000 余件，大大减少了群众办事时间和成本，仅路费一项就为村民节约成本 50 万余元。

（二）阳光晒权、照单履职，管紧公权依法行政

深化“放管服”改革、提升政务服务效能是法治政府建设的重要内容。宝兴县通过《村官代办三十条手册》，进一步厘清了部门的权责关系，简化

了办事流程，精减了不必要的“证明材料”和审核环节，实现了向基层乡镇“放权”；同时，出台《宝兴县微权力公示暨评议暂行办法》，用公示和评议制度实现了对基层“微权力”的依法依规“管理”；最后，通过“村官代办”，让边远山区群众办事“只找一个人”，实现在服务群众“最后一公里”的路上，让群众“少跑腿”“零跑腿”。这些做法，正是当前全省“最多跑一次”改革在边远乡村的拓展与延伸，迈出了实现政府职能由管理型向服务型转变的最后一步。

（三）群众参与、监督评议，全程监管严防微腐败

“吃拿卡要”“雁过拔毛”等“微腐败”隐蔽性强、危害性大，一直以来都是边远乡村治理的重点难点。其主要原因在于偏远乡村地理偏远、信息闭塞、群众文化程度不高，造成对上级政策的不熟悉、不了解，容易被村组干部“忽悠、哄骗”。村官代办制对基层干部素质提出了更高要求，基层干部要适应这种变化，就必须加强学习，熟知“待办清单”中的每一项业务流程，成为“代办专家”。推行村官代办制后，乡村群众普遍反映，村组干部业务更熟练、办事更认真、待人更热情。村官代办制通过公示“代办清单”、严控“代办程序”、群众评议“代办结果”等环节，扎紧制度的笼子，极大地调动了群众参与乡村事务的积极性和主动性，真正成为乡村治理参与者和监督员，实现了基层微权力在阳光下运行。

（四）畅通渠道、倾听民声，帮困解难促进和谐

除了为群众免费代办事项，“村官”代办员还要倾听民声、了解民意，做到“三必访，四必问”。即困难户必访，帮助他们排忧解难；上访户必访，向他们解释政策、化解矛盾；老党员和老干部必访，请他们发挥余热、献计献策。同时，还要访问了解国家方针政策落实情况、生产生活情况、存在的困难和问题、对地方党委政府的意见和建议，对收集到的社情民意，按照职责权限，进行分类处置，做到事事有回音、件件有落实，切实帮助群众解决困难和问题。截至 2018 年，全县各级调解组织成功调处

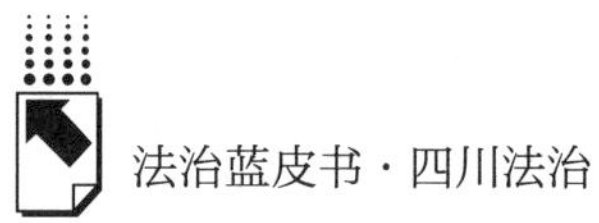

各类矛盾纠纷843件，化解率达到96.67%，连续14年零到省、进京非访集访。

（五）以点带面、综合施策，法治保障乡村治理

推行村官代办制以来，广大“村官”在代办群众事务的基础上，广泛宣传党和国家的大政方针、与农民群众密切相关的法律政策，激发和调动了农民群众参与管理、发展生产、增加收入、脱贫奔康的积极性和创造性，农民群众法治观念不断增强，参与村级事务管理的意识明显提高，促进了农村经济与社会公益事业的不断发展，各项社会事务法治化管理水平不断提高。农村广大基层干部依法管理、依法办事的观念开始树立，管理农村事务的能力逐步提高，党群干群关系更加密切，进一步解决了依法治理“最后一公里”的问题。2017年，宝兴县成功创建为市级法治示范县，率先试点村官代办制的大溪乡通过省级法治示范乡镇创建验收。

四　深化“村官代办”的努力方向

2017年宝兴县创新推进“村官代办”制以来，在县委县政府的坚强领导下，通过全县干部群众的共同努力，宝兴县“村官代办”取得了初步成效。下一步，将紧密结合宝兴实际，进一步创新思路、完善举措、强化保障，持续深化“村官代办”，强化农村依法治理，努力探索一条可复制、可借鉴的农村依法治理新路子。

（一）健全完善机制，进一步提高村官代办效率

一是优化队伍结构。扩大“村官”来源渠道，建立以村干部为骨干，其他专职工作人员为重点，社会工作者、社会志愿者等为补充的服务人才队伍。二是加强队伍建设。加强教育培训，按行业、分类别、多角度加强对“村官”的政治理论、政策法规、业务知识、文化素养和技能培训，尽快掌握村级代办服务相关事项，切实提高为民服务全程代办工作能力。三是强化

保障机制。进一步建立完善督查考核评议机制，加大明察暗访和监督检查力度，强化评议考核，以代办事项数量和群众满意度为考评依据，推动干部作风由“要我服务”向“我要服务”转变。

（二）拓展服务外延，进一步夯实依法治理基础

一是推进村民自治建设。坚持自治为基，引导群众积极参与乡村公共事务的治理，使之成为公共服务的提供者、乡村治理的参与者、利益协调的当事人，推动村民自治向制度化、规范化和程序化方向发展。二是推进乡村法治建设。坚持法治为本，协助完善村规民约、村务监督、民主管理等制度，持续开展普法宣传教育，依法开展各项专项治理活动，推动乡村群众形成亲法、信法、学法、用法的行为自觉。三是推进乡村德治建设。坚持道德引导，开展立家训家规、传家风家教，倡文明树新风、革陈规除陋习等活动，培塑典型、弘扬真善美、传播正能量、贬斥失德失范，引导群众向上向善、孝老爱亲、重义守信、勤俭持家。

（三）强化法治引领，进一步助力乡村振兴

一是完善乡村管理体制。按照自我管理、自我教育、自我服务、自我监督的要求，进一步创新乡村基层管理体制机制，大力培育服务性、公益性、互助性农村社会组织，积极发展农村社会工作和志愿服务，发展农村公益事业。二是健全乡村法律服务体系。强化农村公共法律服务平台建设，不断壮大人民调解队伍，全面配齐一村（社区）一法律顾问，为群众提供法律咨询和法律援助，开展参与人民调解工作，方便快捷地为农民群众提供法律援助服务，让广大农民真正感受到社会公平正义，打通服务群众“最后一公里”。三是优化乡村产业业态。通过更好地发掘农业农村资源的利用价值，引导发展种植养殖业、休闲农业、旅游业，当好宣传员，积极宣传推介乡村农产品，切实把绿水青山变成金山银山。

B.20
游仙区坚持“三治协同”探索基层治理现代化

绵阳市游仙区依法治区领导小组办公室课题组*

摘　要： 近年来，游仙区以习近平新时代中国特色社会主义思想为指导，深入贯彻党的十八大、十九大精神，按照四川省委治蜀兴川重在厉行法治的总体要求，牢固树立依法治国、依规治党、依章自治统筹推进的理念，深入开展法治示范区创建活动，坚持法治、德治、自治“三治协同”，在推进基层治理现代化进程中大胆探索、勇于实践，走出了一条具有时代特征和游仙特色的法治建设之路，初步形成法安天下、德润人心、自治共享的总体格局。

关键词： 法治　德治　自治　基层治理

游仙区是中国科技城核心区、绵阳市主城区、全面创新改革试验先行先试区、中国西部唯一的绿色产业示范区，因东汉高士李意期仙游此地而得名。全区面积1018平方千米，现辖1个省级高新技术产业园区、1个经济试验区、2个街道、22个乡镇，总人口56万人。近年来，为适应新时代新形势发展需要，结合区位特点和地方优势，响亮提出深入实施军民融合兴

---

* 课题组负责人：付康，中共绵阳市委副书记；夏凤俭，中共四川省委政法委副书记。成员：邹若力、张廷伟、江彬、何守君、肖龙明、李彦君。执笔人：贾元兵，绵阳市委办公室法治指导处处长；马鑫，绵阳市游仙区依法治区办主任。

区、质量品牌兴区、人才科技兴区、基础设施兴区“四大兴区战略”，加快建设高质量的活力游仙、生态游仙、法治游仙、信义游仙、幸福游仙。

游仙区始终坚持以法治为保障，以德治为支撑，以自治为基础，充分发挥法治“定纷止争”、德治“春风化雨”、自治“消化矛盾”的重要作用，不断完善基层治理体系，提高基层治理能力，基层治理现代化取得明显成效。

一 推进基层治理现代化的背景和意义

基层社会治理是整个国家治理体系中最基础、最关键的一个环节，在经济社会发展和国家建设中发挥着基础性的作用。国家治理体系和治理能力的现代化，首先就是基层治理的现代化。2017 年 6 月，中共中央、国务院印发的《关于加强和完善城乡社区治理的意见》明确提出，“城乡社区是社会治理的基本单元。城乡社区治理事关党和国家大政方针的贯彻落实，事关居民群众切身利益，事关城乡基层和谐稳定”。由此，基层社会治理成为贯彻落实全面依法治国战略部署的重要环节。

四川省全面深入贯彻党的十八大、十九大精神，依托基层法治示范创建，不断探索基层治理体系和治理能力现代化建设的路径（见表 1）。

表 1　四川省探索基层治理现代化建设路径

时间	具体内容
2013 年 12 月	《四川省依法治省纲要》提出，全面开展法治市（州）、法治县（市、区）、法治乡镇（街道）和民主法治示范村（社区）活动，推进学法用法示范机关（单位）、依法行政示范单位和诚信守法企业等活动
2014 年 7 月	省依法治省领导小组发出《关于统筹开展依法治理示范创建工作的意见》，要求层层制定完善依法治理示范创建规划、创建标准和实施方案
2014 年 11 月	省委作出全面深入推进依法治理的决定，要求深入开展、扎实推进法治示范创建活动
2015 年 2 月	《四川省依法治省 2015 工作要点》提出，建立县（市、区）、乡村（街道）、村（社区）、网络四级联动，法治、德治、自治衔接配套的现代治理结构

续表

时间	具体内容
2015 年 11 月	省委下发《关于进一步加强农村基层党的建设　加快完善农村依法治理体系的意见》,提出构建以村党组织为领导核心的"一核多元、合作共治"村级治理体系
2015 年 12 月	省依法治理示范创建统筹推进工作会在成都召开,命名表扬了九大类目依法治理示范创建合格单位,共 823 个
2016 年 10 月	省依法治省领导小组发出《关于对依法治理示范创建工作实施动态管理的通知》,对工作滑坡并经指导整改仍然没有起色的,要按照程序撤销命名等
2018 年 4 月	省委、省政府出台《关于进一步加强和完善城乡社区治理的实施意见》,提出努力把城乡社区建设成为和谐有序、绿色文明、创新包容、共建共享的幸福家园的目标
2018 年 10 月	省委十届九次全会提出,弘扬法治精神、厚植法治土壤,深化以村规民约等为载体的基层法治示范创建

推进基层治理现代化对经济社会发展具有重要意义。一是有利于实现基层社会的和谐稳定。以法治化的手段教育引导全社会将尊法、学法、守法、用法作为自觉行动，推动形成办事依法、遇事找法、解决问题用法、化解矛盾靠法的良好环境，以道德教化激励社会向上向善，发挥群众自治组织的优势，激发基层活力，有效遏制和化解各类矛盾纠纷，从而实现人民安居乐业、基层社会和谐稳定。二是有利于满足人民对美好生活的需要。随着经济社会的快速发展，人民群众在民主、法治、公平、正义、安全、环境等方面的要求日益增长，推进基层治理现代化能有效保护人民群众的合法权益，从而保障人民群众多层次多样化的需要。三是有利于全面实现国家治理现代化。国家治理的重点在基层，难点在基层。推进基层治理现代化，总结提炼基层工作实践中行之有效的好做法好经验并上升为常态化的制度机制，不断促进基层治理规范化、科学化，为实现国家治理体系和治理能力现代化提供强大的基层力量。

二　游仙区推进基层治理现代化的主要做法及成效

游仙区紧紧围绕“法安游仙、德润人心”这一主题，坚持法治、德治、自治“三治协同”，聚焦中心任务、重点区域、基层基础、“关键少数”，统筹抓好依法执政、依法行政、严格执法、公正司法、全民守法等各项工作，基层治理现代化取得明显成效，助力经济社会高质量发展。

（一）以党建为引领，强化基层治理领导

游仙区始终坚持党对一切工作的集中统一领导，规范建设基层党组织，不断加强党员干部队伍素质和能力建设，切实发挥基层党组织和党员干部在基层治理中的领导核心和引领示范作用。

1. 加强党员队伍建设，实现队伍“提素”

常态化开展思想理论教育和业务培训，坚持学习与工作两手抓、两手硬，党员干部牢固树立“四个意识”，坚定“四个自信”，自觉用习近平新时代中国特色社会主义思想武装头脑，指导实践，党员干部队伍素质得到明显提升。

2. 优化基层组织建设，实现党建“提质”

实施基层党建质量提升工程，分类健全七大领域党建工作机制和办法，基层党组织覆盖率不断提高。实施党支部建设整体提升工程，加强党支部标准化、规范化建设，教育管理党员和联系服务群众的职能更加凸显。

3. 创新活动载体，实现服务“提效”

严格执行三会一课制度，大力开展重温入党誓词、过“政治生日”、志愿服务等活动，引导基层党组织、党员干部将工作重点转移到基层治理的服务上来，党组织凝聚力不断增强，促进优质资源不断整合完善，基层矛盾纠纷、问题难点逐步得到有效解决。

4. 深化日常监督管理，实现干部“提神”

坚持依规治党和依法治理统筹推进，大力宣传并严格执行“一章两准

则四条例”。持续深入开展“反四风破四小”作风建设年活动[①]，针对干部队伍中存在的慢作为、“生冷硬”、不担当等懒政怠政问题，设立“蜗牛奖”“刺猬奖”“鸵鸟奖”鞭策后进、反面警示，党员干部纪律作风持续好转。

（二）以法治为保障，提升基层治理能力

游仙区以创建科技城法治示范区为核心抓手和引领带动，统筹抓好依法执政、严格执法、公正司法、全民守法各项工作，坚持用法治思维和法治方式管人管权管事，持续加强重点领域突出问题治理，推动基层治理工作不断向纵深发展。

1. 实施法律服务全覆盖工程，党的依法执政能力显著增强

（1）加强组织领导。一是把“法治游仙”建设作为贯彻落实全面依法治国战略部署的重要抓手，并纳入“五个游仙”建设总体规划。成立游仙区依法治区领导小组，实行区委书记、区长“双组长”制，负责全区依法治理工作的牵头抓总工作。全区所有部门、乡镇街道均成立了依法治理领导机构，安排专门力量负责依法治理工作，形成推进工作的强大合力。二是设立依法执政、宪法实施、依法行政、公正司法、社会治理等五个专项小组及其办公室，建立健全办公室工作规则，把七大板块、24 个大项、120 项工作任务分解落实到各牵头领导和责任单位，形成分工明确、上下联动、齐抓共管的良好局面。三是强化工作执行保障，明确依法治区工作在年度目标绩效考核任务中权重较高，安排专职工作人员，落实专项经费保障依法治区工作顺利开展。成立依法治区专项工作督查组，加大常态化巡察督查，确保各项工作落地落实。

（2）完善制度机制。一是建立完善党委决策咨询制度。依托军民融合“人才俱乐部”大力打造游仙新型智库，积极筹建区级决策咨询委员会，为涉及全区经济社会发展的重大决策提供目标、方案、监督评估等方面的咨询

① “反四风破四小”指反对个人主义、好人主义、形式主义、官僚主义“四风”问题，破除“小脚女人”的保守思想、“小富即安”的近视眼光、“小兵作战”的分散状态、“小鬼当家”的歪风邪气“四小”问题。

认证，实现科学依法决策。二是加强合法合规性审查。制定出台《常委会议事决策规则》《党内规范性文件制定办法》等文件，严格依法依规决策。2018 年以来，累计完成党内规范性文件备案审查 16 份。三是落实国家工作人员学法用法。印发《游仙区完善国家工作人员学法用法制度的实施意见》，进一步健全会前学法、落实党委（党组）中心组学法、法治讲座、学法用法考核、学法用法档案、国家工作人员法律考试、领导干部述责述廉述法等制度，全区党员干部法治意识进一步增强，依法办事的能力逐步提高。

（3）狠抓责任落实。严格落实党政主要负责人法治建设第一责任人职责，自觉运用法治思维和法治方式对法治建设重要工作亲自部署、重大问题亲自解决、重点环节亲自协调、重要任务亲自督办，把各项工作全面纳入法治化轨道。每年第四季度对全区党政主要负责人履行法治建设第一责任人职责情况进行第三方抽样评估或专项考核。选优配齐政法机关领导班子，加强法治队伍建设，实现法治队伍的正规化、专业化、职业化。

2. 实施行政效能“加速器”工程，法治政府建设深入推进

（1）进一步简政放权。规范组建行政审批局，将 18 个部门 126 个行政许可事项集中受理，推行“一窗受理、全程代办”模式，解决审批环节多、耗时长、收费不规范、竞争不透明等问题，实现窗口一站式受理，一次性办结，营造良好的政务服务环境。重点项目建设审批时间从 200 多天降为 60 天以内。

（2）推行片区行政综合执法模式。整合辖区 12 个行政执法主体单位和平安巡防力量，建立 1 个区综合行政执法和平安巡防指挥中心、4 个片区大队、25 个乡镇（街道）中队，保障工作运行经费 280 万元，落实专兼职人员 465 人，各类巡逻车辆 33 辆，执法人员统一服装、标识、装备，每天上路巡查，推动行政执法从“九龙治水”向“一家监管”转变。2017 年以来，共发现和制止各类违法违规行为 1352 起，查处各类案（事）件 461 起，成功处置影响较大的违法案件 8 件。有效解决了重复交叉、多层多头执法的难题，筑牢了区域经济发展的“法治平安盾牌”。

（3）优化法律服务效能。一是全面落实法律顾问制度。公开遴选 5 名

律师组成法律顾问团，为区委区政府提供优质、高效的法律服务。2016年以来，审查500万元以上的经济合同126份、涉法性文件168份，提出法律意见191条。以政府购买法律服务方式，在全区范围内推开“一村（社区）一法律顾问”工作，法律服务不断向基层一线延伸。二是搭建公共法律服务平台。建成游仙区公共法律服务中心、25个乡镇（街道）公共法律服务站、52个重点村（社区）的公共法律服务室，法在身边半小时法律服务圈作用显著。三是服务军民融合发展。出台《关于建立健全军民融合发展法律服务机制的意见》，分别在军民融合发展产业园、西城大学生创新创业园和西部军民融合试验区服务中心建立3个公共法律服务工作站，优选公证员、律师等20名专业人员组建军民融合专项法律服务团，开展法律“体检”、纠纷化解等10项对口服务，为重大项目实施提供法律保障，降低项目实施法律风险。

3. 实施法进万家“压舱石”工程，全民法治素养明显提升

（1）严格落实普法责任制。认真贯彻落实国家机关“谁执法谁普法”普法责任制，健全完善法官、检察官、行政执法人员、律师等群体以案释法制度。在深入推进“法律七进”的基础上，细分普法对象，探索按照党员干部培养法治精神、一般群众培育法治意识、服务对象引导法律运用、青少年掌握法律常识的原则，采用通俗易懂、深入浅出、喜闻乐见的形式，实施分层分类“精准”法治宣传教育，针对性、实效性更强。

（2）丰富载体开辟普法新渠道。大力推进“互联网+法治宣传”行动，整合区级司法、执法部门微信、微博、网页专栏、直播游仙App力量建成“互联网普法大联盟”。充分利用“游仙发布”“法治游仙”微信公众号、游仙手机报、《今日游仙》杂志、游仙新闻等平台开展法治宣传教育。开办“小仙说法”农村广播法治教育栏目，开设农民学法“小课堂”。引入多功能应用型法律机器人为机关单位、企业及个人提供精准法律服务，开启“AI人工智能+法律服务”新模式。法治宣传教育活动方式丰富多彩，群众广泛参与，法治观念深入人心。

（3）培育法治文化，打造普法名片。大力推进法治文化阵地建设。建

立法治文化公园、广场、基地、街区、长廊、文化墙、书屋等，打造德、法、廉、纪“四位一体”的永久性法治文化阵地。截至目前，共建成绵阳市游仙区法治教育基地、绵阳市游仙区禁毒教育基地等法治阵地十余个，乡镇（街道）永久性法治文化广场16处。鼓励法治文化作品创作。成立法治文化宣传队11个，创作各类法治小品或法治情景剧12场，法治歌曲3首，三句半、快板等作品6个。拍摄法治微电影13部。举办“法治游仙”书画、摄影作品展，共展出法治宣传展板120余块、摄影作品50余张、书画作品41幅，文化引领和浸润作用凸显。

4. 实施公正司法“天平秤”工程，构筑公平正义牢固底线

（1）加强规范化建设。深入推进庭审实质化改革，不断推进以“审判为中心”的诉讼制度改革，确保人民群众在每一起案件中感受到公平正义。落实员额制改革，切实增强司法一线人员的素质，大幅提高办案效率。在区法院建成集中控制指挥中心，实现科技法庭覆盖率100%。通过司法公开四大平台公开信息4000条，通过新浪网直播庭审106件，在互联网公布裁判文书4153份。区检察院积极运用远程视频接访系统接访，及时妥善办理控告、举报、申诉案件和网络理政案件。

（2）全面开展惩戒“老赖”行动。在全市首创“律师调查令”，由法院向律师开具“律师调查令”，委托律师全面调查核实被执行人财产线索，提高财产查询效率。2018年以来，发出律师调查令55件，查询财产线索62条，涉及财产金额1900余万元，执结案件21件，该工作经验被《人民日报》刊发推广。全面执行综合惩戒措施，将转移、隐匿财产，逃避、规避、抗拒执行的被执行人纳入失信名单，协同相关单位实施联合惩戒，让“老赖”一处失信、处处受限。全面推广网络司法拍卖机制，2018年以来，通过司法拍卖网、淘宝网、京东网等网站拍卖执行标的物80余件，成交金额3000余万元，相比传统拍卖模式，成交率提高30个百分点，溢价率提高26.34个百分点，拍卖周期缩短20%。

（3）强化司法法律监督。健全区人大代表、政协委员经常性联络制度，区法院、区检察院定期专题报告相关工作，听取意见，并依托其门户网站、

官方微信、微博，搭建交流咨询、网上举报、网上申诉等平台拓宽公众参与监督司法的途径。构建阳光司法机制，审判、检务、警务公开不断深化，积极探索庭审公告公布制度，司法行为严格规范，近三年没有发生因司法不公造成严重后果和恶劣影响的事件。

5. 实施矛盾化解“安全阀”工程，社会治理取得新进展

（1）全面推广“两所一中心”矛盾纠纷多元化解机制。组建“两所一中心”，着力解决矛盾纠纷投诉渠道复杂、化解力量分散、部门权责不明、工作相互推诿的问题，努力把矛盾问题化解在早在小。依托综治中心，整合基层调解、公安、司法等资源，创新推行乡镇（街道）综治中心、派出所、司法所（简称“两所一中心”）协调联动化解矛盾纠纷机制，组建以“两所”干警、驻所专职调解员、网格员为主的专职队伍，以律师、法官、检察官为主的兼职队伍，以志愿服务者和法学会成员为主的爱心队伍，深入村社、田间地头调解矛盾纠纷，分层分类进行信息研判和问题处置。该机制建立以来，先后召开研判会81次，梳理重大涉稳信息31条，排查各类矛盾纠纷4918件，成功调处4721件，成功率达96%。

（2）全力化解信访积案。开展历史遗留问题集中化解行动，力争从根本上消除存量的矛盾风险问题。一是着力构建联动格局。成立历史积案化解领导小组和联席会议制度，所有区级领导、有关乡镇负责同志、公检法司和律师全面参与。二是实施“1+6”工作方案。每一件信访积案，都有1名包案区级领导、1个工作专班、1套化解方案、1系列稳控措施、1名律师、1名金牌调解员，区财政拨付专项经费、聘请20名专业律师全方位对症下药。三是坚持“五步走”工作法。按照“掌握心理预期、守住法律底线、开展关爱救助、进行公开评议、依法惩戒打击”“五步”工作法积极解决基层信访积案。截至目前，已彻底化解历史积案52件，化解率达74%，其中15件是2010年前的，3件是15年前的历史积案。

（3）推行“阳光拆迁”模式。全面推行阳光拆迁新模式，确保拆迁工作公开公平。一是“四方参与”让测量公平。在测量过程中乡镇拆迁办、村民联户代表、党员代表和村社干部全程参与，采用“一测二复三核对”

方式，实现测量公平。二是“五项公开”让情况透明。在拆迁过程中推行拆迁政策、清点丈量数据、拆迁补偿金额、党员干部的拆迁协议和党的拆迁补偿款支付凭证公开，确保党员干部和群众一视同仁。三是“三个步骤”让补偿公正。首先摆事实、讲道理、举例子，再通过村社干部、亲戚朋友现身说法和劝告，最后发动群众评议，实现补偿公正。四是“一站式服务”让群众方便。在项目拆迁指挥部设立临时办事窗口，落实专职联络员为被拆迁群众办理协议签订等手续，优化办事流程，提供便捷服务。

（三）以德治为支撑，激发基层治理活力

游仙区深入贯彻落实习近平总书记“法治和德治不可分离、不可偏废，国家治理需要法律和道德协同发力”的重要讲话精神，大力开展信义游仙建设，以道德支撑基层社会治理。

1. 全面推进政府诚信体系建设

响亮喊出建设“说话算话”的诚信政府，公开表态历届区委区政府签订的协议、作出的承诺都要兑现，着力解决新官不理旧账、投资环境缺乏政策预期、政府公信力下降等问题。2018 年，兑现招商引资扶持资金（返还税收）6000 余万元、涉及企业 60 余家，兑现军民融合奖励扶持资金 508. 638 万元、涉及企业 23 家，努力通过政府践诺，带动企业履约。

2. 广泛开展富有“仪式感”的传承家风家训活动

坚持以传承优秀的“家风家训”，进一步弘扬社会主义核心价值观。不断强化阵地建设，在城区打造家风家训广场、示范点和文化长廊 16 处，在乡镇打造精品家规家风廉政教育示范点 4 处。广泛设立“道德评议堂”，以传统节日和重大节庆为契机，经常组织“先祖先贤追思会”“家训族规诵读会”“道德模范交流会”等，传承家风家训活动在街坊邻居间广泛开展。挖掘整理一大批本地历史、文化、家族、宗祠中特有的向上向善、廉洁自律的家规家训故事，开展以“传家风、立家规、树新风”为主题的专场宣讲 200 余场次。在各中小学举办以信义文化为主题的书画作品展、主题班会等活动，编印《游仙区中小学校信义教育读本》，通过“小手拉大手”等方式辐

射家庭、社会。耕读传家民俗文化节、传统村落文化节、信义民俗文化节等20余个文化节有序开展，中华优秀传统文化在新时代不断展现出新的魅力。

3. 大张旗鼓举办信义人物评选活动

举办“信义文化进企业”活动，评选“守合同重信用”企业7家，引导企业守法纪、重质量、创品牌。开展“十大信义游仙人”评选活动，评选出张启禄、郭光寿等信义典范，组织评选出“乡贤义士”50人，“星级文明户”3500余户，对评选的道德典型在就业、医疗、升学等方面给予特殊优待，引导社会形成“好人有好报”的价值导向。探索建设公民道德银行超市，3000余名家庭困难群众获得帮助，兑换道德积分7000余分，奖励物资累计2.5万余元，让道德高尚者获得实实在在的肯定激励。一批来自街坊邻居，看得见、摸得着、学得到的“平民英雄”“身边好人”不断得到社会公认的广泛赞誉。

（四）以自治为核心，夯实基层治理基础

游仙区不断健全自我管理、自我服务、自我监督的自治建设体系，鼓励和支持社会各方参与，促进政府治理和社会自我调节、居民自治良性互动，夯实了自治共享的基层基础。

1. 构建三类组织

一是努力建强有活力的党组织。坚持党组织的领导核心地位，全面实施基层党建“3+2”书记项目，持续推动“两新组织”党组织党员和工作全覆盖。二是不断完善规范化的自治组织。按照村民自治原则，不断健全议事、决策、执行、协助、监督的自治体系，鼓励居民成立业主委员会，维护自身权益。坚持“大群团”工作理念，支持群团单位组织联建、队伍联抓、阵地联用、活动联推、工作联动，不断拓展自治组织内涵。引导村委会建立村级集体经济组织232个，全面盘活农村闲置资源、资产、资金，不断提高群众收入，全面消除空壳村。三是大力培育专业化的社会组织。建立“政府统一领导，财政部门牵头，民政、工商等部门协同，职能部门履职，监督部门保障”的政府向社会组织购买服务工作机制，通过政府购买服务方式，

投入资金1000余万元，购买残疾人服务平台、养老服务等项目，不断培育满足人民需要、补充社区服务功能的各类专业人才、专业功能的社会组织参与基层治理，不断拓展公共服务供给。

2. 健全三项制度

一是规范决策运行机制，协调好人与事的关系。全面落实“四议两公开一监督”制度，规范监督内容、权限和程序，对各类安全隐患、不稳定因素及低收入临界贫困户分类设置红黄蓝动态预警，综合进行风险化解、稳定维护、关爱救助等，守住群众安全安康安逸底线。二是健全村规民约制度，协调好人与人的关系。围绕乡风文明、遵纪守法、环境治理、经济发展等方面，用简洁明快、朗朗上口、易于监督、易于执行的“大白话”编制村规民约。让村规民约成为有着村民的广泛共识、必须共同遵守的一种契约，促进乡邻和睦、乡村安定。三是建立“三长”协同机制，协调好人与自然的关系。河长分层治水，警长牵头执法，会长整合资源，以治水为切入点，延伸拓展抓好山水林田湖草整体保护，支持群众围绕秸秆禁烧、山林保护等领域组建协会组织，让更多群众成为“生态管护员”，使人与自然和谐共生成为每一个人的自觉行动。

3. 固化三大载体

一是常态化开展创先争优活动。着眼自我提升，分级分类开展县域经济发展、军民深度融合、绿色生态产业发展、党风廉政建设等领域创先争优活动，组织动员基层党组织和广大群众参与到全区科学发展、促进社会和谐的具体工作中，2018年，先后表彰先进单位800余个次、优秀个人300余人。二是经常化组织民主评议活动。着眼自我管理，定期在辖区组织开展“花开游仙·爱满家园”文明小区、“好媳妇”等相互评议活动25次，全区80个小区被授予“文明小区”称号，树立先进典型400余个，群众组织参与达10万余人次，有效带动市民文明素质和小区管理水平的提升。三是创造性开展志愿服务活动。着眼自我服务，常态化开展“邻里守望”“富乐青年暖心墙”志愿服务活动350余次、参与群众达2万人，建立社区标准化志愿服务工作站27个，围绕提升群众参与自觉性、主动性，设计开发志愿服务项目120余个，让更多普通人有机会参与环境治理、文明劝导、文明礼仪宣传等自我服务。

三　基层治理现代化存在的主要问题及对策建议

游仙区通过一系列创新务实的举措在推进基层治理体系和治理能力现代化中取得了明显成效，但是具体工作开展中仍然存在一些问题。

（一）存在的主要问题

1. 城乡基层治理发展不均衡

在城乡一体化和基本公共服务均等化的大背景下，城乡基层社会治理水平有显著提升，但是乡镇、村（社）与城市还存在较大差距。比如，村（社）一级的法律宣传教育不够全面深入，宣传的形式和内容单一，宣传的人群针对性和结果实效性不足，一些基层群众的法治观念和法治意识薄弱，办事依法、遇事找法、解决问题用法、化解矛盾靠法的自觉性还未完全形成。

2. 社会组织的参与和培育力度不够

在基层社会治理中，社会力量的参与度不高，在总体上仍然表现为政府主导管理，导致管理单一、模式僵化，难以激发起基层自有的活力和潜力。同时，社会组织参与基层治理也存在行业分布、地域选择、专业能力发展不均衡的现象。目前，健康养老、文体娱乐等方面的社会组织发展和参与较多，但是涉及纠纷调解、公益慈善、居民融入及农村生产技术服务等方面的社会组织数量明显不足，难以较好地满足基层群众日益增长的物质、文化生活需要。从地域分布来看，城市、乡镇、村（社）的社会组织和专业化程度逐步递减，发展速度和规模显著不同。

3. 基层治理的信息化应用能力不强

随着互联网技术的迅猛发展，基层群众的生产生活方式发生了巨大变化，一些基层问题和矛盾纠纷从“线下”逐步转移到“线上”，对基层社会治理提出更高要求。现有智慧化服务管理平台作用发挥有限，利用互联网服务基层治理的水平和能力不足，特别是村（社）管理中信息化、智慧化的平台建设和运用明显不足，互联网与基层治理和服务体系建设的融合度不高，基层微信、微博、移动客户端等新媒体侧重于信息发布，服务管理的效能未充分体现。

（二）对策建议

针对以上问题，游仙区将立足工作实际，坚持问题导向和目标导向，着力做好以下几方面工作。

1. 充分发挥基层党组织的领导核心作用，推进城乡治理一体化建设

要继续加强基层党的建设，一方面，不断加强和改进乡镇（街道）、村（社）党组织对基层治理各项工作的领导，切实把党的路线、方针、政策深入贯彻落实到基层社会治理中。进一步强化基层党组织的政治功能，引导聚焦主职主业，不断提升服务能力和水平；另一方面，持续加强基层党组织自身建设，着力解决基层党组织弱化、虚化、边缘化的问题，在全面有效覆盖上下功夫，不断优化组织设置，选齐配优基层党组织队伍，强化基层党支部的战斗堡垒作用。以党的坚强领导引导公共资源不断向村（社）延伸，坚持以城带乡、以乡促城，优势互补，促进城乡社区治理协调发展。

2. 大力引导培育社会组织提升基层治理水平

调整优化政府机构职能，深入推动政府购买公共服务，理顺基层政府、职能部门与基层群众性自治组织的权责边界，制定权责清单，明确基层群众性自治组织可自行承担的工作事项和需要协助政府的工作事项清单，真正做到“还权赋能”。基层政府要打破传统的“管理者”思维，加强政策支持、财力物力保障和能力建设指导，鼓励发展和群众日常生产生活密切相关的各类社会组织积极参与基层社会治理，提供优质的服务。同时建立健全制度机制，加强对社会组织的日常管理和监督，以诚信建设为基础促进社会组织健康发展，引导其有序参与基层社会治理。

3. 加大互联网科技在基层治理的运用

要主动适应网络时代带给基层社会的深刻变化，不断提高广大党员干部在互联网背景下做好各种工作的能力。充分利用好互联网的各种先进技术和工作平台，以信息化手段促进基层治理的智慧化、精细化，大力推动“智慧社区”“智慧乡村”建设，深入推进建设完善“雪亮工程”，不断深化平安社区建设，完善立体化社会治安防控体系。同时要深刻认识到互联网不是“法外之地”，基层治理离不开互联网，但更要切实加强对基层网络空间的管理和监督，引导依法治网办网上网，将现实社会在网络上的延伸与拓展全面纳入法律监管体系，建设良好的网络生态，打造基层群众共同的网络空间精神家园。

四　结语

推进国家治理体系和治理能力现代化，重点在基层，难点也在基层。而加快推进基层治理体系和治理能力现代化是一项系统性、综合性的工程，既要严格遵循中央的顶层设计和国家的决策部署，又要充分发挥主观能动性。根据地方实际积极探索与实践，大力推动基层社会治理的现代化，以点带面推动国家治理现代化。

游仙区在加快推进基层治理体系和治理能力现代化的进程中，将进一步认真学习领会习近平新时代中国特色社会主义思想，严格贯彻落实中央、省、市决策部署，全面总结经验教训，持之以恒加强党对基层治理工作的领导，不断建设高水平人才队伍，切实加大资金投入，全力保障基层治理现代化、法治化，促进经济社会高质量发展。力争通过2~3年实践，初步实现“党委科学依法决策、政府规范高效行政、法治宣传教育深入千家万户、社会治理和谐有序、德法共济自治共享”的目标。在2020年前，探索出具有游仙特色的法治建设道路，形成规范有序、公平正义、诚信守法、和谐安定的法治游仙新格局，依法治区工作走在全市、全省前列。

法治社会

Law-Based Society

B.21

破解社会信用体系建设难题的泸州实践

泸州市依法治市领导小组办公室课题组*

摘　要： 在党中央、国务院高度重视社会信用体系建设的大背景和新形势下，泸州市积极破解信用体系建设难题。以政务诚信为引领，优化政务服务环境，不断提高政府行政效能和公信力；关注社会民生，推进社会诚信建设；坚持“一体化”惩戒，深化司法公信建设。同时，泸州市立足于本地特色和亮点，积极推动自贸区商事登记改革创新和白酒行业信用体系建设，强化自贸区和白酒行业信用应用，赋能信用体系建设商贸优势、产业优势。

* 课题组组长：谭红杰，中共泸州市委副书记。课题组成员：张司伦，中共泸州市委副秘书长、办公室主任、依法治市办主任；吴雪松，泸州市发展和改革委员会副主任；周成明，中共泸州市委办公室依法治市综合科科长；王朝洪，中共泸州市委办公室依法治市综合科副科长；肖昌燕，泸州市发展和改革委员会社会信用管理办公室主任。执笔人：肖昌燕，泸州市发展和改革委员会社会信用管理办公室主任。

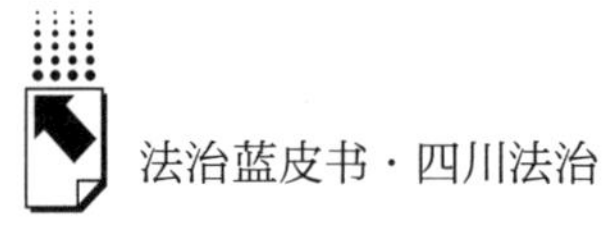

关键词： 政务诚信 社会诚信 司法公信

一 泸州社会信用体系建设实践背景和思路

（一）当前社会信用体系建设背景

党中央、国务院高度重视社会信用体系建设，党的十八大将“诚信”纳入社会主义核心价值体系。四川省委、省政府进一步明确要求加快建设社会信用体系，建立健全社会征信体系，褒扬诚信，惩戒失信。根据国家发展改革委和中国人民银行批复，泸州市获批列入国家第二批创建社会信用体系建设示范城市。现阶段国情、省情、市情的深刻变化，对泸州市加快建立健全社会信用体系提出了迫切要求。

泸州市委市政府坚定不移以习近平总书记系列指示精神作为深入推进社会信用体系建设的指导思想和基本遵循，认真贯彻党和国家关于社会信用体系建设的决策部署，加快构建以信用为核心的监管机制，推进重点民生领域信用体系建设，营造共建共治共享的社会治理格局，致力于打造良好的营商环境，全力推进“信用泸州”建设，努力创建全国信用体系建设示范城市，提升城市吸引力和美誉度。

（二）总体思路

泸州作为西部唯一的创建信用体系建设示范城市，始终坚持以习近平新时代中国特色社会主义思想为指导，按照统筹推进“五位一体”总体布局和协调推进“四个全面”战略布局要求，以及四川省委、省政府加快信用建设，着力打造“信用四川”部署，积极抓住“一带一路”和“长江经济带”发展战略，依托现有白酒核心产区和高端制造业等优势，以国家信用体系示范城市创建为突破口，以健全覆盖社会成员的信用记录和信用基础设施网络为基础，以信用信息共建、共享、共用为支撑，以信用产品与服务创新应用为突破，以政务诚信、商务诚信、社会诚信和司法公信为重点领域，以信用便民、信用惠企为主要场景，以诚信、公平、效率、便利、绿色为内在要求，全面提升社会诚信意识和信用水平，进一步优化营商环境，实现“信用管终身”和以信用建设驱动经济转型升级，让全社会享受信用红利，助力泸州“双两百”城市建设，提升广大市民的获得感、幸福感和安全感，为泸州决胜全面小康、建设现代化区域中心和幸福美丽泸州提供有力保障。

二　泸州社会信用体系建设实践

（一）布局顶层设计，着眼长远发展

完善信用建设顶层制度支撑，依据国务院《社会信用体系建设规划纲要（2014～2020 年）》《四川省人民政府关于加快推进社会信用体系建设的意见》，结合泸州实际，精心制定《泸州市信用体系建设规划（2017～2020 年）》《泸州市推进社会信用体系建设实施意见》两个总体规划文件，出台《建立完善守信联合激励和失信联合惩戒制度　加快推进社会诚信建设的实施意见》《关于加强行政机关公务员诚信体系建设的实施意见（试行）》等近 40 项制度方案，逐步建立健全覆盖 18 个领域、涵盖信用信息归集共享机制、信用监管机制、信用奖惩机制、信用信息安全、信用宣传教育机制和信用工作推进机制的“6＋X”制度框架体系。加强失信专项治理工作，从政务领域、拖欠工资问题专项治理、交通运输失信问题专项治理和“不合理低价游”专项治理等关乎民生的重点领域健全制度，出台了一系列相关制度，并取得良好成效。

（二）搭建共享平台，夯实信用基础

1. 全面施行统一社会信用代码制度

以统一社会信用代码为基础，整合、共享各部门法人、自然人信用信息，解决信用主体身份证“重号”问题。截至 2018 年 8 月底，全市企业法人存量总数为 46815 家（不含农民专业合作社），较 2018 年 7 月增加 461

家，环比增长0.99%，存量代码转换率100%，存量证照换照率87%；全市个体工商户存量总数19.83余万家，较2018年7月增加0.17余万家，环比增长0.86%，存量证照换码率100%；全市社会组织存量总数为1920家，较2018年7月减少190家，环比减少9%，存量代码转换率100%，存量证照换照率100%；机关群团存量总量647家，赋码率100%，全市登记事业单位2653家，较2018年7月增加100家，环比增长4%，新版“事业单位法人证书”换发率100%。

2. 建成投用信用中国（四川泸州）官网，2018年网站2.0改版升级上线

截至2018年7月底，泸州市已更新“双公示”信息12.38万条、“红黑名单”7918条，实现企业法人信用信息共享和“一站式”查询。

3. 推进共享交换平台建设

信用信息共享平台能够明确激励谁、提示谁、惩戒谁，真正发挥信用在社会监管方面的作用。泸州一直在努力打破部门之间的“信息孤岛”壁垒，深入推进城市信用信息共享平台建设。坚持以问题为源头，从问题出发倒逼平台高起点规划、高标准建设；坚持以共享为基础，打通数据通道，用不到一年时间实现信用信息共享共用。坚持以融合为魂，聚焦重点、精准发力，推进联合奖惩、信用惠民等重点工作融合发展。坚持以重点为纲，从支撑经济发展的重点行业，从解决百姓的操心事、烦心事出发，分阶段、分步骤，有针对性地开展工作。当前，已实现平台与国家、四川省信用信息共享平台互联互通，归集52个部门（单位）信用信息2.42亿条，入库2803.94万条。7月，在四川省首届信用信息共享平台和信用门户网站建设评估暨观摩会上被评为“四川省最佳信用信息共享平台”。

（三）联合奖惩应用，推动信用变现

探索实施“信易+”守信激励创新举措，让守信激励引领市民的新生活、新时尚、新面貌。目前，《泸州市开展首批国家守信激励创新试点工作实施方案》已完成对全市79个部门（单位）的意见征求。

1. “信用＋审批”

探索开展“信易批”，在自贸区川南临港片区对守信主体提供“简化程序、优先办理、容缺受理”等待遇，截至2018年7月底，已有736户企业采用承诺制取得了相关行政许可；在泸州国家高新区试行“轻审批、重监管”的企业投资项目信用承诺制试点工作，除房地产项目外的所有企业投资项目允许用地预算、用地规划、工程规划、施工许可等审批资料承诺容缺后办理。目前，已有泸州金能移动能源产业园，泸州高新区园区七通一平（高科路）等项目采用承诺制方式办理了相关手续，单个项目累计缩短企业办事日程30天以上。

2. “信用＋奖惩”

（1）加大政策落实力度。归集和共享信用信息的目的是应用，联合激励和联合惩戒则是最核心的信用应用。2018年，泸州加快推动全市联合奖惩机制建设落地实施，大力开展“泸州市守信联合激励和失信联合惩戒措施清单”和“应用事项清单”编制工作，将国家、省、市已出台的37个联合奖惩备忘录分解落实到51个市级部门（单位），经两次征求意见后正式印发施行。

（2）加大激励力度。对全市符合条件的31628户纳税人进行纳税信用级别评定，对遵法守信的纳税人开通办税绿色通道。在通关便利上，实行优先办理进出口货物通关手续等多项优惠。

（3）加大惩戒力度。在招投标领域，把对失信主体的惩罚措施与招投标结果直接挂钩；在节能监察领域，对于在节能监察中存在问题的，责令整改，整改期满，未达到要求的，由节能监察机构将相关情况向社会公布，并纳入社会信用体系记录。在住建领域，严格执行《四川省房地产开发企业信用信息管理暂行办法》，将存在失信行为和不良行为记录的房地产企业列入黑名单管理，加强日常监管和动态核查，并对黑名单进行动态管理。2015年以来，泸州市中级人民法院将8083人纳入全国法院失信被执行人名单，已有1689人主动履行债务6755.98万元；887家企业因信用缺失被列入经营异常名录，受到融资限制和行业惩戒。已召开两次诚信“红黑榜”新闻发布会，公布“红名单”企业6912家、“黑名单”企业1006家，形成强大社会影响。

（4）探索开展跨区域联动奖惩。已与四川省成都市，江苏省无锡市，浙江省宁波市、湖州市、嘉兴市、绍兴市、杭州市等城市共同签署《信用城市联盟框架协议》，共享“红黑名单”等信息，探索建立跨区域联合奖惩机制。对八个地级市的纳税A级红名单进行跨区域联合奖励，同时对重大税收违法黑名单、失信被执行人开展跨区域联合惩戒。

3.“信用+贷款”

探索开展“信易贷”，依托“银税互动”，提供资金融通便利。截至2018年7月底，已惠及企业105户，累计发放金额7.12亿元；对守信酒类企业优先推荐使用酒类担保贷款5.57亿元和借新还旧搭桥贷款1.3亿元。推进农村信用体系建设，助推脱贫攻坚，截至7月底，已评定信用户60.79万户，发放贷款326.74亿元。

4.“信用+社会共治”

（1）信息化场景应用。通过泸州市政务服务中心门户网站建立信用中国（四川泸州）链接。“信用中国（四川泸州）”网站、手机App和微信公众号，实现以用户体验为中心的信用查询、信用申报、信用修复和信用报告等场景应用，使信用主体便捷地了解自身和对手的信用状况，有效避免信息不对称引起的各类信用风险，促进信用交易、降低交易成本。

（2）鼓励信用承诺。积极引导企业主动发布综合信用承诺或产品服务质量等专项承诺，开展产品服务标准等公开的自我声明，接受社会监督，形成企业争做诚信模范的良好氛围。

（3）推动信用修复。目前，泸州市信用网站对7家企业行政处罚信息予以修复公示，提供“不予公示不良信息”的修复服务。

（四）共建共享共治，激发信用建设活力

聚焦社会热点，重点抓好政务诚信、商务诚信、社会诚信、司法公信四大领域信用建设。

1. 政务诚信建设

通过出台《泸州市人民政府关于加强政务诚信建设的实施意见》，全面开展服务承诺，全力完善监督体系，建立公务员诚信档案，将公务员信用记录作为干部考核、任用和奖惩的重要依据等途径，扎实开展政务诚信建设。

（1）全面推进政务公开。全面推行“双随机、一公开”监管，有效杜绝选择性执法。以泸州市政府门户网站、“信用中国（四川泸州）”为第一公开平台，开设重点领域公开专栏。截至 2018 年底，市级主动公开政府信息 7553 条、文件 483 件、重点领域信息近 2011 条。合江县被列入全国基层政务公开标准化、规范化建设 100 个试点区县之一。

（2）全面实施简政放权。根据国务院、四川省政府要求泸州市本级先后取消行政审批事项 82 项，承接省政府下放审批事项 99 项，梳理公布了《泸州市市本级行政许可事项清单（2018 年本）》，清理保留市级行政许可事项 294 项，并同步指导县（区）调整公布本级行政许可事项目录。大力精减行政审批前置条件。通过全面梳理并公布投资项目“一件事”事项清单，逐项编制标准化工作规程和办事指南，减少审批前置条件，全程共减少企业提供文书资料 18 项次。2017 年公布《投资项目行政审批前置条件目录》。全部取消非行政审批项目，保留市级审批事项 148 项；对全市须村（社区）开具的证明事项进行了全面清理，全市仅保留须村（社区）开具的证明事项 14 项。全面推进“两集中三到位一杜绝”，2018 年 1 月 1 日至 7 月 31 日，泸州市政务服务中心共办理行政审批和公共服务事项 15.342 万件，办结率、满意率均达 100%。推行住所（经营场所）登记便利化改革，已办理“一址多照”企业 4484 户、“一照多址”企业 2 户。

（3）加强市场监管。持续深化商事制度改革，营造宽松便捷的营商环境。一是推进登记注册便利化改革。全面实施“三十三证合一”，继续巩固全程电子化登记，公司设立、变更、注销登记已实现全程电子化登记，“零见面”办照，215 个工商登记事项只要资料齐全、形式合法，都可以实现“最多跑一次”。二是推行企业简易注销登记改革。在全市全面推行企业简易注销登记改革，在“宽进”的同时，让企业“快退”，降低市场主体退出成本。加快商事登记综合窗口建设，变“群众来回跑”为“部门协同办”。全面推进“阳光采购”。在政府采购活动中，强化信用信息运用，对失信企业实行禁止进入、报价加成等惩罚措施。

（4）加强公务员诚信教育管理。将信用建设纳入公务员培训内容和领导干部进修课程，利用“泸州市人事人才培训网”，大力开展中国特色社会主义理论、理想信念、党性修养、政治理论、职业道德、信用知识的培训学习，切实提升公务员职业道德水平。全市18467名公务员进行了网络全员培训，每人不少于50学时。依法依规将公务员个人有关事项报告、廉政记录、相关违法违纪违约行为等信息纳入信用档案，作为考核、任用、评优的重要依据。截至7月底，已开展公务人员职业道德、诚信教育培训3.15万余人次。建立公务员任职宪法宣誓制度。出台《泸州市宪法宣誓制度实施办法》和《泸州市人民政府及其各部门任命的国家工作人员宪法宣誓实施方案》，精心组织了人大、政府任命的300余名工作人员、296名法官、1600余名公安干警、1018名新录用公务员进行了宪法宣誓活动。着力健全公务员信用权益保护和信用修复机制。按照“谁认定、谁修复”的原则，开展公务员信用信息纠错、修复及异议处理、行政复议等工作。公务员在政务失信行为发生后主动挽回损失、消除不良影响或者有效阻止危害结果发生的，可从轻或免予实施失信惩戒措施。2017年，对行政机关中受到撤职等纪律处分的21名公务员、被开除公职的19名公务员，均进行了信用信息纠错、异议及修复等处理。

（5）扎实推进政务信息平台建设。优化审批流程、精简审批环节，推进“互联网+政务服务”，积极开展三级网上审批及智能审批和自助服务。依托华为四川大数据中心，建成投用“泸州市政府网站集群”。已完成全市“省一体化政务服务平台2.0版”上线培训，2017年已正式上线运行。四川政务服务网泸州站点可网上申请办理行政许可事项757项、公共服务事项404项。

（6）开展政府失信行为专项治理。重点整治“新官不理旧账”、政策朝令夕改、随意改变约定等失信行为。目前，全市均无政府机构被列入失信被执行名单。

2. 商务诚信建设

出台实施《泸州市深入推进安全生产诚信体系建设实施方案》《泸州市质量技术监督局质量安全红黑名单制度（试行）》《商务系统企业诚信“红黑名单”制度》《泸州市价格诚信建设试点示范工作实施细则（试行）》《泸州市房地产开发企业信用档案管理试行办法》《泸州市勘察设计企业、施工图审查机构及专业技术人员信用档案实施意见（试行）》等一系列商务诚信建设制度，建立了企业诚信承诺制度、安全生产承诺制度以及市场主体准入前七项信用承诺制度等。着力实施“四大举措”，推进商务诚信建设。

（1）强化商务诚信服务。建立完善“泸州市企业信用信息公示平台”及联动系统，为公民、企业提供信用查询、申报、管理等服务。截至7月底，已归集企业基本信息49.92万条，网上公示市场主体信用承诺书6317份。

（2）实施信用分类监管。对全市符合条件的纳税人进行纳税信用级别评定，对依法诚信的纳税人开通办税绿色通道；对全市生产企业实行质量信用等级分类管理；全面实施房地产开发企业信用等级记分制度。

（3）实行信用承诺制。根据国务院《关于建立完善守信联合激励和失信联合惩戒制度　加快推进社会诚信建设的指导意见》精神，泸州市积极引导企业主动发布综合信用承诺或产品服务质量等专项承诺，开展产品服务标准等自我声明公开，接受社会监督，形成企业争做诚信模范的良好氛围。截至2018年9月13日，泸州市信用网站共计2235家企业发布信用承诺，数量具备一定规模，形成良好的社会效应。

（4）着力发挥“红黑名单”作用。抓好守信“红名单”和失信“黑名单”制度设计，在安全生产、环境保护等18个重点领域率先建立“红黑榜”发布制度，全力营造“一处失信，处处受限”的信用生态。

3. 社会诚信建设

制定实施《加快推进全市人社领域社会信用体系建设实施方案》《关于进一步加强拖欠农民工工资“黑名单”管理和企业劳动保障守法诚信等级评价工作的通知》《泸州市劳动保障守法诚信红黑名单公布和实施联合激励

惩戒暂行办法》《泸州市企业劳动保障守法诚信等级评价管理暂行办法》《泸州市科技计划项目管理办法》《2017年市文化体育新闻出版广电局社会信用体系建设工作实施方案》《泸州市旅游行业社会信用体系建设工作实施方案》《泸州市旅游行业推进安全生产诚信体系建设实施方案》等系列社会诚信建设管理制度，着力实施“三项行动”。

（1）强化诚信宣传教育。扎实开展“诚信建设万里行”主题宣传活动。以培育和践行社会主义核心价值观为根本，全面弘扬诚信文化，将诚信教育贯穿公民道德建设和精神文明创建全过程。建成社会主义核心价值观主题公园33个，30万名志愿者常态开展志愿服务活动，评选表扬市级道德模范54人、“泸州好人”104人，1人获得全国见义勇为道德模范提名奖、13人获得省级“道德模范”称号；11人入选“中国好人榜”、90人入选“四川好人榜”，成功创建第五届全国文明城市。

（2）强化重点领域诚信监管。建立并实施信用承诺制度且在“信用泸州”门户网站和相关部门网站上公开信用承诺，如泸州市科学技术和知识产权局切实开展专家承诺、项目申报人信用承诺等。建立个人、法人和其他组织信用记录；逐步建立律师、公证员等14类重点领域人群信用档案，完善食品药品、安全生产、生态环保、电子商务、志愿服务等重点领域相关人员行为记录，增强互联网、电信、金融、快递物流等领域实名认证的准确性和真实性。建立“红黑名单”及其管理制度，建立并实施信用分级分类监管制度。

（3）开展专项治理。依托全国信用信息共享平台，按照19项专项治理任务要求，筛选与治理任务相关的黑名单和重点关注名单，作为专项治理对象的名单，落实联合惩戒运用。重点开展打击骗取医保基金违法行为专项治理行动，查处违法案件17起，涉及金额4.97万元。开展“劳动保障监察蓝盾专项行动”。

4. 司法公信建设

司法机关切实依法履职，切实维护司法案件公正，提升人民群众满意度，着力实施“三大工程”。

（1）推动“互联网+”工程。完成“执行信息公开网”“司法流程公开信息网”“中国庭审公开网”“裁判文书网”四大司法公开网站的建设对接。2018年1月1日至8月24日，网上公布裁判文书和信息23603件，公开庭审直播案件557件，浏览量超过353979人次。不断深化检务公开、司法行政信息公开。

（2）确保司法公正。出台《加大失信联合惩戒力度，强化失信被执行人公开曝光及推送制度的实施意见》。截至目前，已对875家失信企业，6193名个人进行推送，已发布拘留恶意逃避抗拒被执行人849人，向公安机关移送犯罪线索121人，检察机关移送起诉26人，法院判决24人。

（3）强化执法精细化管理。出台《案件质量责任追究实施细则（试行)》等制度，强化从业人员培训，全面落实责任追究，着力构建系统完备、公正高效、监督有力的执法机制，促进严格规范公正文明执法。建立律师、公证员、基层法律服务工作者、法律援助人员、司法鉴定人员等职业人群以及律师事务所、公证机构、基层法律服务所、司法鉴定机构等单位的诚信档案。

（五）保障有力，落实到位

1. 组织保障到位

成立由市政府主要领导任组长的泸州市社会信用体系建设领导小组，统筹负责全市社会信用体系建设工作。优化调整68个相关部门为成员单位，下设政务诚信、商务诚信等八个专项推进组，分别由分管市领导牵头，具体负责各领域社会信用体系建设。设立泸州市社会信用管理办公室，成立泸州市公共信用信息中心，5名工作人员专职负责社会信用体系建设工作。7个县区全部成立了领导机构，部分区县和部门设置了专门工作机构，横向联合、上下联动的信用工作机制基本建立。

2. 资金保障到位

将社会信用体系建设工作纳入年度财政预算，2016年以来累计投入专项经费超1000万元，主要用于平台建设、教育宣传和基础设施建设。

3. 督导考核到位

出台《泸州市社会信用体系建设工作考核办法》，对市级部门、区县、园区创建工作进行专项督查考核，确保建设工作高效推进。

4. 推进落实有力

印发《泸州市人民政府关于进一步明确创建社会信用体系建设示范城市工作责任分工的通知》，明确任务分工。印发《泸州市社会信用体系建设工作考核办法》，进行督察考核。开展白酒行业商会信用体系建设示范工程、特色农村信用体系建设工程、小微企业信用体系建设试点工程和泸州高新技术产业园区企业信用体系建设等社会信用体系建设试点示范建设，详细做好示范创建工作任务分工，明确责任单位和进度要求。开展白酒行业信用体系建设并取得成效。

三　泸州未来社会信用体系建设设想

泸州社会信用体系建设起步较晚，自 2016 年 4 月被列入全国第二批创建国家社会信用体系建设示范城市以来，通过近两年的探索努力，不断创新实践，寻找差距，补齐短板，全力推进社会信用体系建设，各方面都取得了不错的成效。城市信用环境监测排名显著上升，2017 年以来，在全国 262 个地级市中，泸州市综合信用指数排名总体呈上升趋势，从 2017 年 3 月的第 96 名提升至 2018 年 8 月的第 24 名，居四川省第一。其中 2018 年 4 月获第 19 名，跻身全国前 20 位，信用综合指数达 82.94。但总体上仍然存在较大挑战。下一步，泸州将从以下几个方面进行探索和尝试。

（一）以制度为保障，建立完善社会信用体系运行机制

建立健全涵盖信用信息归集共享机制、信用监管机制、信用奖惩机制、信用应用机制、信用交易机制、信用信息安全与信用主体权益保护机制、信用宣传教育机制和信用工作推进机制的“8 + X”制度体系，为全市社会信用体系的建设和运行提供制度保障。

（二）以平台为载体，夯实社会信用体系建设基础

加速推进市公共信用信息共享平台与信用网站的建设和使用，进一步提高公共信用信息归集、共享、公开的数量和质量，逐步建立公共信用信息与市场信用信息互通共享机制。以应用为导向，以跨部门协同信用监管和信用信息“一站式”查询为抓手，逐步构建纵横联动的一体化信用信息基础设施体系。

（三）以民生为重点，强化守信激励和失信惩戒

进一步加强信用信息在公共服务和生活服务中的应用，为守信市民提供优惠、便利的公共信用产品与服务，支持市场机构研发和提供多样化、社会化的信用产品与服务，在重点民生领域建立拓展信用应用场景，实施“信易行”“信易游”等“信易+”系列项目，提升市民对信用建设的获得感；加快推进重点民生领域信用体系建设，对侵权假冒、坑蒙拐骗、虚假广告等违法失信行为加大惩戒力度，有效预防和减少失信行为的发生，增进群众福祉。

（四）以创新为驱动，打造社会信用体系建设“泸州模式”

不断强化泸州市社会信用体系建设的理论创新、制度创新、方式方法创新与技术创新，创新建立行政管理、金融、商业三大信用数据体系，创新构建立体式多元化的社会信用体系建设“泸州模式”。

B.22
巴中市恩阳区“众口调”的探索与实践

巴中市恩阳区依法治区领导小组办公室课题组*

摘　要： 目前，中国正处于社会转型的关键时期，因社会变革的加剧、利益格局的调整而导致的基层矛盾纠纷明显增长。针对这一情况，四川省巴中市恩阳区发展新时代“枫桥经验”，积极探索矛盾纠纷多元化解新机制，按照“为民利、集民智、靠民力、合民意、促民和”的原则，充分依靠和发动群众参与人民调解，采取“诉、议、评、和、宣、访”等方式，群众用自己的声音、自己的方式体现公平正义，实现定纷止争，被群众形象地称为“众口调”。该区运用此法成功化解老难信访案件61件、普通信访案件121件，化解成功率达98.3%以上，连续多年全市、全省平安建设群众满意度测评位列全市第一、全省第一方阵，为新区加快发展、跨越崛起营造了和谐稳定的社会环境。

关键词： “众口调”　人民调解　社会治理

近年来，四川省巴中市恩阳区深入学习贯彻习近平新时代中国特色社会

---

* 课题组负责人：程秋，中共恩阳区委副书记；戴远荣，恩阳区委常委、区委政法委书记。课题组成员：赖羽翔、王健、岳春和、吴三仁、吴秀枝、李东生。执笔人：王健，中共巴中市委办公室法治推进科科长；赖羽翔，中共恩阳区委办公室副主任、依法治区办公室主任；岳春和，恩阳区司法局局长；吴三仁，恩阳区综治办主任；吴秀枝，恩阳区司法局基层科科长；李东生，恩阳区依法治区办干部。

主义思想，认真落实中央依法治国方略、建设法治四川、依法治市决策部署要求，坚持“抓法治就是抓发展，抓发展必须促和谐”的工作思路，充分发挥群众主体作用，积极探索基层社会矛盾纠纷多元化解新机制，初步形成一套“矛盾纠纷群众评议众口调解法”，以矛盾纠纷的有效化解实现社会大局和谐稳定，为“四新恩阳”建设提供坚强的法治保障。

一 “众口调”的实施背景

恩阳区2013年1月经国务院批准设立，位于四川省东北部，辖区面积1156平方千米，辖24个乡镇、3个街道办事处，总人口63万，其中农业人口51.9万。恩阳新区的成立，为当地经济社会发展带来重大机遇。随着恩阳机场建设、黄石盘水库工程重大项目在恩阳区落地，加之棚户区改造、城区外环线工程、城区闸坝防洪工程和城市基础设施建设，在这些过程中引发的征地拆迁、安置补偿问题和新区成立之前的遗留问题交织混杂，由于时过境迁、取证困难，部分问题逐渐演变为疑难矛盾，少数群众以此为由缠访、闹访多年，给新区建设发展带来了不小的阻力。

伴随着脱贫攻坚工作的推进，以及政府对农村发展给予的政策扶持，基层面貌改头换新颜，葡萄产业、猕猴桃产业、蜜柚产业、芦笙产业在这片土地上大力铺开，新村聚居点在这片土地上开枝散叶，群众经济收入增加了，生活方式改变了，精神生活丰富了。但在喜悦的同时，也不可忽视基层矛盾纠纷的变化：趋于多样化、复杂化。纠纷主体发生变化，以往多为公民、邻里、婚姻家庭、宅基地等问题，如今出现了群众与村干部、群众与非公经济组织、群众与政府及职能部门等问题，政府成了矛盾的主要主体；纠纷类型趋广，如今经济纠纷、合同纠纷、侵权纠纷、土地流转引发的纠纷、拆迁安置、集资无法偿还等问题，而且往往是几种类型纠纷交叉在一起，或由一种纠纷引发其他纠纷；调处难度加大，少数群众为追求利益最大化，片面夸大事由，在利益面前锱铢必较、分毫必争，一些群众对调解人员有抵触情绪，不愿或不配合调解，甚至有些群众采用“以访闹访、以访谋利”，相信“会哭的孩子有奶吃”，不走合法途径参与调解，而选择极端方式，这些都给调解工作带来了不小的难度，也给新区带来新的挑战。

党的十九大报告指出，必须将人民调解工作做实做好，将矛盾纠纷大量化解在基层。同时，也对深化依法治国实践、加强和创新社会治理、有效维护国家安全、防范化解重大风险等方面提出新要求，对做好新时代社会稳定工作作出了顶层设计，进行了总动员、总部署。群众利益无小事，对老百姓来说，他们身边每一件琐碎的小事，都是事关民生福祉的大事，有的甚至还是急事、难事。如果得不到及时有效解决，就会在一定程度上影响群众的生产生活，从而影响社会大局的和谐稳定，甚至影响党的执政根基。怎样引导群众走合法诉求途径，怎样的矛盾纠纷调解方式群众乐于接受，怎样的调解结果群众满意，面对这些复杂的问题怎样化解群众矛盾等等，推进探索基层矛盾纠纷化解新机制，强化基层社会治理，成为摆在恩阳区面前的现实问题。

二　“众口调”的主要做法

（一）强化组织领导，确保工作有序推进

1. 建立工作机构

2016 年，恩阳区“人民调解群众评议众口调”课题被列为省级推进矛盾纠纷多元化解工作创新项目。按照省“大调解”办要求，市、区联合成立巴中市推进矛盾纠纷多元化解工作创新项目领导小组，整合“大调解”办及相关部门工作力量，统筹推进创新项目实施，确保按质按期完成课题任务，构建形成“政法委主导、乡镇部门联动、司法机关规范指导、责任单位组织实施”的“众口调”工作推进格局（见图 1）。

2. 组建课题专班

从区“大调解”办、区委政法委、区司法局、区信访局等部门抽调业务骨干，组建由统筹协调组、调研工作组、案例编写组、试点建设组、成果汇编组、宣传报道组、项目保障组共 7 个工作小组组成的“人民调解群众评议众口调”

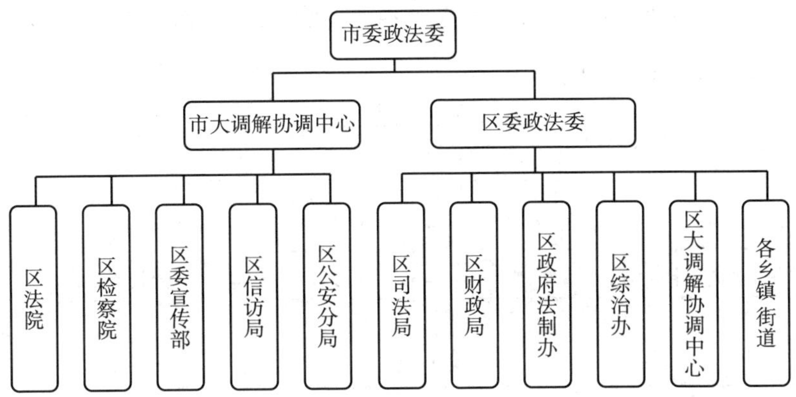

图1 巴中市推进矛盾纠纷多元化解工作创新项目领导小组组织框架

课题专班，集中办公，具体负责“众口调”课题的研究和探索实施。

3. 细化阶段任务

制定项目计划书，明确目标任务、实施步骤、时间节点，按照“总体布局、先行试点、逐步完善、全面推广”的工作思路，将项目实施分成抓点示范、自查评估、全面推广、总结提升四个阶段，细化措施，明确责任，倒排工期、挂图作战、按期交账。

（二）把握工作原则，确保调解顺利实施

1. 抓好调查研究

围绕解决“众口调解法”实施中存在的问题，构建普遍适用、行之有效的矛盾纠纷多元化解机制，课题组先后8次深入基层，实地开展调查研究，召集乡镇、村社干部座谈，先后征集到部门联动机制不完善、纠纷等级甄别不准确、方法适用范围界定不清楚、实际调解还需灵活操作等意见建议，为探索好实践好推广好“众口调解法”奠定了基础。

2. 规范操作规程

以《人民调解法》《人民调解工作若干规定》等法律、法规为依据，结合实践探索，制定《“人民调解群众评议众口调”实施细则》，分总则、受理与甄别、调前准备、现场调解、执行和确认、工作保障、附则7章共38

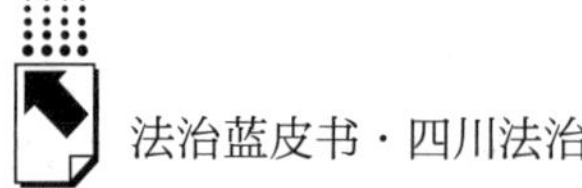

条，对“众口调”流程和具体操作进行明确规范，切实增强“众口调”的适用性和可操作性（见图2）。

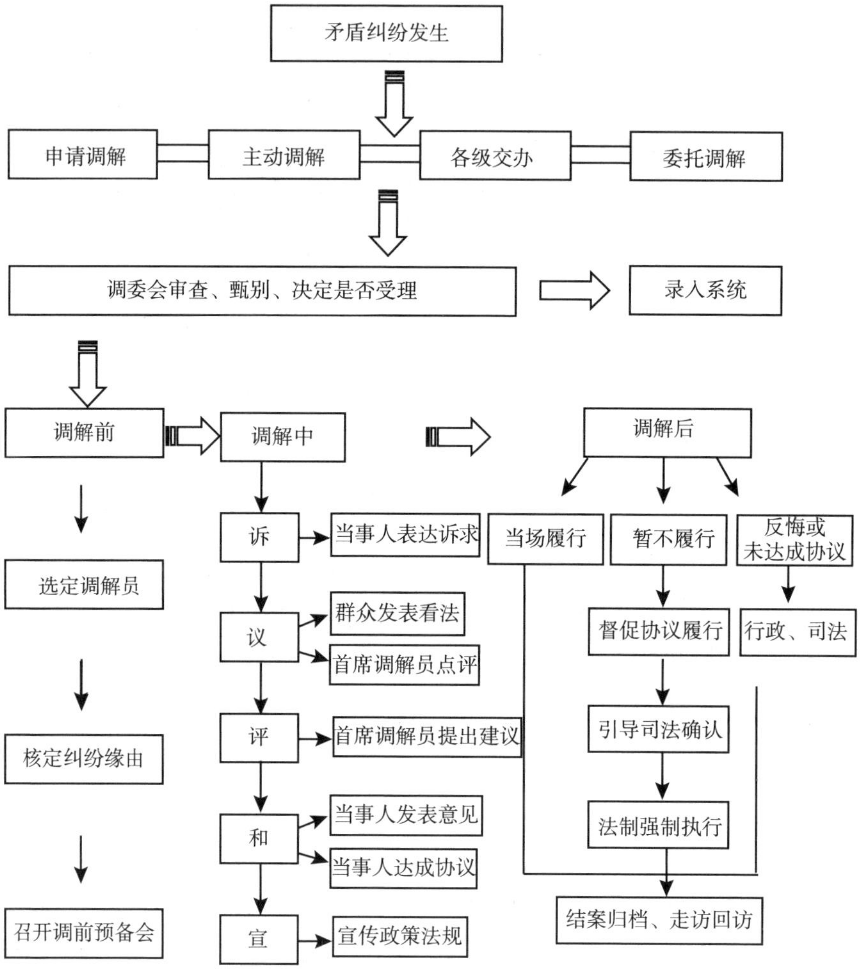

矛盾纠纷发生

申请调解　主动调解　各级交办　委托调解

调委会审查、甄别、决定是否受理　录入系统

调解前　调解中　调解后

选定调解员

核定纠纷缘由

召开调前预备会

诉　当事人表达诉求

议　群众发表看法　首席调解员点评

评　首席调解员提出建议

和　当事人发表意见　当事人达成协议

宣　宣传政策法规

当场履行　暂不履行　反悔或未达成协议

督促协议履行　行政、司法

引导司法确认

法制强制执行

结案归档、走访回访

图2　“人民调解群众评议众口调”流程

3. 开展先行试点

选择近年来矛盾纠纷相对较多、人民调解有一定基础的渔溪镇、花丛镇、茶坝镇、上八庙镇共4个乡（镇）作为首批“众口调”试点乡镇。探索吸收当地包括律师、司法工作人员、专兼职律师、离退休干部、大学生村官、返

乡能人、在当地有较高威望的群众和部门业务能手为主的调解专家共75人，建成由指导人民调解工作专家库、法律专家库、医学专家库、经济类纠纷专家库、婚姻家庭专家库、精准扶贫专家库共计6个团队组成的人民调解专家库，标准化建设柳林镇玉金村、下八庙镇凤凰包村、上八庙镇来凤村、观音井万寿村、柳林镇桅杆垭村、群乐镇新河村、文治街道老场社区共7个村（社区）规范化调解室，通过人员公示、制度上墙等，推动“众口调”顺利实施。

（三）严把三环节，确保纠纷调解到位

1. 抓实调前“五基础”，做细准备工作

一是坚持“专家”自己选。坚持民主、公开、自愿的原则，由当事人自主选择调解员，或者根据当事人意愿，委托调委会从调解专家库中推荐调解专家组成调解组。通过充分体现自主性，有效避免人民调解行政化。二是坚持“积怨”一线查。在收到调解申请后，调解员亲临一线走访知情人和有关单位，实地核实查阅有关线索，掌握证据，调查对当事人起影响或制约作用的各种因素，找准争议焦点和纠纷产生的来龙去脉，做到心中有数，有的放矢。三是坚持“药方”群众献。群众的眼睛是雪亮的，群众的智慧和力量是无穷的。调解前，主动深入事发地，广泛收集群众的意见建议，听取群众的看法，充分体现公道自在民心。四是坚持“方案”会诊定。针对案情的特殊性和复杂性，调解组邀请参与现场调解的群众，及时召开调前预备会，针对“症结”集体会诊，研究制订调解方案、调解提纲、应急预案，收集相关法律政策依据，印制宣传资料，确保打有准备之仗。五是坚持“演练”调前搞。一些重大疑难矛盾，尤其是那些涉群众利益、公共利益的纠纷，群众评议现场参与人数较多，不可预测情形较多。调解组提前根据拟定的应急预案进行模拟演练，有效杜绝意外情形发生，提高现场把控能力。

2. 把控调中“五步骤”，分步组织实施

一是自“诉”明争议。在首席调解员的组织下，由当事人就诉求缘由进行陈述，给当事人充分说事说理的机会，为群众评议发表看法奠定基础。二是众“议”见真相。群众根据当事人的陈述及知晓的事实进行直接描述

并发表看法，首席调解员适时进行点评，引导群众按照拟定的提纲进行评议，避免偏离争议主题。三是点“评”定基调。首席调解员在综合群众意见的基础上，依据政策法律规定，现场提出调解建议，并根据当事人的实际情况，讲清楚权利和义务。同时，首席调解员要适时就法理、情感、时间、花销等方面与当事人进行对比算账，促进当事人转变思想认识，主动接受调解建议。四是言“和”化积怨。通过充分的“议”和“评”，双方当事人意见逐步达到统一，首席调解员及时帮助拟定调解协议，引导双方当事人现场签订协议，促其握手言和。五是快“宣”利长效。由首席调解员现场宣读调解结果，并就纠纷涉及的相关法律法规和政策进行宣讲，发放宣传资料，实现调解一案、教育一片的目的。

3. 搞好调后“五效果”，确保结案有成果

一是督促“协议履行”促事了。能当场履行的，引导当事人当场履行；一时不能履行的，明确履行时限，由首席调解员跟踪协议履行，确保案结事了。二是引导“司法确认”树权威。针对当场难以履行的情况，可引导当事人通过“司法确认绿色通道”进行司法确认，赋予调解协议司法强制力，促成协议履行，达到矛盾纠纷化解的目的。三是提供“法律援助”释法理。协议履行中，如遇当事人不履行或反悔，导致协议无果、无效的，可引导当事双方进入行政、司法渠道主张权利。同时，由律师引导当时人通过诉讼、行政途径理性表达诉求，并提供免费的法律援助服务。四是跟进“走访回访”固成效。纠纷调结后，首席调解员及时对当事人及其村社干部和邻居进行走访回访，了解当事人心态动向，防止纠纷反弹回潮。五是协助“政策帮扶”惠民生。针对走访回访中发现的当事人的实际困难，符合兜底扶贫、低保、困难救助等政策条件的，主动协助落实有关政策，解决其实际困难，践行服务为民宗旨。

（四）完善配套制度，确保“众口调”运用推广

1. 完善分级分类管理制度

制定《恩阳区社会矛盾层级管理办法》，将社会矛盾纠纷甄别为三个等

级，即按照简易矛盾（Ⅲ级）“随手调”、普通矛盾（Ⅱ级）“三三制”（即矛盾纠纷须经社、村、乡镇三级分别调解三次后方可交上一级调委会化解）、疑难矛盾（Ⅰ级）“众口调”的办法进行受理，实现矛盾纠纷分级管理、分类受理，努力将矛盾纠纷化解在基层、消除在萌芽状态。

2. 建立“一站式”司法确认制度

区人民法院和区司法局联合制发《关于派员参与疑难矛盾纠纷化解和开通人民调解协议司法确认“绿色通道”的通知》，要求法官主动参与指导矛盾纠纷的调解，及时受理人民调解协议司法确认申请，开通“一站式”司法确认服务通道。

3. 健全经费保障制度

区财政足额预算“众口调”工作经费，公职人员按相关规定报销出差（下乡）补助，非公职人员参加调解按照80元/天的标准给予误工补助。同时，根据纠纷难易程度，按200～500元的标准给予工作经费。

三　“众口调”的成效

通过“众口调”的广泛运用，全区基层社会治理取得明显成效。截至2018年6月底，成功化解各类矛盾纠纷6011件，化解率98.4%。“众口调”已成为恩阳区创新基层社会治理、密切联系群众的有效载体，是建设平安恩阳、法治恩阳的重要举措，为追求公平正义提供了重要平台和手段（见图3）。

（一）“众口调”的成功探索，为基层矛盾纠纷化解提供了方式遵循，提升了干部能力水平

据统计，恩阳区基层90%以上的疑难矛盾的调解采取了“众口调”方式。基层干部普遍反映，以前化解矛盾靠“诓”靠“哄”的方式得到根本改变，矛盾纠纷调解方式更加科学，更加契合基层实际，干部在实施“众口调”的过程中更加深入群众，做群众工作的能力水平得到极大提升。3年来，该区实施“在基层干部中培养调解能手，在调解能手中培养党员干部”的“双向培

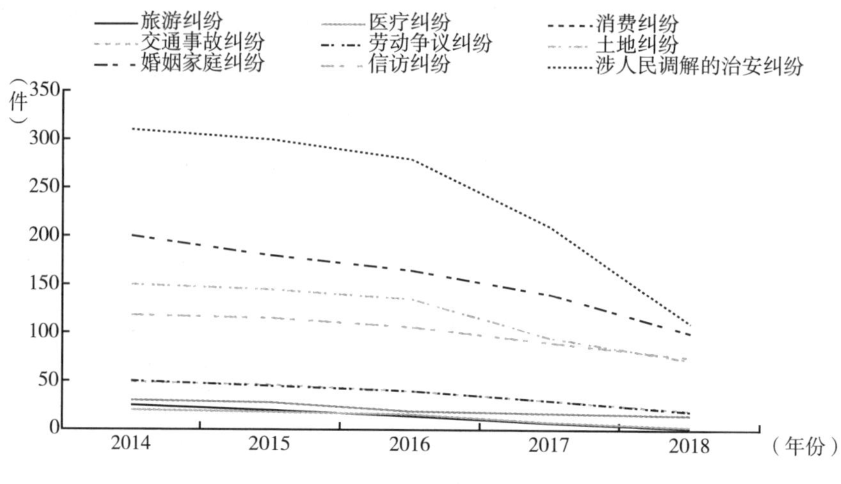

图3　2014～2018年矛盾纠纷化解情况

养计划”，在基层干部中培养了调解能手191名，在调解能手中发现后备干部21名，培养入党积极分子40名。为发动乡村老年干部这一重要人群参与调解，发挥他们基层经验丰富、群众威信高等优势，恩阳区探索成立乡（镇）老年干部协会28个、村（社区）分会84个，吸纳会员2600人，强化基层治理，助推脱贫攻坚，取得了一定成效，获得了省委组织部肯定。

（二）“众口调”的深入实施，为基层群众上了生动的“法治课”，提升了群众法治意识

3年来，恩阳区直接或间接参与矛盾纠纷调解的群众达3.1万人，在调解过程中宣讲法律法规知识218场次，发放法律手册20000余份。群众纷纷表示，以前接受法律知识主要靠乡镇、村社宣讲，通过“众口调”的全过程参与，以身边事教育身边人，法治教育更加直观、更入人心、更容易理解。通过调解，信访总量比建区时下降22个百分点，121起矛盾纠纷转入司法程序，建区时产生的房地产领域11起停建遗留问题得到合理妥善解决，没有产生越级上访、群访、集访等事件。通过将积极主动参与“众口调”作为评选“最美家庭”“道德模范”“遵纪守法户”等的重要依据，群众尊法、尚法、守法的积极性明显提升，法治意识得到加强。

（三）“众口调”的广泛运用，为创新社会治理找到了载体平台，实现了乡村和谐善治

将矛盾纠纷“众口调”作为创新基层社会治理的重要手段，并以此为基础，探索出简易纠纷“随手调”“干群角色互换”等创新做法，初步形成了“法治”“德治”“自治”有机融合的乡村治理体系。特别是引导发动群众参与社会管理，就地化解矛盾纠纷，创新实践了新时代“枫桥经验”。项目自实施以来，该区民事纠纷案件、非正常信访案件、刑事治安案件实现了“三减少”。

四　几点经验

（一）调解好基层矛盾纠纷必须紧紧依靠群众，集中民间智慧实现息纷止争

化解矛盾纠纷，重点在基层，关键靠群众。群众对自身利益最关切，对矛盾纠纷产生的原因、存在的症结最清楚，只有紧紧扭住群众工作这条主线，把群众路线和基层治理相结合，依靠群众、发动群众，集中民众智慧才能解民忧。“众口调”作为创新基层治理、探索矛盾纠纷多元化解的新机制，在案情分析上，通过发动群众参与议论、评说、分辩，用群众之口还原事实真相，让当事人感受到人证物证确凿，不再有“非分之想”；在调解方式上，采用群众广泛参与、开放式、拉家常等方式展开，同时，积极引导动员乡贤、有群众威望的人士、社会组织等参与调解，赢得群众信任，有效消除当事人与调解员“先入”对立的情绪气氛，实现了人民调解去行政化，已达到群众教育群众、群众帮助群众、群众感化群众的效果。

（二）处理好基层矛盾纠纷必须着眼公开公正，最大限度体现公平正义

矛盾纠纷发生后当事人往往寻找地方去“讲道理”，从这一细节可以看

出寻求公平正义在群众心中的重要位置。这就要求调解员在矛盾纠纷处理过程中必须坚持尊重群众意愿表达、调解面前人人平等，必须自觉抵御权力、关系、人情、利益等各种因素的干扰，既不轻信当事人的辩解，也不轻信原有处理结论。切实增强证据意识、程序意识、权限意识，把调解的全过程置于阳光之下，自觉接受群众监督。“群众的眼睛是雪亮的”，坚持到群众中去找证据，在纠纷现场还原事实真相，弄清来龙去脉，既避免当事人“蒙混过关”，也让当事人在事实证据面前心服口服，主动服从调解决定，通过群众参与身边案件的调解和处理，让群众切身感受到法律的公道、正义和威严。

（三）化解好基层矛盾纠纷必须运用法治思维，靠法治方式实现依法治理

规范、合法是调解的前提条件。要充分发挥法律这个强大武器去维护群众合法权益、调解社会矛盾和冲突的功能作用，运用法治思维和法律手段调解和化解矛盾纠纷。在纠纷调解过程中，要握紧当事人的利益关系这根主线，坚持以法律为准绳，实现在调解中寻求法、理、情的有机统一，既不能简单、机械进行调解，更不能以情代法。在综合运用经济、行政、法律、情理等手段的同时，注重运用法律手段化解矛盾，防止矛盾激化。对一些别有用心者和幕后操纵者，要采用合法的处理手段，通过打击和震慑，达到疏导和分化的目的。对胡搅蛮缠、无理取闹的，严格依法处理，绝不搞花钱买平安，遏制“爱哭的孩子有奶吃”等乱象。引导广大群众树立对法律的尊重和敬畏，依法表达和解决利益诉求，共同维护良好的社会秩序。

五　完善“众口调”的工作方向

“众口调”在3年左右的实践过程中，由初期的“为民利、集民智、靠民力、合民意、促民和”的思路，发展成“就事释法、依法公断，彰

显法治权威；乡贤评理、亲友监督，突出道德约束；全程公开、众口评议，体现民主自治”的工作新思路，并重新修订了工作流程，促进了法治、德治、自治“三治”融合。下一步将巩固完善“众口调”机制，探索与大数据信息化建设相结合，增强实用实效性，提升基层治理科学化、法治化水平。

（一）完善健全配套机制

进一步完善修订“人民调解群众评议众口调”实施细则，确保细则充分适应时代发展需要，将村规民约、道德礼数融入调解体系，以促进法治、德治、自治的有机融合。积极探索“众口调”与大数据信息化建设配套机制，力争做到矛盾纠纷早预警、早研判、远程调，让“众口调解法”搭上信息快车。深化人民调解与行政、司法等部门的衔接，主动出击，切实将隐患排查在基层，矛盾纠纷化解在基层，难题消化在基层。

（二）加强调解队伍建设

在人民调解专家库名录上及时优化、调整、补充，针对出现不再适合担任调解专家的及时取消其资格。在管理上实现规范规章制度、规范考核奖惩、规范督查督导。对各项制度进行充实完善，全部统一刊板上墙接受群众监督；将考核成绩与干部任免、评优等挂钩；对人民调解工作有关簿册卷宗作出明确规定，使档案卷宗管理逐步实现规范化、制度化。在人员素质上做到责任落实到位、教育培训到位、队伍整合到位。在加强基层人民调解组织建设上，配齐配好乡（镇）、村（社）两级基层调解员，抓好调解业务技能培训提升专业技能水平。在基础设施上，统一基础设施配备、统一调解工作流程，构建人民调解员统一管理制度。

（三）加强宣传引导

借助“法律七进”，围绕“众口调”，加大对基层矛盾纠纷化解的政策宣传攻势。突出宣传“众口调”方法，让群众了解和掌握该方法，通过一

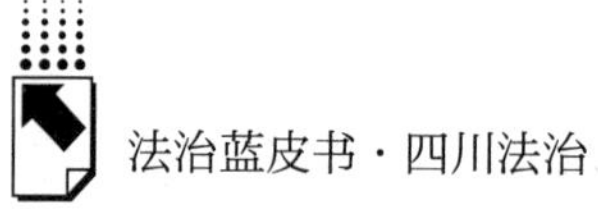

个个鲜活案例达到“以身边事教育身边人”的目的。突出矛盾纠纷的处置方式，引导群众采用合法方式表达诉求、维护权益，动员引导乡贤等基层威望人事参与基层治理、化解矛盾纠纷，努力将矛盾化解在当地、化解在当时，更好地促进基层社会稳定建设。

B.23

遂宁市探索“法治扶贫”调研报告

——以射洪县太和镇白马庙村“六手印记”工作法为例

遂宁市依法治市领导小组办公室课题组*

摘　要： 脱贫攻坚工作启动实施以来，遂宁市认真贯彻落实中央省委决策部署，坚持将依法治理贯穿脱贫攻坚全过程，法治保障服务脱贫攻坚成效显著，实现了脱贫攻坚依法推进、销号退出于法有据、法治意识普遍增强的法治良序。其中，射洪县太和镇白马庙村“六手印记”工作法具有较强的示范性和可推广性。

关键词： 依法治理　科学论证　法治保障

一　背景及概况

2014年7月30日，省委办公厅、省政府办公厅印发《关于全面深化改革　加强基层群众自治和创新社区治理的通知》，就健全党组织领导的基层群众自治机制作出安排，提出“探索建立村（居）民议事、评议、立约、监督等制度”。2015年11月11日，省委印发《关于进一步加强农村基层党的建设　加快完善农村依法治理体系的意见》，提出“始终坚持把法治作为

* 课题组负责人：吴军，中共遂宁市委副秘书长、市委办公室主任、市依法治市办主任。课题组成员：张洪、秦懋淳、谢坚、张伟、梁鹏、黄平。执笔人：梁鹏，中共射洪县委办副主任、党研室主任、依法治县办主任；黄平，射洪县委办法治指导科科长。

农村基层治理的基本方式，推动形成办事依法、遇事找法、解决问题用法、化解矛盾靠法的法治良序”。2016 年 9 月 29 日，省依法治省领导小组印发《关于进一步加强法治保障　服务脱贫攻坚工作的实施意见》，提出“把脱贫攻坚工作纳入规范化、制度化、法治化轨道”，要求“组织村民依法有序参与脱贫攻坚，在参与中行使权利”。

党的十八大以来，以习近平同志为核心的党中央围绕脱贫攻坚作出一系列重大部署和安排，全面打响脱贫攻坚战，拓展了中国特色扶贫开发道路，脱贫攻坚取得决定性进展。在实践过程中，要依法推进这项政治工程、民生工程、发展工程，重点解决三个问题：一是扶贫政策含金量越来越高，各级在精准扶贫中投入越来越大，而贫困对象识别按政策“一刀切”，非贫困群众特别是临界群众与贫困群众因利益问题产生矛盾，需要通过有效方式调适群众关系；二是作为国家行动，项目安排密集，但是否符合各地实际，必须进行充分论证评估，同时已决定实施的项目，也必须在申报、规划、实施、验收、审计等程序上做到合法，否则会导致违规违纪情况发生；三是脱贫攻坚领域短时间内大量资金资源集中投入，需要依法监管的及时跟进，避免出现资金使用混乱、资源分配不均等情况，甚至产生群众身边的不正之风或者“微腐败”问题。综上所述，脱贫攻坚全过程需要引入法治，保障其在法治轨道上运行和推进，把好事做好、把实事做实。

射洪县是丘区大县，县域面积 1496 平方千米，辖 30 个乡镇、2 个街道、515 个行政村（社区），100.1 万人，虽是全省唯一的丘区经济发展示范县、首批扩权强县试点县、首批工业强县示范县，但仍存在较大“插花式”贫困群体。2014 年按程序识别出 80 个省定贫困村，17613 户、46151 人贫困人口，贫困发生率 6.5%。太和镇白马庙村位于县城以西，距县城仅 4 千米，面积 2.28 平方千米，有 12 个村民小组，465 户、总人口 1605 人，有耕地 900.8 亩、林地 1666 亩，人均耕地仅 0.56 亩。该村缺乏优势资源，除小规模种养和外出务工外，难以发展农家休闲、餐饮娱乐等产业，为省定贫困村，动态识别贫困人口 64 户、182 人，贫困发生率 11.3%，脱贫任务艰巨。因地处城郊，人员流动频率高，各种信息交换频繁。对于村级事务，村内群众信任、支持不足，外出群众参与、监督不够，加之原村级班子年龄老化，领导力欠缺，开展群众工作成效不足，群众自治工作中呈现意愿集中难、资金监管难、依法治理难、法律普及难的“四难”局面，导致脱贫攻坚工作推进缓慢。

2016 年 6 月乡镇换届后，新一届太和镇党委、政府班子经过深入调研和科学论证，指导白马庙村“两委”建立 1 个脱贫攻坚临时党支部、整合 1 支帮扶队伍、聘请 1 名法律顾问，建立了 1 套治理制度，形成了以“支部统揽全局、帮扶队伍各司其职、法律顾问全程审查”的脱贫攻坚与法治融合组织体系，重在引导组织全体村民在共同监督村级事务上探索创新，形成了“六手印记”工作法。

二　主要做法

（一）科学分类建库，明确“六手印记”人员组成及监督事项

采取“四随机 + 两固定”办法，将全村村民进行科学分类，建立涵盖全村成年村民议事成员的“四类人才库”，分别为村内普通党员、乡贤和返乡人士、贫困户、非贫困户，以上四类人才互不重叠，“四类人才库”经村民会议同意后生效。根据《落实贫困村法律顾问工作的实施方案》要求，与律师事务所、基层法律服务所签订《农村法律顾问合同》，为白马庙村聘请律师为法律顾问，与村内“两代表一委员一机构人员”（中央、省、市、县和乡镇党的代表大会代表、人大代表、政协委员、村务监督委员会人员）形成固定的参与群体，参与每个“六手印记”监督事项。“六手印记”监督人员即由固定的“一顾问”“两代表一委员一机构人员”和从“四类人才库”中随机抽取的四名代表组成，主要对脱贫攻坚涉及本村的重大项目（含基础设施建设、村级服务阵地、产业发展等项目，按年度设立项目库）、重要资金（含各种项目资金、教育扶贫救助基金、卫生扶贫救助基金、产

业扶持基金、小额信贷风险基金等）、重点事务（含贫困对象精准识别、“四好村”创建等）的决策实施进行监督。

（二）跟随“三重”事项启动，组建“六手印记”法治监督小组

由镇脱贫攻坚领导小组或驻村工作组负责，按照省市县要求、脱贫攻坚目标任务和村务发展轻重缓急，提取“三重”事项，分别提出2～3个实施建议方案。随后，在镇党委和驻村工作组的现场监督下，由村“两委”采取“一事一抽签、一事一组队、一事一商议、一事一讨论、一事一审查”的办法，随机从四类人才库中分别抽取1名代表（存在三代以内亲属关系必须回避），与法律顾问、“两代表一委员一机构人员”组成“六手印记”法治监督小组，广播或电话通知中签群众履职。对抽取出的代表因身体状况等不能履职的，可由其本人委托他人代为履职；对实在不能参加、自愿放弃本次履职机会的，实施二次或多次抽签。

（三）保障“三重”事项决策实施，发挥“六手印记”监督职能

一是围绕“三会四审”监督用印。“六手印记”法治监督小组遵照《村民委员会组织法》规定，就“三重”事项的实施建议方案，对村“两委”会议提审、村支部会议商审、村民代表会议（村民大会）审核、法律顾问合法性审查进行全过程监督，提出违法纠错和合法性建议，法治监督小组6名成员按手印予以确认。二是围绕“两公开”监督投票。经“三会四审”确认的“三重”事项备选方案，一方面，通过全村广播实时公开和村务公开栏7天公开，接受在村群众监督；另一方面，通过全体村民QQ群、微信群公开（该村“民心通”App手机法治宣传平台和政务村务公开网络“掌上宝”）接受全村群众包括全体外出群众投票，“六手印记”法治监督小组成员作为普通一员投票。对赞成率高（超过80%）、干群认可的事项，优先启动实施程序；对赞成率低（反对人数超过40%）的暂缓实施或取消实施。三是围绕“三段”监督反馈。就决定启动实施的“三重”事项，由“六手印记”法治监督小组对实施前的计划编制、招投标等工作，实施中的质量

监管、安全监管、资金拨付等工作，实施后的验收、绩效评估等工作，进行事前、事中、事后“三段”全环节监督，相关意见及时反馈给驻村工作组，以督促“三重”事项平稳、有序、安全实施完成。

三　工作成效

太和镇白马庙村聚焦“两不愁、三保障”“四个好”目标，围绕“六个精准”“五个一批”基本要求，积极探索实践“六手印记”工作法，切实将脱贫攻坚工作全面纳入法治化轨道，充分发挥群众在脱贫攻坚中的主体作用，依法管控脱贫攻坚关键环节，以法治思维和法治方式为全村精准扶贫、精准脱贫提供坚强的法治保障。

（一）保证了脱贫项目合法实施

2016 年，白马庙村围绕全县“七大重点工程”，实施的水库背沟治理、鱼藕基地建设、村社道路联通、农网改造升级和通信基站新建等 70 个项目，群众赞成支持率均超过 95%，一年内实施完成让穷村变成“靓村”。2017 年，扎实开展精准识别“回头看”，圆满完成 286 户 859 人贫困户再甄别工作，完成 10 户 33 人易地扶贫搬迁相关工作，帮助 5 名贫困学生积极落实教育扶贫救助基金申报工作，贫困人口 100% 参加医保，贫困户医疗报销全部按政策执行，持续巩固脱贫成果。

（二）推动了产业扶贫务实开展

建立“两不变一调整三增收”“三零”增收模式，通过依法合规实施土地经营权集中出租，引进市级龙头企业发展鱼藕基地和跑山鸡养殖，引进手工藤椅编制“微工业”，实现了龙头企业和微企业成功入驻、贫困群众年收入突破 3000 元、一般群众不分年龄家门口挣钱的“三赢”目标，2016 年白马庙村实现贫困村退出和 161 人成功脱贫。2017 年，引进龙头企业，流转荒田 200 余亩，种植莲藕，养殖鲫鱼，吸收贫困户在企业里打工；积极对接争取县林业项目，规划香桂种植项目500亩，既流转了土地，又争取到了更多务工机会；通过这些有力措施，改变了全村传统的种（植）养殖业模式，让群众增收致富，保障了脱贫攻坚成效。

（三）规避了违规行为随意上马

通过依法监督，对不合法令、有悖民意的项目坚决制止，避免不符合白马庙村实际的项目随意上马，影响脱贫攻坚实效。利用产业扶持资金支持个体猪场建设、为贫困户购买电视机、新建党群服务中心等4个项目因群众支持率不足30%，被暂缓或取消实施；6名贫困人口不符合法定标准，被依规依程序取消贫困资格；3个项目招投标过程不规范，被合法性审查炒了“回锅肉”。

（四）促进了村内事务规范运行

农村权力受监督、村级事务全公开是全县推进脱贫攻坚的关键点和着力点。白马庙村将各项农村权力“晒”在阳光下，村务管理全程公开、透明、公正，村“两委”成员的全部行为均合法合规，干群关系全面优化，村民了解和参与村级事务管理、加强对村级事务处置监督的积极性进一步提升。村内“七五”普法活动顺利开展，为群众提供法律咨询160余件次，帮助3名无户籍群众上户口，协助4名群众打赢了官司，办事依法、遇事找法、解决问题用法、化解矛盾靠法的法治氛围初步形成。“四好村”创建深入实施，每半年评选一次为民楷模、五好示范之家、孝德之星、守法明星，“七勤四美三友好”风气持续提升。

（五）提高了人民群众法治意识，社会认同

利用“农民夜校”平台专设“村民大讲堂”，组织“六手印记”人员上台现身说法，用群众之口说服、教育、引导身边的群众，消除个别群众的误解和质疑。结合贫困村文艺队、“坝坝舞汇”“法治电影”“法德讲坛”

等活动，深入普及与人民群众生产、生活息息相关的法律知识，提高人民群众的法治意识。2018 年以来，开展农民夜校道德法治学习 11 场，重要时间节点开展法治宣传 20 余次，现场活动发放宣传资料 370 余份，接受群众法律咨询 90 余人次。

四　经验启示

太和镇白马庙村“六手印记”工作法服务保障脱贫攻坚的探索，在增强基层群众脱贫攻坚主动性、管控脱贫攻坚关键环节、确保脱贫攻坚工作实效等方面产生了积极影响。从基层自治角度分析，这一举措实质上体现了《村民委员会组织法》和《中共四川省委关于贯彻落实党的十八届三中全会精神全面深化改革的决定》的法治精神，通过搭建新的治理平台、协商平台、参谋平台、法治平台、监督平台，对实行民主选举、民主决策、民主管理、民主监督具有更为深远的意义。

（一）法律顾问全程参与，充分体现了依法治理的强大力量

省委《关于进一步加强农村基层党的建设　加快完善农村依法治理体系的意见》强调，“要健全依法治理机制，深入开展‘服务进万村’活动，健全农村法治工作网络”。“聘请法律工作者担任村‘两委’的法律顾问，对‘三重’事项合法性进行审查，对农村基层治理各项工作进行全程参与。”白马庙村的法律顾问开展的工作正体现了上述价值。

1. 法治把关彰显了基层党组织自信

聘请法律顾问对村“两委”工作进行合法性审查，实质是基层党组织通过购买社会服务对自身的工作予以监督，规范了村级事务管理流程，提高了村“两委”科学决策、民主决策、依法决策的能力和水平，体现了基层党组织严格执行国家法律法规和相关政策，依法开展管理工作的自信，便于更有效地调和干群关系。

2. 全程参与提高了依法治理水平

法律顾问为村“两委”各项工作提供法律咨询，向村民开展法律知识宣讲，全程参与“三会四审”“两公开”，对“三重”事项进行合法性审查，提出违法纠错和合法性意见和建议，有利于规范村“两委”的日常管理，提升村“两委”依法治理水平。

3. 法治服务增强了群众法律意识

将“六手印记”与“七五”普法活动相结合，在法纪意识固化、核心价值观上着力，采取立体化、多层次的法律宣传活动和法律帮扶措施，提高了村民的法律意识，增强了学法、尊法、守法、用法的自觉性，村“两委”干部与村民的关系更加融洽了，形成了基层依法治理的局面。

（二）随机抽取产生法治监督成员，充分保障了广大群众的合法权益

《村民委员会组织法》第32条指出，村应当建立村务监督委员会或者其他形式的村务监督机构，负责村民民主理财，监督村务公开等制度的落实，其成员由村民会议或者村民代表会议在村民中推选产生，其中应有具备财会、管理知识的人员。“六手印记”监督组符合上述法律规定。

1. 随机抽取体现公平

人民群众对村级事务管理依法享有平等的参与权、知情权、民主管理权和监督权，而太和镇白马庙村实行“一事一抽签、一事一组队、一事一商议”，四类人才机会均等，人人公平享有中签成为代表的权益。

2. 人员组成结构合理

法律顾问、“两代表一委员一机构人员”、村内普通党员、乡贤和返乡人士、贫困户、非贫困户涵盖了村内各个阶层、全体人员，抽取比例适当，且因身体原因不能履职的村民可由监护人或委托人代为履职，能够保证监督组的合理性。

3. 普通群众参与有序

被抽中的贫困户、非贫困户，全程参与监督，在组内具有同等权利，能

够代表普通群众发表意见、表达诉求、提出建议，有效避免了“一窝蜂”式的无序民主。

（三）依托互联网依法抓好村务公开，切实顺应了信息时代“手机民主”“智慧村组”的发展趋势

《中共中央办公厅、国务院办公厅关于健全和完善村务公开和民主管理制度的意见》要求，“健全村务公开制度，保障农民群众的知情权”。白马庙村利用网络、手机短信等多种渠道拓展宣传形式，在村民 QQ 群、微信群依法公开“三重”事项，正是顺应法律法规要求的创新举措。

1. 有利于实现线下线上融合

党务、村务、财务等重要信息既通过公示栏及广播依法公开，又通过村民 QQ 群、微信群（“智慧太和”App）实时推送，搭建了线下线上融合共存的信息发布平台，使在外务工村民和在村群众同步了解村务信息，充分满足群众及时知情、同步监督的需求。

2. 有利于实现本地外地联通

根据统计分析，白马庙村当前人口的现状，留守在家的以老弱病残幼为主，绝大多数年轻人均外出务工，他们有知识、有能力，对家乡的发展和关注度较高。依托村民 QQ 群、微信群和“智慧太和”App，让外出群众同村内群众一道，随时随地都可及时掌握本村情况，无论身处多远的他乡，都可以说话有地方、意见有人听、事情有人办，切实有效打通了联系服务群众的“最后一公里”。

3. 有利于实现前辈后辈交流

随着城镇化进程的加快，前辈村民和后辈村民间的交流断层已然存在。前辈村民多为传统生活方式，对村级事务的关注度高。后辈村民对村级事务的关注度相对较低，但信息化生活特征明显，对通过互联网特别是手机发布的信息参与度较高。村民 QQ 群、微信群和“智慧太和”将形式和内容相结合，搭建了前辈后辈的交流平台，实现了人文传统的延续。

B.24
凉山州推送“精准普法套餐”的实践

凉山州依法治州领导小组办公室课题组*

摘　要： 凉山州多民族聚居特征明显，经济社会发展不平衡且相对滞后，城乡二元结构突出。在脱贫攻坚关键时期，迫切需要通过普法依法治理营造良好的法治环境，为扶贫开发提供坚实的法治基础。针对特殊的地理环境和人文情况，探索实施“精准普法”策略，因材施教定制“普法套餐”，集中优势资源，锁定重点群体和对象开展普法，有效破解普法同质化、单一化、形式化等问题，切实提高普法工作的针对性、实效性，探索出一条具有凉山民族地区特色的普法依法治理新路子。

关键词： 精准普法　定制套餐　农村基层

一　开展“精准普法”的背景

凉山州位于四川省西南部川滇交界处，是全国最大的彝族聚居区和四川民族类别、少数民族人口最多的地区，境内多民族聚居，山高谷深、地域辽阔，经济社会发展不平衡且相对滞后，城乡二元结构突出，全州 17 个县（市）中有 11 个为深度贫困县。当前，凉山正处于大有可为的重大战略机

* 课题组负责人：龙伟，中共凉山彝族自治州委副书记、统战部部长；阿石拉比，中共凉山彝族自治州委常委、政法委书记。课题组成员：朱辉、卢立武、石兴普、刘冬凉。执笔人：陈宗兴，凉山州司法局办公室副主任；田鹏，凉山州司法局工作人员；刘彦平，凉山州司法局工作人员。

遇期、决胜同步全面小康的攻坚冲刺期，要实现凉山现代意义上的“一步跨千年”，与全国全省同步奔康，法治的支撑、保障作用显得十分重要，建设“法治凉山”是建设“法治中国”“法治四川”的重要组成部分，省委、州委高度重视普法依法治理工作，提出把普法宣传作为依法治理的先行工作。然而不同区域、不同群体、不同发展水平的差异给普法工作带来巨大挑战，主要表现在以下几个方面。

一是经济发展滞后，农村群众法治观念淡薄。凉山作为全国、全省最集中连片的贫困地区之一，很多地方都较为闭塞，传统观念、传统思维在人们头脑中根深蒂固、影响深远，人们对法律的认识和接受程度不高。调查显示，有10%的群众对法律表现为不了解，有13%的人认为法律非常不公，不信任法律。在普法宣传活动中，有41%的人积极性不高，表现出很大的随意性。二是教育文化水平低，群众获取法律知识途径单一。凉山农村基层群众学历呈现普遍偏低的状况，调查显示，农村群众小学、初中文化水平人群就占到75%，文化素质偏低导致他们生活中只能单一、被动地接受外在法律知识的灌输，能主动学习法律知识的人不多，不懂法的现象仍然存在。三是普法宣传形式单一、缺乏创新。凉山当前大部分地方仍在采用拉横幅、贴标语、设宣传台等形式进行普法宣传教育，然而调查显示，只有28%的群众愿意选择这种方式来了解相关法律知识，没有根据个体在年龄、文化、社会角色等方面的差异开展普法，导致这种直接面对老百姓的宣传方式只有部分人选择，普法效果大打折扣。

在普法对象整体素质高低不一和人力、财力、物力都相对缺乏的情况下，探索实施“精准化”普法，集中优势资源，锁定重点群体和对象开展普法，使得普法工作更具针对性，普法效果也更加实在。可以说，“精准化”普法是新时期凉山破解普法难题、推动工作落实、实现预期目标的重要抓手，有效避免了过去在普法宣传过程中把握群众需求不准，同质化、单一化、形式化等问题，是一条适合凉山普法事业发展的道路。实施“精准化”普法策略，对促进凉山法治水平提升、探索民族地区普法依法治理道路都将起到积极的作用。

二 实施“精准普法套餐”的实践探索

在不断扩大普法覆盖面的基础上，凉山州着力于提高法治宣传教育工作的针对性和实效性，从“供给侧”着手，精准识别普法受众需求，创新普法方式方法，针对不同的时间、地点、对象和问题，突出重点、分类施教，从以往“大水漫灌”的“填鸭式”普法逐渐转变为“定制套餐”式的“精准化”普法，探索出具有民族地区特色的普法依法治理新路。

（一）精准识别需求，分区定制普法“基本套餐”

为真实了解农村基层法治实践状况，细化分析基层群众的法治需求，2017 年 9 ~ 10 月，开展了农村法治状况调查评估，采取入户调查、随机走访、重点抽样等方式，在 17 县（市）245 个乡镇 1378 个村开展抽样调查，发放调查问卷 13254 份，收回 13161 份。通过调查问卷汇总分析，基本掌握了农村基层群众获取法律知识的方法、途径以及对常用法律法规了解程度、对法律的需求状况，归纳出了当前基层普法工作的重点，为凉山精准化普法实践提供了重要依据和方向。针对凉山州境内大凉山彝区、安宁河谷地区和木里藏区三种经济发展形态并存的实际，结合各地区农村法治水平，探索出以促进大凉山彝区民生、推动安宁河谷地区发展和维护木里藏区稳定为重点的差异化普法方式，切实提高普法工作的针对性和实效性。

大凉山彝区重在普及法律常识，消除法盲，增强法治认同感。重点围绕脱贫攻坚、禁毒防艾、保障民生抓普法，深入实施《大凉山彝区普法大纲》，通过宣传让国法逐步取代民族习惯法，成为解决问题的首选和基本方式，遏制因完全不懂法、不用法而导致的法治观念差异、犯罪现象频发等问题，引导群众正确认识彝区当前存在的突出社会问题对自身和社会带来的危害。着力提升彝区社会法治文明程度，使尊法、学法、守法、用法成为彝区群众的自觉行动，法治观念更加深入人心。

木里藏区重在围绕依法治寺管僧、促进民族团结和社会稳定抓普法，实现法律进寺庙全覆盖和常态化。重点围绕维护稳定抓普法，不断增强寺庙僧侣和信教群众的爱国守法意识，为藏区长治久安筑牢法治基础。

安宁河谷地区重在围绕打造法治经济、营造更加优良的发展环境、率先实现全面小康开展全面普法，引导群众依法有序参加经济活动、参与社会管理。重点围绕加快发展抓普法，整体提升全社会法治意识和法律素养，推动形成区域科学发展、加快发展、率先发展的法治良序。着力提高全社会法治信仰、法治氛围、全民法治意识和依法办事能力。

（二）围绕脱贫攻坚，定制普法“扶贫套餐”

凉山作为全国、全省最集中连片的贫困地区之一，长期以来经济发展以农业生产为主，很多农村地方较为闭塞，在这种封闭落后的社会生产方式下产生的宗族、家族观念影响深远，读书无用、人多家族强等传统观念、传统思维在人们头脑中根深蒂固，适龄儿童辍学、贫困家庭超生等现象依旧突出。当前凉山脱贫攻坚工作已进入攻坚关键期。围绕脱贫攻坚开展普法依法治理，紧扣清除脱贫攻坚路上“辍学、超生”两只“拦路虎”，探索推出了精准普法“扶贫套餐”。

一是广泛开展“控辍保学”专项法治宣传。通过召开群众大会、发放宣传单、悬挂宣传标语、微信平台等形式，大力开展《义务教育法》《未成年人保护法》《劳动法》《禁止使用童工规定》等法律法规宣传，切实提高学生、教职工和家长的思想认识和法治观念，使相关法律法规深入人心、家喻户晓。组织法律宣讲队深入贫困村中心小学开展“控辍保学”宣传，为学生讲解义务教育法律法规，登门入户向家长、辍学儿童、少年宣传法律，劝导辍学儿童、少年返校就学。此外，各地乡镇政府、司法所还积极配合中小学校开展常态化“法治副校长”授课活动，利用“开学第一课”为学校师生讲解相关的法律法规，让广大学生和家长真正从心里认识到九年义务教育的重要性和必要性。目前，各中小学校已100%配备法治副校长，2018年以来已开展专项法治宣传活动162次，受教育人数达21万余人，为全面完成“控辍保学”工作任务营造了良好的法治环境和舆论氛围，收到了良好

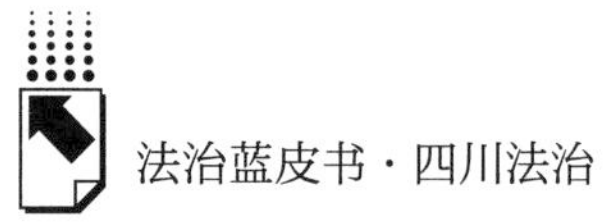

的法律效果和社会效果。

二是持续加强优生优育专项法治宣传。围绕“文明、健康、优生、致富、奉献”的主题，大力开展依法生育的宣传，倡导晚婚晚育、少生优生、生男生女一样好等文明进步的婚育观念。把计划生育法律法规纳入年度普法计划和法治宣传教育内容，突出抓好彝区婚育重点人口和流动人口的宣传教育，加大宣传力度，提高婚育人口和流动人口的法律素质，增强依法办事的自觉性，把宣传《人口与计划生育法》《四川省计生条例》和“法律七进”活动紧密结合起来，利用春节、“三八”妇女节、火把节、彝族年、“12·4”全国宪法日等节点，大力宣传科学文明、进步的婚育观念，弘扬社会主义婚育新风尚，特别是加大计生违法鉴定、申请行政复议、强制执行等内容的宣传。强力执行有利于计生工作的优惠政策，把计生优惠政策与扶贫“普惠”政策较好地衔接，对计划生育家庭户予以倾斜，各地法律援助中心、律师事务所在办理案件过程中，对困难的计生户优先给与法律援助，对涉及妇女儿童侵权的案件在人力物力上给与大力支持。

（三）聚焦禁毒防艾，定制普法“禁毒套餐”

遵循“面向全民、突出重点、常抓不懈、注重实效”的宣传原则，将禁毒防艾工作摆在事关全局的重要位置，以禁毒防艾宣传教育引导群众践行“健康人生、绿色无毒”生活理念，为凉山决胜脱贫攻坚、实现同步全面小康创造良好的法治环境。

一是深化实施禁毒法治宣传教育“456”模式。坚持宣教方式方法与受众认知需求相适应，全面普及与重点教育相结合，法治宣传与禁毒执法实践相融合，抓住4个重要时间节点（岁末年初外出务工返乡人员禁毒集中宣传月、6月全民禁毒宣传月、8月重点场所及从业人员宣传月、9月秋季新生入校禁毒集中宣传月），明确5个宣传主阵地（学校、机关、场所、农村、社会），突出6类重点人群（在校学生、社会失学失业失管青少年、农村留守青少年、外出务工人员、服务行业就业人员、企业青年职工），开展点面结合、立体滚动、形式多样、内容丰富的禁毒防艾法治宣传教育活动，实现禁毒防艾法治宣传全域覆盖、禁毒防艾法律知识全民普及、禁毒防艾法治意识全面提升。

二是抓好重点地区禁毒防艾持续普法。在开展全域宣传的基础上，聚焦彝区毒情重点县区，整合司法助理员、乡镇干部、驻村“第一书记”、禁毒防艾专职书记等力量资源，持续深入开展禁毒防艾法治宣传教育活动。深入推进禁毒防艾法治宣传进贫困地区行动，以驻村政法禁毒干警为主体，依托“农民夜校”平台，积极开展毒品艾滋病预防教育工作。统一组织抓好禁毒防艾宣传骨干培训，选取一批既熟悉脱贫攻坚政策又能深入基层一线开展禁毒防艾宣传工作的骨干组成宣传队，对县域内重点乡村实行全覆盖巡回宣传。以规范村规民约为切入点，充分发挥司法行政部门指导监督基层法治建设的职能作用，重点围绕乡风文明建设、遵纪守法、禁毒防艾、发展经济等方面内容，帮助基层村社在法治框架内制定完善村规民约。通过村规民约，将禁毒防艾法律法规内化为基层群众的行为准则，大大提升禁毒防艾宣传实效。

三是建立“爱之家”禁毒防艾宣传服务新平台。依托省内司法行政戒毒系统专业力量，借力民盟四川省委经济委员会等社会资源，协同有序推进“爱之家”禁毒防艾法律服务工作站建设，把工作站打造成彝区禁毒防艾公共法律服务的重要阵地。建立“所地”合作机制，探索彝区吸毒人员教育矫治模式，共同做好强戒出所人员对接、教育、帮扶、救助等工作。整合律师、法律援助、基层法律服务、人民调解、“法律明白人”等人才资源，依托工作站常态化开展禁毒防艾法治宣传教育和公益性法律咨询服务。6 月 7 日，在布拖县建立首个“爱之家”禁毒防艾法律服务凉山工作站。下一步，将逐步向美姑、昭觉、越西等毒品和艾滋病危害重点县推广覆盖。

（四）注重群众需求，定制普法“个性套餐”

在开展普法过程中依托“农民夜校”“新型农民素质提升培训班”等平台，制定《凉山州农民夜校普法读本》，坚持把农民需求放在第一位，按照“缺什么学什么，需什么教什么”的原则，立足个体实际，创新开展农民夜校法治扶贫工作。

一是采取“必学＋选学”模式开展普法，把“农民夜校”与“七五”普法工作相结合，严要求高标准推进。将村社干部、农村普法骨干、法律明白人全部纳入培训学习必学对象，将农村老、妇、幼、残等文化程度较低的弱势群体纳入选学对象，以村“两委”活动场所为基础建立“农民夜校”，为“农民夜校”学员定制“普法菜单”，开设法治讲堂；将习近平总书记系列重要讲话精神和治国理政新理念新思想新战略，党的脱贫攻坚政策法规、村民自治、道德伦理、农村安全、土地承包等作为重点学习内容，逐步把“农民夜校”建成规范化、常态化、固定化的法律培训学校。

二是采取“课堂＋现场”模式开展普法。根据培训内容、对象、解决问题的不同，选择不同的培训形式。在政策法规的宣讲、中华民族传统美德教育、脱贫攻坚典型事例宣传等方面采用课堂讲座形式，在全州范围内统筹选聘拥有高级技术职称，长期在农村一线从事农业农技、政策法规解读的专家能人，以及政治素质可靠、法律功底深厚、熟谙法治实务且热心法治宣传教育事业的法律专业人士组成讲师团，配套双语教材，针对彝区脱贫攻坚实际需求，制定《凉山州彝汉双语普法读本》、凉山州农民夜校《法治读本》等教材，每月组织一次授课讲座，重点宣传《宪法》《土地法》《村民委员会组织法》《婚姻法》《四川省农村扶贫开发条例》、农民工维权等方面的知识，让村民有课能上，有书能读；在开展课堂授课的同时，把办学地点向专业合作社、田间地头、种（植）养殖大户延伸，开设现场教学课堂，为农户提供动手实践平台，通过现场答疑、操作演示、实地体验等多种方式，帮助农民更直观地掌握讲授知识、技术要领，极大方便了农民群众。

三是采取“集中＋流动”模式开展普法。根据大凉山彝区山高路远、交通不便，群众主动学法积极性不高的现状，农民夜校普法主要以农民夜校教室为主阵地集中开展，利用村社的“农家书屋”免费对农民开放阅读，鼓励引导农民掌握法律法规知识，利用“村村响”工程，每天利用固定时段播放农村法律法规知识和法治小故事，打造农村法治宣传品牌；在集中普法基础上在农忙时节采取教师流动授课的方式，主动送法到院坝、到农户、到田间地头，白天不行选晚上，按照年龄结构、文化程度、劳动力构成等实际因素，在课程设置上，以贴近农民、融入农民、服务农民为工作方向，灵活设置送教方式，延伸送教形式，重点宣讲《劳动合同法》《就业促进法》《土地承包法》等农民急需的法律知识。

（五）突出彝区实际，定制普法“特色套餐”

长久以来相对封闭落后的社会生活，使得凉山彝区在语言习惯、风土人情、文化背景等方面都出现了地域性特征。特别是在大凉山彝区，要破解语言、文化差异，就需要将法治理念、法治思维与民族习惯、民族文化有机融合，推动法治宣传教育的本土化、精准化实施。

一是实施“彝族母语普法行动”。为消除普法语言障碍，按照“听得懂、愿意听、有触动”的原则，以“圣乍”“义诺”“所地”三大本土方言为载体，探索以彝族母语（方言）讲述普法案例的方式开展普法。收集州内因吸毒沾染艾滋病、毒品违法犯罪等真实案例和彝族尔比尔吉素材，录制彝族母语普法宣传片，采用“身边话叙述身边事、身边事教育身边人”模式，推动传统普法向讲好“法治故事”转变。2018 年 5 月份在西昌、美姑、布拖、昭觉等地通过情境再现的方式拍摄了“彝族母语普法行动计划之禁毒法治宣传教育篇”，“6·26”禁毒宣传日当天在州电视台进行展播，各县市通过电视台、电台、通村广播、“两微一端”、电影下乡等多种渠道和形式进行大批量、集中式宣传、播放、推送，取得了良好的社会反响。

二是创新“德古 + 法律”新模式。“德古”是指彝族群众中熟知家谱、谚语、民族神话传说和善于处理纠纷、能说会道、办事公正，为大家所信任和尊敬的人。彝区“德古”历史源远流长，“德古”调解纠纷具有方式灵活、履约率高等独特优势，在彝区具有广泛的群众基础。充分利用“德古”这一传统习俗资源，从中取其精华、去其糟粕，服务于现代法治社会，将社会主义法治观念逐步融入德古调解中去，在调解中普及法律法规知识，是彝族地区推动法治宣传工作的重点之一。对此，凉山州印发《凉山州“德古 + 法律”调解推广实施方案》，通过大量调研、实践，在金阳、昭觉、美姑、雷波、喜德等彝区五县试点探索出了“德古+法律”模式，取得了良好的效果，为凉山彝区普法宣传工作做出了有益的尝试。目前，彝区试点5县对符合条件的599名民间“德古”登记造册、建档立卡，纳入统一管理，以政治理论、业务知识、法律法规三项培训为重点组织开展“德古”人员专题法治培训884人次，通过完善制度设计、规范工作流程、落实人员培训管理等，让“德古”这支民间调解力量在调解矛盾纠纷的同时更加注重法律法规知识的宣传讲解，通过以案说法方式，将“德古”调解典型案例作为法治宣传教育的重要载体，推进了基层普法工作本土化、亲民化。

（六）培育法治文化，定制普法“惠民套餐”

为进一步筑牢夯实建设法治凉山的基层基础，以法治示范创建为抓手，持续开展分级示范创建工作，基层普法依法治理工作有序推进，群众尊法、守法、学法、用法意识逐步增强。

一是法治示范创建持续推进。广泛开展法治示范县（市）、乡镇（街道）、学法用法示范机关（单位）、法治教育示范基地、“法律七进”示范点创建活动，对已命名授牌的示范单位每年开展督查实施动态管理。2018年，甘洛县、雷波汶水镇、宁南白鹤滩镇、西昌东城街道办、喜德城关小学、普格司法局、布拖民族小学、美姑教科局、金阳国税局积极开展全省第二批“三项示范创建”工作，并成功通过省级验收组检查验收。截至目前，已成功创建全国法治示范县创建活动先进单位2个（西昌、木里县）、省级法治示范县2个、学法用法示范机关（单位）7个、法治教育示范基地2个、“法律七进”示范点7个。

二是基层法治建设持续加强。以夯实脱贫奔康基层基础为目标，大力开展“民主法治示范村”建设，深入推进农村民主选举、民主决策、民主管理、民主监督和村务、财务公开，促进农村民主法治建设。截至目前，获评全国“民主法治示范村（社区）”2个（西昌市东城街道办事处春城社区、雷波锦城镇第一社区）、省级“法律七进”示范乡镇4个，打造法治文化新村32个。

三是法治文化氛围持续增强。各地充分利用现有的法治公园、法治长廊、法治宣传栏、LED显示屏等设施设备，将社会主义核心价值观融入群众休闲广场、街道、农家书屋、景区等，着力打造了一批独具乡村文化特色的法治文化阵地。昭觉、美姑、布拖等彝区县在具备条件的彝家新寨中大量融入具有彝族元素、彝族图案的彝汉双语普法动漫宣传画、法治名言、法治警言，推动形成良好的法治风尚。甘洛、普格等县利用彝族谚语在法治公园、广场等书写了一批具有警示作用的法治标语；昭觉、会理、会东等县组织村、社区文艺爱好者编排一批群众喜闻乐见的法治文艺节目，开展法治巡回演出192场；雷波、金阳、木里等县在村、社区公示栏张贴与群众生产生活密切相关的法治宣传挂图；越西、喜德、盐源等县依托“农村大喇叭村村响”、社区小广播等开展法律知识宣讲，广播法治节目460余次，组织放映队深入村、社区放映法治电影249场，让法治理念在基层群众中落地生根、开花结果。目前，建成法治公园（长廊）22个，法治教育基地29个，在电视、广播或报纸等媒体上开辟普法宣传专栏25个，2018年编创法治微电影7部，推送公益广告343则。

（七）加强队伍建设，充实“普法套餐”宣传员

针对大凉山彝区、木里藏区基层普法人才缺乏的实际，坚持基层法治宣传队伍“本土化”培育策略，组织开展“发展法律明白人和法律援助受援对象为基层法治宣传员计划”。优先发展具有法治意识、热爱基层工作、熟悉彝汉、藏汉“双语”和民族习惯的村社干部、农村党员等为法治宣传员；在已经登记在册的“法律明白人”中，选取法治意识较强、法律素养较好、具有一定宣传能力的人员，将其纳入基层法治宣传队伍；在州、县两级法律援助中心办理的法律援助案件中，选取对办理结果比较满意的受援对象，经征求对方同意后列入法治宣传员培养计划。通过探索建立激励考核机制，定期组织培训，引导掌握应知应会基本法律，将上述人员培养纳入基层宣传队伍，不断充实基层法治宣传力量，大力提升法治宣传队伍专业化水平。截至2018年底，法治宣传员培养、管理、使用等制度总体形成，各县（市）已

按辖区户籍人口万分之一的比例完成第一批法治宣传员培养计划。目前，已发展法律明白人和法律援助对象976人成为法治宣传员，向群众宣讲法律知识973场次，调解各类矛盾纠纷3321起。

三　深化“精准普法套餐”的思考

深化“精准普法套餐”，必须立足凉山彝区经济社会发展实际，以公共法律服务体系建设为抓手，做到因人、因地精准施策和对症下药，坚持以人为本、服务群众，坚持分类实施、突出重点，坚持学用结合、普治并举，坚持完善机制、形成合力。具体而言，就是要在普法对象、普法内容、普法方式、普法资金和人员安排、督查考核等方面实现精准推进。

（一）进一步细化“精准普法套餐”对象和内容

按照“抓两头、带中间、促全面”原则，以领导干部、青少年学生、农村群众“三大群体”为重点普法对象，开展领导干部、在校学生法治状况评估，形成切合实际的“法律进机关单位”“法律进学校”精准化普法策略。在深化落实《大凉山彝区普法大纲》基础上，聚焦脱贫攻坚、禁毒防艾、扫黑除恶、环境保护等重点领域，进一步丰富“精准普法套餐”内容。

（二）进一步创新“精准普法套餐”方式方法

一是完善普法宣传组织领导机制和工作推进机制。抓住“关键少数”的示范引领和指导带动作用，健全并落实法治宣传教育（依法治县）联席会议制度，强化普法信息和案例共享，落实由党委政法委、宣传部、依法治县办等部门指导、督促、协调，党政一把手亲自过问，司法行政部门牵头抓总，政府各执法部门、各群团组织各司其职、齐抓共管的大普法格局。通过制定切实可行的普法规划、计划、方案，细化工作措施，将精准普法责任落实到部门、到人头。二是加强宣传载体与阵地建设。要注重引用发生在群众身边的鲜活案例，利用村村响、农民夜校、走村入户定点突破等方式，通过以案说法、释法析理等形式开展“双语”宣传，改变直接灌输式普法，变“纸上的法”为“现实中的法”，让法律条文由枯燥变得生动、由抽象变得直观，增强法治宣传教育的趣味性和生动性，让听得懂、愿意听、有触动成为彝区普法新常态。

（三）进一步夯实“精准普法套餐”基础保障

一是优化普法经费保障。普法经费严格按照“七五”普法规划要求予以保障，列入同级财政预算。加强州级普法部门对普法重点县的指导和帮扶，支持彝区各县开展有针对性、有特色、效果好的普法方式创新，在经费方面予以倾斜支持。二是充实普法人员力量。持续深化开展法治宣传员发展计划，结合大凉山彝区实际，优先发展具有法治意识、热爱基层工作、熟悉“双语”和民族习惯的村社干部、农村党员、法律援助受援对象等为法治宣传员，充实基层一线宣传力量。整合基层乡镇司法、公安、法庭等政法力量，解决彝区基层政法力量薄弱难题，在办案、调解的过程中宣传法律法规，推进矛盾化解。进一步组织培训和规范彝区“德古”调解行为，促进依法、公正、规范调解。

（四）进一步健全“精准普法套餐”督查考核

建立健全普法教育评估考核和激励机制，将普法单项考核与综合考核相结合，完善考核办法，细化考核标准。重点考核领导示范、禁毒防艾、计划生育、保障民生、预防外流犯罪等方面普法成效。健全检查督办、情况通报等工作机制，以更加科学、合理的考核机制推动基层“精准普法套餐”向前发展。

B.25
送法下乡的广元实践

四川省司法厅课题组*

摘　要： 法治文艺下乡较一般普法模式具有更为深厚的群众基础和独特的宣传优势。近年来，四川各地各部门深度挖掘本地本领域法治文化资源，开发打造法治文艺精品，推进普法全覆盖，取得较好成效。当前如何实现法治文艺普法的常态化、长效化和全覆盖，成为制约普法依法治理工作可持续发展的重要课题。广元市从谋划部署、节目创作、现场组织、制度保障等关键环节着手，以破解实践难题为导向，在法治文艺下乡常态化、长效化、全覆盖机制方面作出了积极探索，基本实现了“资金使用最优、演出效果最好、群众满意度最高”的预期目标。

关键词： 法治宣传　法治文化　送法下乡

深化依法治省实践，普法必须先行。“七五”普法实施以来，四川各地各部门将服务和推动法治四川建设作为重要任务，以贯彻落实“谁执法谁普法”普法责任制为重要抓手，深入推进“法律七进”，不断加大全民普法力度，推动法治宣传教育在面上延伸、向基层拓展，社会法治氛围愈加浓

---

* 课题组负责人：姚正奇，四川省司法厅党委委员、副厅长。课题组成员：李灿、岳大文、徐凯、王洪奇、毛春燕、何铃俐。执笔人：毛春燕，四川省戒毒管理局政策研究室副主任科员；何铃俐，广元市司法局法治宣传科科员。

厚，广大干部群众法治观念明显增强。在法治文化广泛传播、群众法治需求不断增强的背景下，探索法治文化创新发展、推动法治文艺下乡常态化成为“七五”普法的重要课题。

一　推进法治文艺下乡的实践背景及独特优势

建设社会主义法治文化是习近平新时代中国特色社会主义思想的重要论断。通过不断繁荣社会主义法治文化，在润物细无声中提升全民法治素养，推动国家治理体系和治理能力现代化，最终实现建成中国特色社会主义法治国家的宏伟目标。近年来，随着全面依法治国、全面依法治省实践的不断深入，社会主义法治文化得到了空前发展，为法治宣传教育工作赋予了全新的内涵，提供了广阔的舞台。

法治宣传教育是连接国家法律实施和全民学法守法的重要环节，是实施全面依法治国方略的一项基础性系统工程，具有长期性、复杂性和艰巨性。新时代做好法治宣传教育必须转变思维方式和工作理念，在宣传内容、形式、载体和机制体制方面进行革新，逐步实现从“大水漫灌”到“精准滴灌”、从“硬性灌输”到“潜移默化”转型。实践证明，将法治教育、法治实践与文艺相结合开展普法教育，具有深厚的群众基础和独特的宣传优势。

（一）法治文艺效用独特，影响持久深远

与其他普法手段相比，法治文艺在影响力和渗透力上都有与生俱来的优势。法治文艺不是机械、教条地讲法条、说法理，而是通过模拟、演绎的方式传播法治观念、引导正确价值取向，在潜移默化中培养人的法治理念、心理和习惯，春风化雨般告诉人们，在法治社会中什么是可以做的、什么是不能做的，什么是应该肯定和赞扬的、什么是必须反对和批判的。这更有利于引导广大干部群众将学习到的法律知识运用于法治实践，形成法治自觉，养成守法习惯。

（二）法治文艺内容丰富，群众喜闻乐见

法治文艺内容丰富，只要与社会主义法治思想、法治理念、法律习惯、法律内容等有所关联，都可以成为文艺创作的素材。借助小品、相声、快板、舞台剧等演绎形式，利用身边人说身边事，更容易引起老百姓共鸣，充分满足不同年龄结构、认知水平的审美观念和精神需求，让群众在休闲娱乐中接受法治文化熏陶。

（三）法治文艺形式灵活，传播优势明显

法治文艺传播形式多样，既可以组织大量人员现场观看，又可以通过直播、录播、转播等方式，借助电视、网络、新媒体等载体进行推送，进一步将法治理念传播到农村、社区、机关和企事业单位等，让每个公民都能接触到、感知到，从而实现多渠道、多平面、多视角的传播模式，有效扩大传播覆盖面。

二　推进法治文艺下乡的主要做法

基于上述对法治文艺优势的充分认识和准确定位，广元市将法治文艺作为普法依法治理工作的重要形式，坚持以推进“百场法治文艺演出进基层”活动为载体，按照“思想再解放，标准再提高；定位再准确，力度再加大”的工作思路，从谋划部署、节目创作、现场组织、制度保障等关键环节着手，致力于破解实践难题，积极探索法治文艺下乡常态化、长效化、全覆盖机制，基本实现“资金使用最优、演出效果最好、群众满意度最高”的预期目标。

（一）围绕中心、顺应民意，解决好思想认识问题

提升认识凝聚工作合力。统一思想认识是有力推进法治文艺下基层的前提和先导条件。广元市自觉提升政治站位，把“百场法治文艺演出进基层”

活动纳入党委政府中心工作，将其作为弘扬法治精神、协调推进“四个全面”战略布局的重要内容来抓，作为落实党政主要负责人履行法治建设第一责任人的重要载体来抓，作为开展法治扶贫助力乡村振兴的有力举措来抓，突出“推进依法治市，建设法治广元”主题，积极争取市委市政府支持，统筹依法治市办、宣传部、司法局、文广新局等部门资源，强化基层党委政府责任，广泛凝聚社会团体力量，努力形成工作合力，得到上级部门高度肯定。

紧贴民心顺应群众需求。当前，中国特色社会主义进入新时代，人民群众对乡村振兴、脱贫致富的愿望更加强烈，对公平、正义、法治的需求不断增长，实践证明，用艺术形式彰显法治精神的文艺演出更受群众青睐。广元市以群众需求为导向，按照“在一线调查研究、在一线解决问题、在一线帮助群众、在一线树立形象”的思路，真正发挥法治文艺下乡提升群众法治素养的作用。在充分征求县区司法局和基层群众意见建议的基础上，确定了法治文艺演出下乡覆盖到村，在当年退出贫困村所在乡镇集中开展至少1场演出。同时在演出现场发挥法治宣传队、人民调解组织作用，安排律师、普法志愿者等接受群众现场咨询，畅通法律服务“绿色通道”，回应群众法律需求。截至目前，广元已实现739个贫困村“法治扶贫”文艺演出全覆盖，为规范引领脱贫攻坚发挥了积极作用。

协调联动增强活动实效。把“百场法治文艺演出进基层”活动作为创新课题和法治宣传的品牌来打造，联合市依法治市办、市委宣传部、市文广新局共同推进，提升活动规格。制定了《广元市“百场法治文艺演出进基层”活动实施方案》，对活动的内容、对象、场次安排及相关组织工作等提出具体要求，明确由各县区依法治县区办牵头、县区委宣传部协调、文广新局配合，明确各县区司法局“一把手”为第一责任人，做到亲自研究部署、亲自推动落实、亲自督导检查。将活动开展情况纳入依法治市、宣传思想工作和综治年度绩效目标考核内容，确保活动高效有序推进。同时，推动法治文艺演出与“廉洁广元”、脱贫攻坚、反邪教等主题活动深度融合，不断扩大影响力。2018年上半年，广元市朝天区组建法治文艺演出团，深入全区

25 个乡镇 221 个村（社区）开展“七进村社”[①]，法治扶贫主题文艺巡演 52 场次，受到社会广泛关注。

（二）规范程序、市场运作，解决好资金保障问题

优化资金使用效率。通过市财政预算，首场演出经费 20 万元，用于“百场法治文艺演出进基层”活动节目创作，县区演出资金来源由各县区自行解决。经预算评估，一场法治文艺演出的节目创作、组织人员演练到上台演出，需要经费 6 万 ~8 万元，全市 8 个县区自行创作节目，共需经费 60 万元左右，节约的创作经费可到基层演出 30 场。为此，确定由市统一创作节目，县区可在演出中穿插其成熟的、具有地方特色的法治类节目。在确定创作演出单位时，采用公开比选方式，组织依法治市办、宣传、文化、司法行政等部门熟悉业务的相关同志共同参与、独立评判，既让决策透明化、公开化、程序化，又选出以有限资金实现节目创作质量最高、演出效果最好的团队。

实行市场化运作。采用政府购买服务，在政府主导的前提下，市场化运作，以部分冠名等方式吸引社会力量参与。比如，“百场法治文艺演出进基层”活动，节目创作、启动仪式和首场演出，实际需经费 40 万元左右，20 万元定额经费远不能满足需要，经征求文化、工商等相关主管单位的意见后，同意演出单位在规定的范围内进行商业投放，其主旨和宣传必须是法治内容，在法治宣传内容后面落款以企业名称冠名，避免变相为商业演出，某商业银行广元分行、广元某投资发展有限公司等十余家公司在本次活动中赞助冠名。2010 年以来，市、县区财政直接投入法治文艺下乡的经费共计 870 余万元，以商业冠名等方式吸引社会赞助资金约 600 万元。

鼓励民间团队参与。面对县区财政资金保障难问题，广元市创新工作思路，在全市统筹开展的 100 场外，其余场次赋予县区自主权，由县区积极组织本地民间文艺团体和演出队通过“三下乡”“红白喜事”等载体开展法治

① “七进村社”：广元市朝天区为做好脱贫攻坚社会宣传工作，助推打赢脱贫攻坚战，专门开展了文艺演出、文明新风、脱贫政策、法治宣传、科普宣传、卫生健康、家风家训进村社活动。

文艺演出活动，鼓励本土文化名人在统筹场次中穿插演出自创的法治文艺节目或利用业余时间为群众演出。比如，广元市剑阁县禾丰乡民间艺人徐光用，带领他的“红色法治文艺宣传队”义务普法十余年，自编自演法治节目200余个，其中快板普法、诗歌普法、小品普法等，受到群众广泛赞誉。针对参与法治文艺下乡的民间艺人，广元探索建立激励机制，由县区司法局协调宣传、文化部门在文化建设经费中给予每场次300～500元的生活和差旅补助，激发民间演出团队和文化创作演出名人的激情，实现法治文化效益与经济效益“双赢”。

（三）强化调研、精雕细琢，解决好节目质量问题

“请进来”比实力。在确定节目创作和演出团队时，邀请四川某传媒公司、广元演某演艺公司等多家在全市有大型巡演经验的团队参与竞争，在评分标准中设定节目内容和质量占比60%，为创作高质量的节目选好团队、把好第一关。

“走出去”听意见。由市司法局牵头，创作演出单位主导，宣传、文化等部门配合共同成立节目创作组，深入乡镇（社区）、行政执法单位、司法部门、拆迁矛盾多发区和精准扶贫村一线，通过入户走访、座谈、调查问卷等方式了解干部群众法治需求和真实案例。收集创作素材60余件，从中确立了禁毒防艾、征地拆迁、电信诈骗、安全生产、预防职务犯罪等十余个社会关注热点法治问题，确定了创作思路。

“坐下来”审质量。坚持演出节目质量的严要求、高标准，“不放过一个细节、不放过一个逻辑漏洞、不放过一个法律知识点”。节目初创完毕，由市司法局牵头，组织相关部门的专业人员进行两次初审，提出修改意见。提交市里审核后，由市委、市政府领导亲自组织宣传、文化、司法行政、拆迁、禁毒、治安、防邪、刑侦等13个部门单位熟悉业务的相关人员参加审查，律师全程参与并提供法律意见，最终确定了演出的10个节目，涵盖征地拆迁、道路交通、安全生产等15部法律43个法律知识点。

“回头看”找不足。节目确定后，在组织排练中再次进行审查、查找问

题和不足。在实践中，有的节目创作单位语言类节目无可挑剔，但对大型歌舞类舞台控制力还有欠缺。发现问题后，市司法局立即与相关部门和演出单位衔接，又邀请擅长大型歌舞舞台控制、舞台感染力强的专业演艺公司承担演出开场和结束时的大型歌舞表演，使法治文艺下乡活动节目的艺术性、娱乐性、观赏性更强，节目的针对性、实用性、思想性更突出。

（四）落实责任、凝聚合力，解决好现场组织问题

注重活动风险评估。邀请市委领导牵头组织召开活动启动工作协调会，公安、安监、消防等 17 个部门对“百场法治文艺演出进基层”活动启动和首场演出风险进行评估讨论，绘制现场演出示意图和风险防控点，制订风险防控预案书，确保演出不出现任何纰漏。

注重责任落实到位。临时应急供电、快速医疗救助、周边交通疏导、周边环境整治、现场消防预防、现场治安管控、人员组织等各项任务均由市级相对应部门负责落实。司法行政部门全员参与，局长负责抓总协调，局领导定事定片，一般人员定位定岗，既各负其责、又协调配合，增强合力，确保了首场演出活动顺利开展。

注重基层演出组织。印发《广元市“百场法治文艺演出进基层”活动实施方案》，对活动的内容、对象、场次及相关组织工作进行了具体安排。要求各县区均明确分管领导，落实责任部门和责任人；各承办单位必须树立“安全无小事”意识，制订周密活动方案和各类突发事件应急预案，加强对活动的组织和管理，防止各类安全事故发生；同时规定各县区单场次观演人数不低于 1000 人，根据实际情况相邻乡镇可一起组织群众观看，扩大参与面、覆盖面，避免资源浪费。

（五）总结经验、健全机制，解决好持续推进问题

建立制度机制。在“百场法治文艺演出进基层”活动中，规范了议事规则、决策程序，在演出单位确定、考核评价、节目审查、经费保障和督导考核等方面实现规范化，做到了有章可依、有序可循。在活动开展中坚持重

心下移、力量下沉，并建立开展法治宣讲、法律服务等工作机制，为推动基层治理法治化奠定了坚实基础。

注重活动实效。在“百场法治文艺演出进基层”活动中，确立了“一场一登记、一场一测评、一场一报告”的双向测评原则，由各县区司法行政部门和演出单位同时在演出后报告演出地点、参与人数、演出效果、群众意见等情况，对双方报送的数据进行对比。重点关注群众法治需求方向，不断创新、完善、优化节目质量，切实提升基层干部群众的法治素养，大力提高基层干部群众运用法治思维、法治方式破解难题、解决问题的能力和本领，确保演出实效。

培育群众组织。让广大群众“唱主角”，大力挖掘并培养农村法治文艺骨干，切实增强基层法治文艺的“造血功能”，扩大人民群众的法治文化参与面，形成专兼职结合的基层法治文艺团队和工作队伍，为全民法治素养提升提供良好的法治氛围和基础。目前，全市民间法治文艺演出团体吸纳民间艺人2500余名，部分法治节目通过艺术加工和民间艺术表演形式，已经成为深受群众欢迎和喜爱的精品。例如，广元市利州区宝轮镇云峰社区依托社区科普大学组织豫剧、京剧、合唱队、腰鼓队等法治文艺队伍十余支，自编、自演、自导歌曲《我是一名义务巡逻兵》《禁毒！禁毒！》和小品《邪教的末日》等文艺作品，每年深入居民、学校、院落演出十余场次，为美丽和谐社区建设营造了良好的法治氛围。

三　推进法治文艺下乡的几点启示

（一）党政重视是法治文艺下乡有效实施的重要前提

各级党委、政府重视是工作措施、经费落实的重要前提，是推进各项工作有效开展的重要保证。因此，推动法治文艺下乡工作要放在党委政府的中心工作和全局高度上去谋划、去思考、去推进。从体制上把各种资源整合起来，丰富活动内容、创新活动载体，以积极的姿态把工作抓实，才能得到认可和促进法治文艺下乡有力有效实施。

（二）机制创新是法治文艺下乡常态开展的根本动力

法治文艺下乡是提升全民法治素养的一种重要形式，形成完善有效的保障机制，是法治文艺下乡活动常态开展的根本动力。因此，法治文艺下乡工作要取得实效、增强活力，必须以机制创新为突破口，通过抓制度机制建设，在资金保障、督查考核等方面建立长效机制，才能确保法治文艺下乡活动常态化、经常性开展，才能源源不断地为法治文艺活动提供动力源泉。

（三）贴近群众是法治文艺下乡广受欢迎的主要原因

法治文艺下乡从演员到舞台、从内容到形式、从对象到范围必须突出地域特色，贴合观众喜好，满足群众需求。在广元实践中，承办单位从众多演艺明星中精心挑选出经验丰富、广受赞誉的本土明星“幺舅母”参加演出，同时结合社会热点和真实案例，精心编排了《我要当贫困户》《大家都来带红花》等说唱类节目。演出前市县领导集体登台进行宪法宣誓，演出期间全员全程观看，进一步彰显了宪法法律权威，与观众形成了互动，产生了共鸣，受到了广大群众的热烈欢迎。

（四）科学统筹是法治文艺下乡顺利开展的关键举措

要让领导“高看一眼”、让干部“鼎力支持”，作为负责组织实施的司法行政部门必须主动作为、科学统筹，把各方面的思想统一起来、力量聚合起来、优势发挥出来、特色挖掘出来。同时，要不断完善考核体系，把规定的“粗”任务变细、把“虚”责任变实，形成“一级抓一级、一层督一层”的责任链条，只有这样，法治文艺下乡才能在敢干中闯出新路，在苦干中结出硕果，在实干中赢得民心。

四 推进法治文艺下乡的前景展望

四川在探索法治文艺下乡过程中，虽然取得了一定成绩，积累了一些经验，但还须进一步建立健全机制、加强人才培养、创作文艺精品、打造文化品牌，促进法治文化提档升级。

（一）完善工作推进机制

法治文艺下乡不能仅仅是司法行政部门“唱独角戏”，还需要党政部门和社会各界上下一心、统筹联动，通力合作、全面参与。一是要构建强有力的组织保障机制。切实提高政治站位，强化责任担当，将法治文艺下乡作为全面依法治省的重要抓手，推动形成党政领导牵头、宣传部门统筹、司法行政部门实施、相关部门积极配合、全社会共同参与的工作格局，确保各项工作落到实处、见到实效。二是要构建系统科学的推进实施机制。宣传、司法、文化等部门要切实履职尽责，树立系统思维，科学谋划推进举措，始终将法治文艺下乡与意识形态工作、新闻文化传播工作等同安排、同部署、同落实、同考核。三是要构建严密的考核监督机制。人大、政协等机构要将法治文艺监督检查工作纳入执法、普法专项检查以及日常工作督查、年度工作视察等，对履职不到位、落实不及时的要及时发现并整改。要突出宣传、文化、司法等部门的重点督查，注重发现基层单位、社会群体中涌现的优秀法治文艺作品和法治文艺创作工作者，为推动法治文艺下乡工作献计出力、多作精品。

（二）健全人才培养机制

创新是发展的动力，人才是创新的源泉。推动法治文艺创新发展是深入持续开展法治文艺下乡的基本前提。因此，必须注重对人才的挖掘、使用、培养和激励。一是创新人才选用机制。充分挖掘人才，既要从大中型城市引进高端人才，也要从基层一线挖掘实践性人才，对人才的使用和流通给予充分的优惠政策，全面通过待遇留人、事业留人、感情留人，不断发展和壮大法治文艺人才队伍。二是加大人才培训力度。加强党性教育，切实提高人才的政治思想水平；加强业务培训，根据不同兴趣、特长进行针对性培训，确保各有所长；加强法治培训，经常性开展以案释法、新法解读等法律知识培

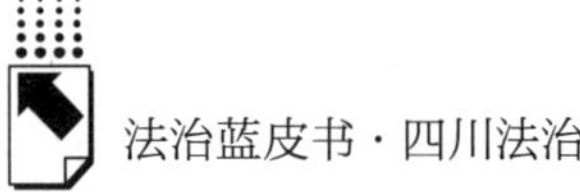

训，着力培养一批专家型、创新型法治文艺工作者，尤其是在法律方面造诣较深、创作水平较高的复合型人才。三是建立人才激励机制。定期不定期开展作品评比、文艺沙龙等活动，积极推荐优秀人才、优秀作品参与市级以上评选活动，激励人才潜心钻研，真正让法治文艺工作者发光发热、多做贡献。

（三）落实资金保障机制

“巧妇难为无米之炊”。法治文艺作为文化产业的重要分支，作为一项政治性很强的创新工程，从作品创作到组织演出，从人才培养到鼓励支持，从机制建立到任务落实，都离不开强大的资金支持。一是要加大专项经费投入。按照文化建设标准，将法治文艺纳入基本公共文化服务项目分担资金财政预算，将法治文艺下乡专项经费作为普法经费重要组成部分，充分保证法治文艺下乡工作正常运转，不能让法治文艺下乡“等米下锅”。二是要确保预算逐级足额到位。加大对省、市、县、乡、村法治文艺专项经费落实情况的督促检查，通过查预算、查结算、查台账、查民情对法治文艺下乡的经费保障和实施效果进行检查评估，建立经费投入动态调整机制。三是要提高重点领域资金投放比例。探索民间义务法治文艺创作工作者或文艺团体演出经费补贴机制，设立法治文艺创作扶持资金，推进政府购买公共法治文艺下乡服务，鼓励社会团体创作更多优秀法治文艺作品，全力推动法治文艺的大发展、大繁荣，为推进治蜀兴川再上新台阶贡献法治文化力量。

Abstract

By 2019, CASS Law Institute has been closely following the practice and innovation of Sichuan Province in ruling the province by law for five consecutive years. This book comprehensively reviews the experiences gained and achievements made by Sichuan Province in the past year in implementing the major decisions and arrangements made by the CPC Central Committee and the State Council on ruling the country by law and in advancing the rule of law in the province, analyzes the problems in this work, and puts forward some suggestions on the improvement of the work.

The General Report in this book reviews various measures taken by the Government of Sichuan Province for implementing the arrangements made by the Central Government for ruling the country by law, advancing in a comprehensive and deep-going way the work of ruling the province by law, and speeding up the construction of the rule of law in the province, carries out detailed analysis of the progresses made and problems faced by the provincial government in the fields of law-based exercise of state power, scientific legislation, administration by law, judicial construction, and law-based society, and looks into the prospect of the construction of the rule of law in the province.

This book also features a series of special investigation reports in such fields as administration by law, law-based exercise of political power by law, law-based government, publicity of law, and grassroots governance. In 2018, the Government of Sichuan Province attached importance to the key few and strengthened the construction of discipline inspection and supervision platforms, thereby laying the foundation for the smooth implementation of various reform measures. Accordingly, the part on administration by law of this book contains three special investigation reports on the problem of corruption in poverty alleviation, the practice of attaching importance to the key few, and the people's livelihood big data monitoring platform, respectively. The part on law-based government mainly introduces the experiences and achievements of various departments under the provincial government and the governments of various cities and prefectures in promoting administration by law and strict enforcement of law, including the practice of the Provincial Public Security Department in carrying out the campaign against organized crimes, the explorations made by the Provincial Department of Education in regulating after-school tutoring institutions, the experiments made by the Government of Deyang City and the Government Leshan City in standardizing openness of government affairs, and the establishment of legal construction committees by the Government of Shuangliu District of Chendu City. In the part on judicial construction, the book contains investigation reports on such issues as overcoming difficulties in enforcement by courts, instituting public interest litigation and protecting minors by procuratorial organs, and safeguarding local economic development by judicial organs. The part on grassroots governance introduces such systems and mechanisms as the system whereby village officials handle affairs on behalf of villagers at government agencies, the villagers' credit point management system, and the system of comprehensive grassroots management, and the experiences and achievements of Sichuan Province in promoting self-governance, the rule of virtue and the rule of law. The part on law-based society mainly introduces the innovative practices of various cities and prefectures in Sichuan Province in the field of social governance, such as the construction of the credit system in Luzhou City, the explorations made by Bazhong City in innovating the people's mediation system, and the practice of pushing the precision law-popularization package in Liangshan Prefecture.

Contents

I　General Report

Abstract: The CPC adopted the Decision on Major Issues Pertaining to Comprehensively Promoting the Rule of Law at the Fourth Plenary Session of its Eighteenth Central Committee and made major policy decisions and arrangements from the political and global height on deepening the practice of ruling the country by law in an all-round way at its Nineteenth National Congress. In 2018, the Party Committee of Sichuan Province has taken Xi Jinping's Thought on Socialism with Chinese Characteristics in a New Era as the guidance to carry various kinds of work of ruling the province by law, always held high the banner of the rule of law, and brought the work of law-based exercise of state power, scientific legislation, administration by law, administration of justice, social governance and legal safeguards under the rule of law, thereby raising the construction of the rule of law in the province to a new level, and ensuring the solid implementation of the basic state strategy of ruling the country by law in the Province.

Keywords: Ruling the Country by Law; Ruling the Province by Law; New Era; Law-Based Exercise of State Power

Ⅱ Administration by Law

B. 2 Investigation Report on the Rectification of Problems of Corruption and Unethical Conducts in Poverty Alleviation Work in Sichuan Province

Project Team of the Commission for Discipline Inspection and Supervision Commission of the Party Committee of Sichuan Province / 034

Abstract: Carrying out special campaign against corruption and unethical conducts in poverty alleviation work is a major political task given by the CPC Central Committee to discipline inspection and supervision organs throughout country. This report carries out in-depth analysis of the main problems of corruption and unethical conducts in the poverty alleviation work in Sichuan Province, gives a detailed introduction to the concrete practices and achievements of the province in improving political standing, strengthening precision supervision, connecting supervision in different dimensions, reinforcing supervision over important cases, comprehensively screening for problems, strengthening punishment, expanding channels of publicity, adhering to the circulation of notice of criticism and exposure, and attaching equal importance to rectification and reconstruction, looks into the prospect of the work at the next stage, and advocates such methods as "learning, thinking, practicing and understanding", clarifying responsibility, gasping policies, being strict in investigation and punishment, and taking comprehensive measures.

Keywords: Poverty Relief; Corruption; Conduct

Abstract: "The key to proper state governance is the proper selection and appointment of personnel." The "key few" are the "leading wild geese" in various localities, fields, units and organizations at various levels. In the process of ruling the county by law, the Government of Gao County has based itself on the actual situation, adhered to the method of "putting leading cadres in charge and emphasizing the role played by leading cadres", strengthened the law-based management of leading cadres, implemented the leading cadres accountability system, and developed a rule of law work mode characterized by the crucial role of the "key few" in the practice of ruling the county by law. In the concrete work, the Government of Gao County has created a number of working methods, which constitute a part of the lively practice of construction of the rule of law in the county.

Keywords: the Key Few; "Leading Wild Geese" in the Construction of the Rule of Law; Leading Cadres

B. 4 The Construction of the People's Livelihood Big Data Monitoring Platform in Meishan City

Project Team of the Discipline Inspection Commission of the Party Committee of Meishan City / 057

Abstract: In light of the common problems in the release and claim of funds for the improvement of the people's livelihood, such as difficulties in supervision, auditing, and identity screening, rigid regulatory mechanisms, and lack of technological means, the Discipline Inspection Commission of the Party Committee of Meishan City has explored the application of internet technologies to establish a speedy and efficient platform for monitoring the big data of funds for the improvement of the people's livelihood, made public the information about the funds, the polices on the improvement of the people's livelihood, and village-level overseas-invested enterprises, and mobilized the masses of the people to carry out supervision, thereby ensuring the transparency of various funds for the improvement of the people's livelihood. Meanwhile, the Commission has input such basic information as house properties, vehicles, and industrial and commercial registrations into the platform, and realized precision identification, precision punishment, and precision treatment through such comparison models as mutual exclusion and repetition, thereby greatly enhancing the efficiency of supervision and enforcement in the whole city. This report introduces the actual situation of the construction and operation of the People's Livelihood Big Data Monitoring Platform of Meishan City, gives a brief description of the role played and results achieved by the platform in actively reforming the supervisory system and in precision supervision, and puts forward constructive proposals on innovating the method of supervision.

Keywords: Fighting Against Corruption by Technological Means; Precision Supervision; Big Data

Ⅲ Law-Based Government

Abstract: In 2018, public security organs in Sichuan Province have conscientiously studied and implemented a series of important instructions given by Party Secretary General Xi Jinping and the arrangements made by the CPC Central Committee, the Ministry of Public Security and the Provincial Party Committee, placed the special campaign against organized crimes on a strategic height, adhered to the principles of putting political standing and the people's interest above everything else, severely punishing organized crimes, and establishing long-term prevention mechanisms, vigorously advanced the special campaign, and developed a practice of combating organized crimes with Sichuan characteristics.

Keywords: Combating Organized Crimes; Four Top Priorities; Public Security Practice

Abstract: The Government of Sichuan Province attaches high importance to the regulation of after-school tutoring institutions, which is an important project aimed at improving the people's livelihood. In the special campaign on the rectification of after-school tutoring institutions, the government conducted pilot work in Chengdu City, Mianyang City and the High-Tech District of Zigong City and made preliminary explorations in such aspects of work as institution building, norm-building, joint law enforcement, daily supervision, publicity and guidance, thus accumulating practical experiences for the further advancement of the special campaign. In the future, the Government of Sichuan Province will continue to carry out pilot work in accordance with the principle of "law-based regulation, classified administration, holistic approach and cooperative governance", with a view to opening up a new road of administration of after-school tutoring institutions and promoting the standardized, scale, branding and scientific development of after-school tutoring institutions.

Keywords: After-School Tutoring Institutions; Law-Based Regulation; Law-Based Supervision

Abstract: Since being chosen by the State Council as a pilot city for standardizing the openness of grassroots government affairs in May 2017, Deyang Shifang has expanded the scope of pilot project to cover the whole city, adopted an implementation plan, established a leading group and specialized teams to coordinate the pilot work, introduced the idea, principle, doctrine, method and technology of standardization into the field of openness of government affairs, established a standardized, scientific, systematic and complete system of standard of openness of government affairs to standardize the work procedure and elaborate the content of disclosure, and improve the safeguard for openness, and developed a set of management standard suited to the openness of government affairs at the grassroots level, thereby comprehensively improving the quality of the openness of government affairs.

Keywords: Openness of Government Affairs; Six Integrations; the Integration of Two Categories of Personnel

Abstract: In recent years, the Government of Leshan City has focused its attention on the difficulties in the provision of government services to the people and the chronic problems in the reform aimed at simplification of administrative procedures, decentralization of powers, combination of decentralization and regulation, and optimization of services, unblocked the channels of public services, taken the standardization as an important technical support to strengthen and innovate social governance and further improve public services, and strived to build scientific government service system with unique Leshan competitiveness under the new situation of deepening the reform. The standardization has raised the level of government service and the level of people's satisfaction. In the future, the government will make continued efforts in such aspects of governance as supervision, Internet +, and top-level design, so as to push the construction of a law-based government to a new level.

Keywords: Government Service; Standardization; Law-Based Government

B.9 Administrative Law Enforcement in Key Fields in Ethnic Minority Areas

Project Team of the Office of Legislative Affairs of the People's Government of Aba Prefecture / 119

Abstract: Aba Prefecture, an ethic minority area, attaches high importance to the construction of a law-based government, and takes administration by law as a key link and important content, and strict, standardized, fair and civilized law enforcement as an important means of construction of a law-based government: it has taken the Office of Legislative Affairs as a component part of the prefectural government to realize "the overall planning of law enforcement", improved the quality and capacity of law enforcement personnel to solve the problem of "unwillingness to enforce the law", given prominence to key links to solve the problem of "inability to enforce the law", adhered to innovative law enforcement to answer the question of "how to enforce the law", and strengthened the publicity of law to "win the people's support for the enforce of law", thereby laying a solid foundation for the strict, standardized, fair and civilized law enforcement, and wining the praises from both law enforcement targets and the great masses of farmers and herdsmen. This report summarizes four basic experiences gained by the prefectural government in this process: adhering to the Party's leadership; adhering to the principle of law enforcement for the people; strict performance of legal functions; and enhancing the soft-power of law enforcement personnel.

Keywords: Ethnic Minority Areas; Administrative Law Enforcement; Law-Based Government

Abstract: In recent years, the Government of Shuangliu District of Chengdu City has explored the establishment of town (street) legal construction committees as the organs of grassroots Party committees and governments responsible for advancing the work of governance by law. Through such methods as highlighting the Party's leadership, efficiently integrating various forces and strengthening institution building, it has strived to satisfy the legal needs of society, optimized the supply of legal services, enhanced the consciousness of exercising the state power by law and administration by law among members of Party committees and government officials, thereby solving the problems of dispersion of legal forces, lack of legal channels for the resolution of disputes, and high cost of application of law. This governance mode is the first of its kind in the country and provides reference to other regions of the country in the exploration of grassroots governance mechanism.

Keywords: Innovation in Grassroots Governance; Integration of Resources; Legal Services

Ⅳ Judicial Construction

Abstract: Effectively overcoming difficulties in enforcement has been a major arrangement and important demand made by the Communist Party of China at the Fourth Plenary Session of its Eighteenth Central Committee. In recent years, courts in Sichuan Province have carried out in-depth analysis of the difficulties in enforcement in the province, such as the difficulties in locating persons and properties subject to enforcement, low efficiency of the disposition of property, difficulties in supervising enforcement actions, lack of cooperation by relevant units and departments, low cost of dishonesty and resistance to enforcement, and irrational attitude towards enforcement and related risks, developed the thinking of "externally relying on the big pattern and internally regulating enforcement acts", created a social environment favorable to the comprehensive treatment of the problem under the leadership of Party committees, constructed "the provincial-level platform for the joint punishment and exposure of dishonest persons subject to enforcement" to strengthen the punishment, established a mechanism for the classified treatment of persons subject to enforcement with enforceable property and those without enforceable property, the mechanism for the notification of and supervision over the handling of enforcement cases, and the mechanism for the regular quarterly concentrated enforcement campaigns to intensify the effort on resolving difficult and complicated cases, relied on the network search and control system, the "intelligent enforcement system", and the mechanism for announcement of reward for information to raise the efficiency of search and control of persons and properties subject to enforcement, and utilized the enforcement command platform to implement the requirements of the enforcement management mode of "unified administration, unified command and unified coordination", focused on the rectification of passive enforcement, selective enforcement and abusive enforcement, and strengthened the unified coordination of enforcement cases and enforcement personnel, thereby achieving positive results in the work of basically overcoming difficulties in enforcement.

Keywords: Difficulties in Enforcement; Intelligent Enforcement; Joint Punishment

Abstract: Since comprehensively carrying out the work of public interest litigation, procuratorial organs in Sichuan Province have taken active steps to steadily advance the work, and effectively solved a large number of problems relating to the protection of public interest, which have been the focuses of complaints coming from the general public and to which high attention has been paid by Party committees and governments. In this process, procuratorial organs have also discovered many problems in the work of public interest litigation, such as lack of synergy, weak consciousness of accepting supervision among administrative organs, problems with and conflicts between procuratorial organs themselves, and absence of supporting institutions. This report suggests that procuratorial organs in Sichuan Province continue to improve the relevant work mechanisms, focus their efforts on key fields, and strengthen the institution – and team-building.

Keywords: Procuratorial Organs; Public Interest Litigation; State-Owned Properties

Abstract: Currently the situation of juvenile delinquency and crimes against minors in China is still grim and China has a long way to go in the protecting the rights and interests of minors and preventing juvenile delinquency. In view of this situation, procuratorial organs in Nanchong City have set up specialized organs, strengthened professional team building, continuously innovated and improved the standardized case handling system and socialized management system, implemented the principle of "two-way protection", namely protecting social interests (minors who are victims of crime) as well as the interests of juvenile delinquents, promoted assistance to and education of juvenile delinquents through the handling of cases, actively participated in comprehensive social governance, encouraged the extensive participation by various social forces, and actively constructed a system of comprehensive judicial protection of minors.

Keywords: Minors; Judicial Protection; Procuratorial Work

Abstract: In judicial practice, the problems of high-risk minors, such as crimes committed by minors who have not yet reached the age of criminal responsibility, are characterized by "three difficulties", namely they are "difficult to discover, difficult to deal with, and difficult to monitor" . Because of the lack of effective regulation, they have become factors serious endangering the people's life and property as well as social stability. In recent years, procuratorial organs in Ziyang City have, on the basis of thorough investigation, developed a new work mode of critical prevention for high-risk minors with Ziyang characteristics by taking the urgent need for ruling the city by law and building a safe society as the starting point and proceeding from informatized and socialized grid prevention, assistance and education, and realized through multiple channels the rehabilitation of high-risk minors.

Keywords: High-Risk Minors; Critical Prevention; Three-Color Early Warning

Abstract: This report focuses on the overall situation of ecological construction and green development in Neijiang City, takes the current situation of comprehensive treatment of Tuo River Basin Area as the entry point, reviews the situation of "Four – in – One" mode of work adopted by procuratorial organs in Neijiang City for servicing and safeguarding comprehensive treatment of Tuo River Basin Area, analyzes the problems urgently to be solved in the green ecological development of the Tuo River Basin Area, and puts forward the "four threes" procuratorial thinking of law-based treatment of the Tuo River Basin Area, and countermeasure suggestions on such aspects of the work as public interest litigation, joint law enforcement, regional cooperation, the linkage between administrative law enforcement and criminal justice, and the black-list system, with a view to drawing the attention of relevant government organs to the issue and provide reference for the better advancement of the comprehensive treatment of the Tuo River Basin Area.

Keywords: Tuo River Basin Area; Ecological Environment; Law-Based Treatment

Abstract: Servicing the social and economic development and administration of justice for the people are the basic starting point and the ultimate goal of court work. In recent years, people's courts in Panzhihua City have taken the handling of enforcement cases as the key, strengthened research on judicial follow-up service measures, given full play to the adjusting and guiding role of administration of justice, endeavored to "bridge" the extensive needs of economic and social development and limited judicial resources, adapted judicial work to the new normal of economic and social development, and provided fair, efficient and convenient judicial services for the high-quality economic development of the city. This report introduces the concrete practice of people's courts of Panzhihua City of servicing economic and social development, analyzes the existing problems in the work, and puts forward suggestions for the improvement of the work.

Keywords: Judicial Service; Multi-dimension; General Situation of Economic and Social Development

V Grassroots Governance

Abstract: Effective governance is an important objective of as well as an inherent guarantee for rural revitalization. Rural governance is the starting point and the fulcrum, as well as the key and the difficulty of social governance. An effective rural governance is an important component part of the state governance system, as well as the foundation of comprehensive rural revitalization. Faced with the difficult problems in rural governance, the Government Rong County has integrated organizational, administrative, judicial, social and institutional resources, attached importance to three main links of rural governance, namely diversified publicity of law, prevention of social conflicts, and resolution of disputes, and explored a new path of rural governance that integrates the rule of law, self-governance, and the rule of virtue.

Keywords: Rural Governance; the Rule of Law; Self-governance; the Rule of Virtue

B. 18 Implementation of the "Villagers' Credit Point Management System" in Chaotian District of Guangyuan City

Abstract: The Report to the Nineteenth Party Congress called for the improvement of the rural governance system by combining self-governance, the rule of law and the rule of virtue. In response to this call, the Government of Chaotian District of Guangyuan City has implemented the "credit point" management system in rural governance that organically integrates self-governance, the rule of law and the rule of virtue, conducted comprehensive assessment of such aspects of rural governance as the compliance with laws and regulations, morality, village management, protection of rights and interests, and rural construction, and created through positive incentive a new rural governance mode that links the results of assessment with reward and punishment mechanism. The "credit point" management system, which is in line with the objective law of grassroots governance, gives full play to villagers' initiative, enthusiasm and sense of responsibility to participate in rural governance, becomes an important means for cultivating civilized rural culture, good family tradition, and simple and honest folkway, and lays a solid foundation for the construction of harmonious, happy, and beautiful new villages in the district.

Keywords: Rural Governance; Combination of the Rule of Law; Self-Governance and the Rule of Virtue; Credit Point System

B. 19 Solving Difficult Problems of Rural Governance through the Innovative System Whereby Village Officials Handle Affairs on Villagers' Behalf at Government Agencies: the Exploration and Practice of Law-Based Rural Governance in Baoxing County

Project Team of the Office of the Leading Group on Ruling the County by Law of the Government of Baoxing County, Ya'an City / 250

Abstract: Baoxing County of Ya'an City is a scarcely populated remote mountainous area with such long-standing problems as difficulties for the people to handle their affairs at government organs, difficulties in regulating micro-powers, and difficulties in implementing state policies. In view of this situation, the Government of Baoxing County has innovatively implemented the rural governance mechanism whereby village officials go to government organs to handle affairs on behalf of villagers at their request. This mechanism takes the cadres at the town, village and group levels as "acting agents", highlights "publicizing power in the sun, handling affairs for villagers free of charge, and providing one-stop service", and enables villagers to handle their affairs by looking at pictures and charts without any detour and cadres to perform their duties according to villagers' instructions and accept villagers' supervision, thereby "opening up the last kilometer" in the road of implementing the policy of servicing and benefiting villagers, realizing the transparent operation of and standardized supervision over "micro-powers" at the grassroots level, and creating a new mode of law-based rural governance with local characteristics.

Keywords: Ruling the County by Law; Handling of Affairs by Village Officials on Behalf of Villagers at Government Organs; Rural Governance

Abstract: In recent years, the Government of Youxian District, Mianyang City has taken Xi Jinping's Thought on Socialism with Chinese Characteristics in a New Era as guidance, implemented in a deep-going way the spirit of the eighteenth and nineteenth national congresses of the Communist Party of China, firmly established the ideas of ruling the country by law, managing Party affairs in accordance with Party regulations, and exercising self-governance in accordance with regulations on self-governance, created the rule-of-law demonstration district, adhered to the principle of coordination between the rule of law, the rule of virtue and self-governance, and made bold explorations in the modernization of grassroots governance, thereby opening up a road of construction of the rule of law with characteristics of the times and of Youxian District, and creating a mode of coordinated development of the rule of law, the rule of virtue and self-governance.

Keywords: the Rule of Law; the Rule of Virtue; Self-Governance; Grassroots Governance

Ⅵ Law-Based Society

Abstract: In recent years, the CPC Central Committee and the State

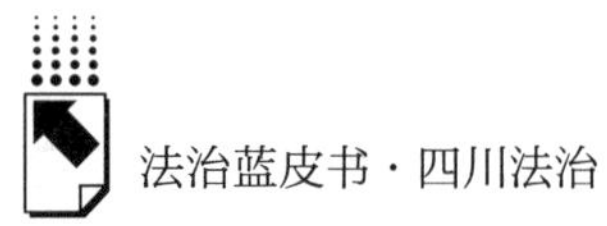

Council have attached high importance to the construction of a social credit system. Against this large background, the Government of Luzhou City has adopted the following measures to solve the difficulties in the construction of social credit system: taking government honesty as guidance to optimize the environment of government service and continuously raise the administrative efficiency and credibility of the government; adhering to the "integrated" punishment and disciplinary system and deepen the construction of judicial credibility system; basing itself on local characteristics and bright spots, vigorously promoting the reform and innovation of the commercial registration system in the free trade zone and the construction of the credit system in the liquor-making industry, strengthening the application of credit system in the free trade zone and the liquor-making industry, and giving full play to the commercial and industrial advantages of the construction of the credit system.

Keywords: Government Honesty; Social Credibility; Judicial Credibility

Abstract: Currently China is in a key period of social transition, in which the intensification of social changes and the adjustment of interest pattern have led to marked increase in grassroots conflicts and disputes. In view of this situation, the Government of Enyang District of Bazhong City in Sichuan Province has developed the "Fengqiao Experience" in a new era, actively explored the new pluralist dispute resolution mechanism, fully relied on the people and mobilized the people to participate in mediation by adhering to the principles of "working for the benefit of the people, pooling the wisdom of the people, relying on the strength of the people, complying with the will of the people, and promoting the harmony among the people", adopted such methods as "complaint, deliberation, comment, conciliation, publicity, and visit" to enable the people to settle their disputes and realize fairness and justice with their own voice and in their own way. By using this method, the district government has successfully resolved 61 long-standing difficult public complaint cases and 121 ordinary public complaint cases, with success rate exceeding 98.3%. By doing so, it has ranked first in the city and been in the first class in the whole province in the assessment of the people satisfaction in the construction of peaceful society for many consecutive years, and created a harmonious and stable social environment for the rapid social development and economic take off in the new district.

Keywords: Mediation by Relying on the People; People's Mediation; Social Governance

Abstract: Since the initiation of poverty alleviation program, the Government of Suining City has conscientiously implemented the decisions and arrangements made by the CPC Central Committee and the Provincial Party Committee, adhered to law-based governance throughout the process of poverty alleviation, and relied on the rule of law to safeguard and service the poverty relief work, thereby achieving marked results in creating a good rule-of-law order in which the poverty alleviation work is advanced steadily in accordance with law, the cancellation of registration and exit from the program is based on law, and the consciousness of the rule of law among the public is generally enhanced. Among the various mechanisms adopted in this process, the "Six Hands Fingerprints Mechanism of Baimamiao Village in Taihe Township of Shehong County is the most exemplary and generalizable one.

Keywords: Law-Based Governance; Scientific Demonstration; Legal Safeguard

B. 24 Pushing the "Precision Law Popularization Package" in Liangshan Prefecture

Project Team of the Office of the Leading Group on Ruling the Prefecture by Law of the Government of Liangshan Prefecture / 312

Abstract: Liangshan Prefecture is a multi-ethnic region where economic and social development is uneven and lagged behind other parts of the country and urban-rural dual structure is prominent. During the critical period of poverty alleviation, the prefecture urgently needs to create a good legal environment through the popularization of law, so as to lay a solid foundation for the poverty alleviation work. In light of the special geographical and cultural environment of the prefecture, the prefectural government has adopted a "precision law popularization" strategy, developed a "law-popularization package" suited to the local population, concentrated dominant resources, and focused the law-popularization on key groups and individuals, thereby effectively solveing the problems of homogenization, over-simplification and formalism in the popularization of law, enhancing the pertinence and effectiveness of the law-popularization work, and opening up a new road of popularization of law with local characteristics.

Keywords: Precision Popularization of Law; Customized Package; Rural Grassroots

Abstract: Compared with ordinary law-popularization mode, sending the rule of law literature and art to the countryside has more profound mass basis and unique publicity advantages. In recent years, local government departments in Sichuan Province have explored in a deep-going way the cultural resources in their respective localities and fields and achieved good results in developing high-quality literary and artistic law-popularization products and realizing the full-coverage of law popularization in the prefecture. Currently, how to realize the normalization, long-acting effect and full-coverage of programs of popularization of law through literature and art has become an important question faced by local governments in the law-popularization work. To answer this question, the Government of Guangyuan City has proceeded from such key links as planning and arrangement, program creation, site organization, and institutional safeguards, taken the solution of difficult problems as the orientation, made active explorations in achieving the normalization, long-acting effect, and full coverage of programs of sending law-popularization literature and art to the countryside, and basically realized the expected target of "optimized use of fund, best effect of performance, and highest rate of public satisfaction".

Keywords: Publicity of Law; Rule of Law Culture; Sending Literature and Art to Countryside

皮书起源

“皮书”起源于十七、十八世纪的英国，主要指官方或社会组织正式发表的重要文件或报告，多以“白皮书”命名。在中国，“皮书”这一概念被社会广泛接受，并被成功运作、发展成为一种全新的出版形态，则源于中国社会科学院社会科学文献出版社。

皮书定义

皮书是对中国与世界发展状况和热点问题进行年度监测，以专业的角度、专家的视野和实证研究方法，针对某一领域或区域现状与发展态势展开分析和预测，具备原创性、实证性、专业性、连续性、前沿性、时效性等特点的公开出版物，由一系列权威研究报告组成。

皮书作者

皮书系列的作者以中国社会科学院、著名高校、地方社会科学院的研究人员为主，多为国内一流研究机构的权威专家学者，他们的看法和观点代表了学界对中国与世界的现实和未来最高水平的解读与分析。

皮书荣誉

皮书系列已成为社会科学文献出版社的著名图书品牌和中国社会科学院的知名学术品牌。2016 年，皮书系列正式列入“十三五”国家重点出版规划项目；2013~2019 年，重点皮书列入中国社会科学院承担的国家哲学社会科学创新工程项目；2019 年，64 种院外皮书使用“中国社会科学院创新工程学术出版项目”标识。

中国社会发展数据库（下设 12 个子库）

全面整合国内外中国社会发展研究成果，汇聚独家统计数据、深度分析报告，涉及社会、人口、政治、教育、法律等 12 个领域，为了解中国社会发展动态、跟踪社会核心热点、分析社会发展趋势提供一站式资源搜索和数据分析与挖掘服务。

中国经济发展数据库（下设 12 个子库）

基于“皮书系列”中涉及中国经济发展的研究资料构建，内容涵盖宏观经济、农业经济、工业经济、产业经济等 12 个重点经济领域，为实时掌控经济运行态势、把握经济发展规律、洞察经济形势、进行经济决策提供参考和依据。

中国行业发展数据库（下设 17 个子库）

以中国国民经济行业分类为依据，覆盖金融业、旅游、医疗卫生、交通运输、能源矿产等 100 多个行业，跟踪分析国民经济相关行业市场运行状况和政策导向，汇集行业发展前沿资讯，为投资、从业及各种经济决策提供理论基础和实践指导。

中国区域发展数据库（下设 6 个子库）

对中国特定区域内的经济、社会、文化等领域现状与发展情况进行深度分析和预测，研究层级至县及县以下行政区，涉及地区、区域经济体、城市、农村等不同维度。为地方经济社会宏观态势研究、发展经验研究、案例分析提供数据服务。

中国文化传媒数据库（下设 18 个子库）

汇聚文化传媒领域专家观点、热点资讯，梳理国内外中国文化发展相关学术研究成果、一手统计数据，涵盖文化产业、新闻传播、电影娱乐、文学艺术、群众文化等 18 个重点研究领域。为文化传媒研究提供相关数据、研究报告和综合分析服务。

世界经济与国际关系数据库（下设 6 个子库）

立足“皮书系列”世界经济、国际关系相关学术资源，整合世界经济、国际政治、世界文化与科技、全球性问题、国际组织与国际法、区域研究 6 大领域研究成果，为世界经济与国际关系研究提供全方位数据分析，为决策和形势研判提供参考。

法律声明

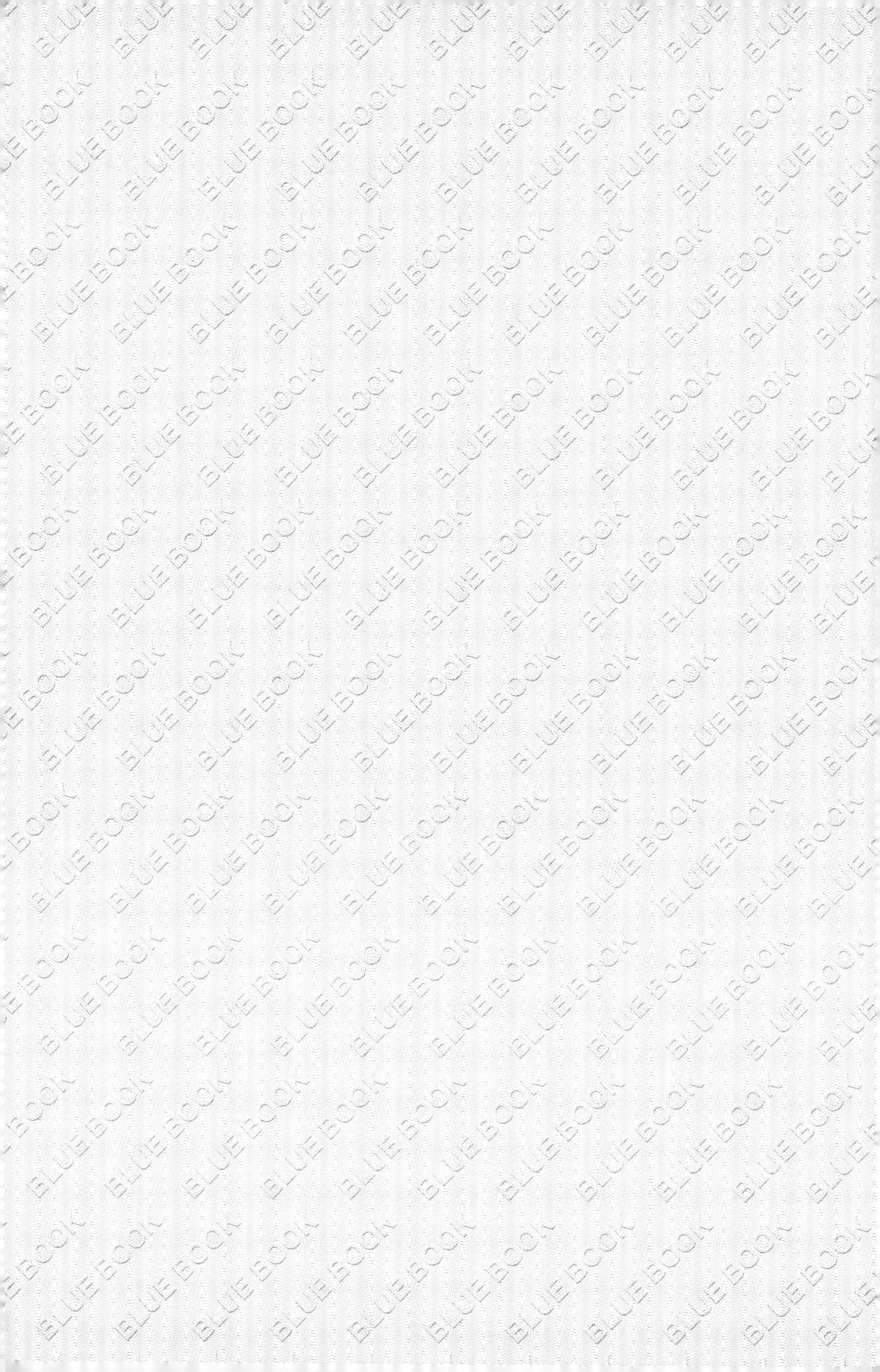